末科进士与世纪风云

熊范舆传

MO KE JIN SHI YU SHI JI FENG YUN
——XIONG FAN YU ZHUAN

李恭忠 黄云龙／著

中国社会科学出版社

图书在版编目（CIP）数据

末科进士与世纪风云——熊范舆传/李恭忠，黄云龙著.—北京：
中国社会科学出版社，2013.12
  ISBN 978-7-5161-3631-7

  Ⅰ．①末… Ⅱ．①李…②…黄 Ⅲ．①熊范舆（1878～1920）—
生平事迹 Ⅳ．①K827=6

  中国版本图书馆CIP数据核字（2013）第271214号

出 版 人	赵剑英
责任编辑	孙晓晗
责任校对	刘　智
责任印制	王　超

出版发行	中国社会科学出版社
社　　址	北京鼓楼西大街甲158号（邮编 100720）
网　　址	http://www.csspw.cn
	中文域名：中国社科网　010-64070619
发 行 部	010-84083685
门 市 部	010-84029450
经　　销	新华书店及其他书店

印　　刷	北京君升印刷有限公司
装　　订	廊坊市广阳区广增装订厂
版　　次	2013年12月第1版
印　　次	2013年12月第1次印刷

开　　本	710×1000　1/16
印　　张	16.75
插　　页	2
字　　数	275千字
定　　价	45.00元

目　录

楔 子

盛夏，初晨，帝国的中心北京，太阳还在地平线之下，暗紫色的夜空繁星点点。此时的紫禁城，在御林军、神机营三千亲兵护卫下，比平时更显出雄浑、森严的气魄。微风拂过，高悬于午门之上的黄龙大旗猎猎作响。午门之外，16 名御林军军卒竦立于临时设置的两座大彩亭旁。由此而入，太和殿东楹下以及丹陛正中，各有一座由礼部和鸿胪寺官设立的黄案。銮仪卫已经在殿前准备好了卤簿法驾，皇家乐队也早已准备完毕，设中和韶乐于太和殿檐下两旁，设丹陛大乐于太和门内两旁。丹陛之上，是诸位王公；丹墀之内，则是文武大臣，他们身穿朝服，按品级排位，肃立候驾。仪式的主角——新科进士们身着公服，头戴三枝九叶顶冠，按名次排位，立于文武百官之后。这一天是光绪三十年五月二十五日（1904 年 7 月 8 日），此处即将举行的，乃是中国历史上最后一科进士——甲辰恩科进士的传胪大典。

曦光微现，礼部堂官一路小跑至乾清门，奏请皇帝起驾。不一会儿，300 名御前侍卫护卫着光绪皇帝入太和殿升座。韶乐奏起，丹陛之下，司礼手执丈余长的皮鞭，由下挥舞，回旋而上，但听"啪！啪！啪！"三声鞭响，清脆悦耳，响彻云霄。之后，丹陛大乐奏起，读卷大臣等官员向皇帝行三跪九叩大礼。大学士进殿，从东楹的黄案上取出黄榜，授给礼部尚书，陈放于丹陛正中的黄案之上。鸿胪寺官员引导新科进士就位，然后开始宣读：

奉天承运，皇帝制曰：光绪三十年五月二十一日，策试天下贡士谭延闿等二百七十三名。第一甲赐进士及第，第二甲赐进士出身，第三甲赐同进士出身……

传胪官接着唱"第一甲第一名刘春霖"、"第一甲第二名朱汝珍"、"第一甲第三名商衍鎏",每人都连唱三次。但见三人从队伍中出列,由传胪官引至御道左右跪下。之后传胪官继续唱名,但不引新科进士出列。[①]

"第三甲三十九名熊范舆。"听到这一句,队伍中央一名中等身材、略有髭须的新科进士身形微微一动。他,正是本书的主人公——中国最后一科进士、20世纪初留日英杰、清末立宪运动先锋、中国最早的行政法学家、民国初年贵州政治、经济舞台上的枢纽人物——贵阳人熊范舆。

此时的熊范舆,晨风中耸立于茫茫人群,显得孤独而又倔强。回想起在贵阳、兴义求学讲学的过往,贵阳乡试、开封会试、北京殿试一路走来的历程,他的心中涌起无限感慨。考中进士,是天下无数士子一生的期望,意味着家族的无上荣耀和未来的大好前程。然而望着这劫后余生的宫殿,看着那神情郁郁的皇帝,他不禁心潮起伏:这偌大的古老帝国,接下来将会是怎样的命运?中国之外又是何种光景?自己又该何去何从?此时的他,有兴奋,有期待,有彷徨,有伤感,而最多的还是探寻未知世界和一展宏伟抱负的迫切心愿。他的进士同年,此时殿前站着的两百多人,似乎也都有同样的困惑和希望。不过他们并没有想到,自己正在经历的盛典竟然会是千年科举制度的绝响;更不会想到,自己将要经历的,竟是中国千年来未有的大变局。接下来的一个时代,竟会如此波澜壮阔、惊心动魄。

十六年后,深秋时节。远离北京2300公里的贵阳城,虽然已经落叶纷纷,但由于"黔军"警卫营最近刚从重庆返回,这座古老的城市并没有萧索冷寂的样子,反而因为本省子弟兵的归来,到处透着些许热闹。

不过,今天的空气中透着一丝紧张意味。天空阴沉沉的,高原之上,一片一片的黑云更是压得人喘不过气来。

深夜,警卫营营部,营长孙剑锋一脸严肃,正对手下的军官们分配任务:

"一连长贺永顺,你带两个排,负责解决凌国先部!"

"是!"

---

①　商衍鎏:《清代科举考试述录及有关著作》,百花文艺出版社2004年版,第434—435页。

"二连长陈子清，你带两个排，负责解决张三元部！"

"是！"

"三连长张文藻，你带一个排，负责逮捕郭重光！"

"是！"

"华云先，你带一个排，负责逮捕熊范舆！"

"是！"

"＊＊，你带一个排，负责逮捕何麟书！"

"是！"

说到这里，孙剑锋略微松了一口气，抬起头对林子贤说："林副营长，你率机关枪连，向督军署警戒，负责老东门到大西门一带。我就在营部，等候大家消息。"①

各人领命而出。孙剑锋却又追出门外，叫住执行逮捕令的三人，低头耳语几句，才挥手让他们分头而去。

与此同时，在城中顺城街旁的一所大宅院里，两个人正在激烈地争论：

"大兵返城，表面上安安稳稳，谁知道会不会出什么乱子。铁岩兄，你最好还是出城避一避。"

"家慈在堂，一门老小，我走了，他们怎么办？"

"王电轮自从借款不成，这两年步步紧逼，虽然你做过他的老师，但现在这个时候，至亲都能相残，师生之情就更不算什么了。"

"电轮跟如周到底有甥舅之情，我是他老师，也算得上是亲戚，谅他也不敢把我怎么样！"

"幼苏被刺，协陆被逼得自杀，他们那伙人真要干起来，哪管你亲戚不亲戚。再说，电轮远在沪上，就算他没有这意思，也管不了眼前的事。听我一句，先出去避一避吧。"

"我不能走，也不想走。"

这所大宅院，就是在贵阳城颇有知名度的熊家大院。劝说者是贵州省

---

① 林子贤：《贵州"民九事变"亲历记》，《贵州文史资料选辑》第1辑，1979年版，第135页。上述对话，系本书作者依据林子贤的回忆所摹写。＊＊代表负责捕杀何麟书的排长，具体姓名林子贤后来已记不清楚。

政府教育科长桂百铸，坚持不走的正是宅院主人——贵州省政府秘书长熊范舆。桂百铸无奈之下，只得离开。①

熊范舆立在前院，盯着迷茫夜色中堂屋前的那块匾，匾上的"慈闹燕禧"四字若隐若现。堂屋大门挂着一副对联，东边（右）写着"创业维艰守成宜慎"，西边（左）是"当仁不让见义勇为"。此时看去，迷迷茫茫，竟有某种凄迷诡谲的意味。

不一会儿，一名杂役从外面仓皇赶回，报告说："老爷，街口已经架起机关枪，大兵们盘查来往行人。就算不走，您也要出去躲一躲啊！"

全家出走，势已不能。而丢下家人独自避祸，又心有不忍。念及此处，熊范舆长叹一声，吩咐全家老小各自回房安歇，自己则在堂屋的太师椅上躺下。堂屋的墙壁上，挂着挚友姚华相赠的一幅简笔画，寥寥数笔，一盏吐焰的油灯跃然纸上，在屋中枯烛映照下，影影绰绰，忽暗忽明。

深夜已至，秋风萧瑟，无尽的黑色笼罩一切。城中万籁俱寂，早已是入梦时分。忽然传来阵阵喧嚷，大院墙外脚步声杂沓而至，火把的幽光透过缝隙照进院子。接着就是一阵"砰砰砰"的打门声。门房战战兢兢地打开大门，七八个士兵先后涌了进来，将门房一脚踢开。只听得"砰砰砰"三声枪响，熊范舆趔趔趄趄地倒在堂屋台阶下桂花树旁，鲜血直喷出两三尺远。里屋的家人们闻声冲出，却被士兵们端枪拦住。在一片呼天抢地的哭喊声中，士兵们将他放至前院两棵巨树间的平台上，砍下头颅，又在各处房间搜罗一番，然后扬长而去。

这一天，是民国九年（1920年）11月11日。当天凌晨发生在贵阳城的这起血腥事件，后人称之为"民九事变"。

十六年间，从贵阳到北京再到贵阳，从新科进士到贵州政要，从踌躇满志到突然遇刺身亡，熊范舆经历了怎样的人生周折？为何刚过不惑之年，他竟落得如此惨烈的结局？个人命运的起伏背后，是否还有着更复杂的时代和社会因由？这一切，都需要从头说起。

---

① 桂百铸是熊范舆老友，"民九事变"当晚曾劝熊出走避祸（桂百铸《刘显世集团内部斗争散记》，《贵州文史资料选辑》第1辑，1979年版，第129—130页）。上述对话，系本书作者依据桂百铸的回忆所摹写。

第一章　贵阳—兴义：初露头角

熊范舆出生、成长于 19 世纪最后二十余年的贵州。在中国的经济、政治和文化版图上，当时的贵州仍属于偏僻落后的边陲地带。在这种大环境下，作为一名出身寒微的年轻人，熊范舆聪敏好学，又幸遇名师，得以接受良好的儒学传统教育及时代新潮的熏陶，并在全省众多读书人中崭露头角。

一　身世之谜

熊范舆（1878—1920），本名继先，字承之，号铁岩，贵州省贵筑（今贵阳）人。作为末科进士，清末立宪运动中最早向朝廷公开请愿要求速开民选国会的风云人物，他在当时可谓名动四方。然而，他的生平事迹，尤其是早年经历，却极少为人所知，后来的许多史学著作也都语焉不详。

关于熊范舆的身世，贵州本地学者刘毅翔先生提供了目前最详细的介绍：

> 熊范舆，字铁崖，原名继先，字承之。贵州省贵阳府人，1878 年 7 月 29 日生。1897 年入贵州经世学堂肄业。1903 年中举人。1904 年成进士，分发湖南即用知县。未受禄即东渡日本习法政。1907 年入梁启超政闻社，并常撰文于《中国新报》。主张改革政体，开设国会，以为当时中国救亡之道。1908 年 1 月归国，任河南汴梁法政学堂教员。9 月 3 日与沈钧儒等百余人上书请求开设民选议院，为中国立宪派请愿第一人。1909 年擢直隶州知州、署理天津县知事。旋随云贵总督李

经羲赴滇，任总文案。补广西直隶州知州、擢云南顺宁府知府等职。
1911年10月30日参与策划云南起义，任都督府参议院议员、法制局
局长兼秘书官。是年，由蔡锷派充贵州赴沪、鄂会议全权委员，及南
京临时参议院议员，遭抵制。1913年回黔任刘显世秘书长，参与贵州
护国讨袁世凯活动，后兼任贵州中国银行行长。创办贵阳首家丝织厂。
并于1917年3月，为首发起举办首家"贵州商办电灯股份有限公司"。
1920年11月11日晨，贵州"民九政变"中被杀于家。①

　　相比于其他各种论著，这份简介中提及的史实最为丰富。不过，其篇
幅仅有几百字，远不足以概括熊范舆跌宕起伏的一生经历。而且，一些
细节仍然有误，比如熊范舆并未加入梁启超的政闻社，联名请愿书的时
间不是1908年9月而是1907年10月，随李经羲入滇后并未实补知州、
知府等。

1. 名字和籍贯

　　"继先"不是熊范舆的原名，而是他的本名。所谓原名，一般指曾经
用过、后来很少使用乃至不用的名字。所谓本名，即一个人最基本的名字，
在传统时代往往与家族辈分相关。传统时代，士大夫除了本名之外，往往
还有不同的称呼，如别名、字、号等等。不少人以别名、字、号行世，本
名反而较少为人所知。尽管如此，本名依然要伴随一生，去世之后依然永
远保留在家族谱系中。熊范舆在熊氏家族中排行"继"字辈，"继先"即为
其本名。在1897年进入贵阳学古书院（经世学堂）求学时，他使用的也是
"熊继先"这一名字，这在学堂创办人、熊范舆老师严修的日记中可以得到
佐证。② 最迟在1903年参加贵州乡试之前，他就已经公开使用"熊范舆"这
一名字。次年考中进士，清朝官方档案以及至今尚存的国子监进士题名碑，
记载的都是"熊范舆"。此后直至去世，"熊范舆"这一名字更多地出现于

---

①　刘毅翔编著：《贵州辛亥人物传稿》，贵州人民出版社2003年版，第430页。
②　刘泳唐选辑：《蟫香馆使黔日记选辑》，贵州省地方志编纂委员会1986年版，第113、
114、169页。

各种公私场合。但在家族、亲戚和少数密友范围内，"熊继先"这一本名依然在使用。

关于熊范舆的字、号，各种说法不一，而且相互矛盾。刘毅翔先生前述简介中写作"字铁崖"、"字承之"。有的著作则称熊范舆"字承之，号铁严"①。近年出版的《蔡松坡集》，提到熊范舆时既用"铁崖"，也用"铁岩"等名号。还有的论著称熊范舆"字铁厓"。熊氏后人的说法也不一致。熊范舆之子熊伟称，其父"字铁崖"。② 熊范舆侄孙熊让礼编制的熊氏家谱系表，则在"熊继先"之下开列了"范舆"、"铁岩"两个名称。

依据较为原始的史料，结合当时人命名取号的习俗，熊范舆的字号应该这样表述："字承之，号铁岩。"古人的字，往往与本名在意蕴上有所联系。熊范舆本名"继先"，以"承之"为字，"继"和"承"在意蕴上刚好相互连通。古人的号，则可以与本名无关，而与特定情境或者心境有关，而且一个人在不同时期可能使用不同的号。熊范舆号"铁岩"而非"铁崖"、"铁严"，可以从原始史料中得到佐证。与熊范舆熟识的梁启超，1917年在一封亲笔手书的电报底稿中提到熊范舆时，使用了"鐵岩"二字。③ 至于后来的记载之所以说法不一，很可能是由于简繁字体"巖/岩"、"嚴/严"与"崖/厓"字形相近，致使书写、排字、打印过程中出现混淆。

关于熊范舆的籍贯，很多论著都误以为他是湖南人。这种说法源于当时新闻报道的疏忽。1907年10月5日，上海著名报纸《申报》在其"专电"栏目刊登了一天之前发自北京的标题新闻："湘绅熊范舆等百余人联名请立民选议院由都察院代奏。"两天之后，《申报》又刊登了一则内容类似的简讯，标题中仍然使用了"湘绅"字眼。④ 又过了三天，《申报》终于刊载了熊范舆等人上书的内容要点，这回清楚地提到了"湖南即用知县熊范舆"。⑤

当时熊范舆的官方身份确实是湖南即用知县，由他领衔的宪政请愿书署名也是"湖南即用知县熊范舆"。所谓"湖南即用知县"，乃是熊范舆考

① 周天度、孙彩霞：《沈钧儒传》，人民出版社2006年版，第23页。
② 熊伟：《熊伟自传》，《自由的真谛：熊伟文选》，中央编译出版社1997年版，第373页。
③ 《致刘显世等电》，《梁启超未刊书信手迹》，中华书局1994年版，第238页。
④ 《都察院代递湘绅议院条陈》，《申报》1907年10月7日。
⑤ 《熊范舆请立民选议院之要旨》，《申报》1907年10月10日。

中进士后获得的一个空头衔，意思是说有资格随时分发湖南担任知县。但在当时官缺紧张的情况下，取得任职资格与实际任职，二者并不是一回事。熊范舆根本没有到湖南任职，更谈不上是"湖南士绅"。《申报》为了刊发即时新闻，可能来不及核对细节，并且采用长途电报发稿的形式，也不利于清楚地交代细节，因而使用了"湘绅"这一模糊的说法。《申报》的后续报道虽然更加明确，但并没有对此模糊说法做出更正，反而给人这样的错误印象：熊范舆确实是湖南士绅，具体身份是"即用知县"。这对后来的撰述者产生了很大影响，各种论著遂以讹传讹。

大半年之后，当时的著名媒体《东方杂志》和《申报》相继刊载回顾国会请愿运动的文章。前者称"国会请愿……实惟湘人熊范舆单衔倡于前"①，后者赫然提到"湖南之士绅熊范舆，始于去年倡议，单衔上书请愿"②。进入民国以后，《东方杂志》主笔、著名文人杜亚泉在回顾清末立宪运动时也称："湘人熊范舆等，亦联名请愿设立民选议院。"③ 直至今日，这样的说法还可见于海峡两岸权威的史学著作："1907 年秋，湖南士绅熊范舆第一个上书请开国会"④；"湖南人熊范舆等联名向清政府请愿要求设立民选议院"⑤。就连大陆高等院校通行的中国近代史教材，也采用了"湖南留日学生熊范舆"⑥之类的说法。还有个别论著说熊范舆为"贵州苗族人"⑦，但作者并未注明这种说法有何依据。

籍贯问题看似琐细，然而这个细节却提示了一些值得探讨的重要问题。首先，为什么当时人以及后来的学者都下意识地将熊范舆误为湖南人？答案显然与晚清政治变革过程中湖南人扮演的特殊角色有关。19 世纪中期，

① 孟森：《记载·宪政篇》，《东方杂志》1908 年第 7 期，第 3 页。

② 《追纪国会请愿之历史》，《申报》1908 年 9 月 14 日。

③ 伧父：《十年以来中国政治通览·立宪运动之进行》，《东方杂志》第 9 卷第 7 号，1913 年 1 月，增编 14 页。

④ 章开沅、林增平：《辛亥革命史》中册，人民出版社 1980 年版，第 410 页。

⑤ 中华民国史事纪要编辑委员会编：《中华民国史事纪要（初稿）民国纪元前五年（1907）》，台北中华民国史料研究中心 1981 年版，第 629 页。

⑥ 李侃、李时岳、李德征：《中国近代史》（第 4 版），中华书局 1994 年版，第 377 页。

⑦ 赵金钰：《杨度与〈中国新报〉》，《近代史研究》1981 年第 3 期；耿云志等：《西方民主在近代中国》，中国青年出版社 2003 年版，第 172 页。

以曾国藩为代表的一批湖南籍士大夫通过镇压太平天国运动迅速崛起，在晚清的政治舞台上扮演了重要的角色。1898年前后，康有为、梁启超为代表的新派知识分子，试图学习西方的政治制度，掀起了一场政治改革运动，史称"戊戌维新"。在这场维新运动中，梁启超亲自前往湖南创办时务学堂，为湖南知识圈注入了新鲜的气息，使湖南走在了时代潮流的前端。进入20世纪初年，立宪风潮开始兴起，湖南人依然在其中发挥着突出作用。熊范舆恰好与湖南籍立宪派名士杨度等人关系密切，遂被不知情者误以为也是湖南人。

其次，来自偏僻闭塞、文化相对落后地区的熊范舆，为何能够与居于文化潮头的湖南名士杨度等人交好？这个问题，又与传统时代的士人流动和文化整合有关。在19世纪末20世纪初中国的政治、文化版图上，贵州确实属于边陲地带，无论是与作为政治中心的京师（北京）、作为文化中心的江南地区，还是与上海、武昌为代表的沿海沿江通商口岸城市相比，都还显得闭塞、落后。然而，在举国一致的科举制度之下，全体读书人都习惯于相同的知识体系，在统一的纵向社会阶梯内攀登。在这种环境下，远离全国政治中心、经济文化相对落后的地区，依然能够产生熊范舆这样的知识精英，只是数量上相比于江南地区明显偏少而已。同时，在大一统的皇权体制下，出身于文化发达地区的士人，多有被派往边远地区任职的经历，他们往往给这些地区带来了士大夫精英文化的气息，使当地学子有可能接触到外面的文化潮流，进而与外地的文化精英产生交集乃至交好。熊范舆恰好赶上了这种机会，在贵州求学时即有幸遇到名师，对于时代新知已经有所接触，成功走出贵州后，与趋新士人自然而然地建立联系，逐步走向了时代潮流的前沿。这一切，还需要从他的家庭背景和早年成长经历说起。

2. 家庭背景

熊范舆先祖并非贵州土著居民，而是在清朝中期才由江西迁至贵州。据熊氏家谱记载，1806年，熊文灿（1780—？）、张星（1779—？）两位表兄弟从江西丰城远赴贵州谋生，先至独山县，后来迁至贵筑（今贵阳）永乐堡乡落户，以卖草帽为业。熊文灿与妻刘氏无子，张星遂将儿子绍周过继给熊家，改姓熊，即熊绍周（1801—? ）。熊绍周后来娶苑氏为妻，育有六子，此时熊家已渐渐发展为一个大家庭了。

熊绍周第三子为熊经畲（1834—1887），娶出身于贵阳世家的严氏（1850—1934）为妻，生有四子二女，以经营小杂货铺，贩售酱油、香醋维持生计。熊经畲去世较早，子女大多年幼，都由严氏艰苦抚养，培养成人。

熊经畲长子熊继昌（1873—1917），身为大哥，自然负起协助母亲料理家务的责任。后来熊家搬至顺城街居住时，熊继昌一家仍然留居乡间，怡然淡泊。三子熊继瀛（1880—1940），字静安，长期在贵阳从事商业，民国初期担任过贵州省城总商会会长，还出任过中国银行贵州分行下属安顺支行行长。四子熊继成（1884—1925），字述之，曾于清末赴日本学习农业，后来返回贵州，主持全省农桑事业。①

熊经畲第二个儿子就是熊范舆（1878—1920）。父亲去世时，熊范舆虚龄仅有10岁，但他天资聪颖，用功又勤。他曾拜学识卓著的贵阳"张四先生"张忞等人为师②，加上母亲严氏的严格督促，学业进步极快。③ 不到20岁，他就入选当时贵州最高学府——学古书院（经世学堂），有幸追随近代中国著名教育家严修问学，从而在传统学问和时代新知两方面都打下了扎实的基础。对于出身寒微的熊范舆而言，这是他人生道路上的重要转折点，是他日后成长为士大夫阶层一员，走出西南边陲，走向全国乃至世界的第一步。由此可能改变的不仅是他自己的命运，也是整个家族的未来。

二 寒窗岁月

1. 幸遇名师严修

贵州地处西南腹地，偏僻遥远，长期以来，都只是中华文明的边缘地

---

① 熊家早期情况，参见1993年熊让礼编制的《贵阳熊氏家谱系表》，以及杜竹松编著《贵阳英杰：熊毅与熊伟》，贵州人民出版社2000年版，第2—3页。

② 参见张泅《忆父亲张忞》，《贵州省政协文史资料存稿选编》第2卷，2006年，第327—328页。

③ 杜竹松编著：《贵阳英杰：熊毅与熊伟》，第3页。

带。明代大儒王阳明贬居贵州时，就曾经慨叹："连峰际天兮飞鸟不通，游
子怀乡兮莫知西东。"教育方面，直到明代嘉靖年间，贵州才有设科乡试的
资格。明清两代，贵州全省只出过两名文状元，即光绪年间的赵以炯、夏
同龢，以及康熙年间的武状元曹维城。直至清朝中晚期，贵州科举之风渐
盛，考中举人、进士者才稍微多起来。

19 世纪末，由于甲午战争惨败的刺激，士大夫阶层当中出现了一股倡
行维新变革的风气。中央层面，一位黔籍大臣顺应时势，首次提出教育改
革的主张。地方层面，教育改革的首次实践，也在贵州大地上开始推行。
熊范舆正是在这种新旧转变的环境下成长起来的。

1896 年 6 月 12 日，清末维新名臣、时任刑部左侍郎的贵州人李端棻，
向光绪皇帝呈递《请推广学校折》。他在奏折里指出，过去洋务派虽然也开
办了一些新式学堂，但存在着种种不足，比如学堂数量太少，教学内容浅
薄狭隘，教学仪器设备不足，学生学习目的不纯。这就导致各种新式学堂
开办已逾二十年，但并没有为国家培养多少具有真才实学的人才。故此，
李端棻提出广开学堂，教授经史、外语、算学、天文、地理、外国历史等
科目。同时他还考虑到，如此大张旗鼓地举办新式教育，成本必定很高，
因而可以先选定各省及府州县原有的部分书院进行改革，变通章程，增加
一些新的课程，并由地方政府贴补部分经费。[1]李端棻的奏折呈递上去不久，
在他的老家贵阳，一场教育改革运动即如火如荼地开展起来。而这一切，
离不开近代著名教育家、时任贵州学政严修的努力。

严修（1860—1929），字范孙，号梦扶，原籍浙江慈溪，其先祖于顺治
年间北迁，定居于天津。严修自幼聪颖，23 岁应顺天乡试中举，其试卷获
得正考官徐桐击节赞赏。次年中进士，入选为翰林院庶吉士。此后，严修
历任翰林院编修、会典馆译校官、直隶乡试试卷磨勘官等职。1894 年，严
修一年之内三次受到光绪皇帝召见，8 月被任命为贵州学政，12 月到达贵州。

有清一代，担任过贵州学政的共有 99 人次，在拔擢人才、引领风气
方面乾隆时期的洪亮吉、道光时期的程恩泽以及光绪年间的严修成绩卓著，

---

[1]　杨家骆主编：《中国近代史文献汇编 戊戌变法文献汇编》第2册，台北鼎文书局1973年
版，第292—293页。

其中又以严修最为突出。①

严修赴黔后，目睹贵州学风之衰颓，风气之闭塞，采取了一系列措施，以期使这种局面有所改善。一到贵州，他就亲自拟发了一系列文告，如《劝学示谕》、《举优报劣通饬》等，旨在训勉、引导士子向学。针对贵州的乡试，他还提前公布"观风卷"试题，以了解全省诸生学识水平、学业方向，并引导他们关心国家命运、民族前途。与过去一味以八股文、试帖诗考选人才的出题办法相比，这是不小的革新。

1895 年，严修主考贵州上游地区。② 主持考试过程中，除了革除科场弊习，以及严禁收受贿赂之外，他也力求了解诸生的学习情况。在大定府时，他要求考生写出自己常读的书和喜爱的书，发现不外乎"四书五经"和一般的诗赋骈散书籍。③ 这些考生中当然不乏文笔斐然之才，但知识面较为狭窄，对省外及全国大势所知甚少。

有鉴于此，严修于 1896 年向光绪皇帝请旨，要求援引天津书局的例子，在贵阳设立官书局。得到朝廷批准后，严修为书局起草管理章程，拟订购书计划，并聘请黔中宿儒雷廷珍为书局董事。该书局成立后，从上海、湖南、湖北等地购入大量自然科学书籍、介绍西方政治社会历史的书籍，以及维新派人士的著作，以原价发售，由政府及官员垫付运费。④ 1896 年 8 月，维新派代表人物梁启超主办的《时务报》在上海创刊。严修得知后，向贵阳知府建议，使贵阳官书局成为《时务报》的代派处。⑤ 从此，贵阳学子始能拓展眼界，读新书，求新学。

严修在贵州巡回视察考试，增加了算学一科，考试的题目也不仅仅从"四书五经"中选择，而是结合时事，将是否通晓时务作为选拔人才的重要标准。通过两年来在各地的视学考察，严修深感贵州书院既少，教学方法

---

① 林开良、林朝晖：《贵州教育溯源》，贵州人民出版社2006年版，第233页。

② 清代及民国初年，贵州所辖地域习惯上分为上游、下游两大片，上游包括贵阳、遵义、安顺、兴义、大定五府和普安、仁怀两直隶厅，下游包括平越、铜仁、镇远、思州、思南、黎平、都均、石阡八府和松桃直隶厅。

③ 林开良、林朝晖：《贵州教育溯源》，第234页。

④ 陈宝泉：《严范孙先生事略》，参见蔡振生、刘立德编《陈宝泉教育论著选》，人民教育出版社1996年版，第249页。

⑤ 马凤程：《严修在贵州》，《贵州文史资料选辑》第17辑，1984年，第67—68页。

与内容亦颇为落后。时值变法维新风潮正盛之际，而维新的核心内容之一，就是培养人才、改革教育，这与严修的想法正好不谋而合。

贵州省城向来有贵山、正本、学古三所书院。贵山书院位于城中；正本书院位于城北，又名北书院；学古书院位于城南，又名南书院。过去，在贵山书院肄业者多为文生，在正本书院肄业者多为童生，在学古书院肄业者多为举人、贡生。① 严修遂以层次最高的学古书院为基地，开始了他的教育改革实验，努力为这所传统书院注入新的内容。

1896年9月，严修和雷廷珍开始筹划改革书院的各项事宜。雷廷珍为1888年举人，但也关注西学，是贵州难得的具备新思想和开阔视野的人才。严、雷二人志同道合，都立意革新。② 他们捐出了自己的俸银，同时号召各界捐款，再加上官府的补贴，解决了办学经费问题。关于师资，传统经学、诗赋，有雷廷珍等人主持。至于"新学"，特别是"算学"老师，在贵州省内却无从延揽。严修向湖广总督张之洞求助，希望在两湖书院中代聘一位数学教习，然而竟无一人肯应聘来遥远的贵州任教。③ 所以，后来严修只得亲自授课。

学生的选拔是办学的重要环节。严修与雷廷珍等人拟定了招生文告和学堂章程，发往全省，要求各府选送有志于新学的优秀学子。1897年3月，各地选送的46名学生汇集贵阳，他们都是从全省3000多名廪生、增生当中选拔出来的佼佼者。④ 熊范舆即为其中之一，这表明他已经从大致同龄的众多学子中脱颖而出，开始在全省范围内崭露头角。

1897年3月30日，全体46名学生齐聚贵阳顺城街学古书院，在学政严修和山长雷廷珍的带领下，举行正式开学仪式。这是发生在"戊戌变法"前一年的事情。这年10月，维新派主将梁启超在长沙开办时务学堂，直到次年7月，京师大学堂才由光绪皇帝诏准成立。严修在贵阳实施的书院改革，在全国都算得上领先之举。

---

① 刘泳唐选辑：《蟫香馆使黔日记选辑》，第124页。
② 何仁仲编：《贵州通史》第3卷，当代中国出版社2003年版，第622页。
③ 熊宗仁：《严修视学贵州》，贵州人民出版社1986年版，第111—112页。
④ 刘泳唐选辑：《蟫香馆使黔日记选辑》，第109页。

2. 学古书院求新知

严修当时的教学指导思想和具体办学,大体是以"孔孟之道为经,以西方科学文化为纬",可谓"中体西用"思想的具体实践。[①] 具体到教学内容,则体现为以经史、数学为主,以时务、外语等为辅。

经史依然是教学的核心内容。严修拟定的《学古书院肄业条约》规定,每月朔日昧爽(即初一凌晨),院长要率领诸生到孔子牌位前,行三跪九叩大礼。学生应"笃师信法"、"恪守礼法"。[②] 可见,儒家精神依然贯彻教学始终。经学讲席由山长雷廷珍兼任,主讲经史子集各书以及各类诗文,包括诗词、歌赋、八股文等等,具体有《易经》、《尔雅》、《左传》、《文选》、《唐诗》、《呻吟语》、《輶轩语》(张之洞作)、《二十二子》、《经籍纂诂》、《谒子山集》、《陆士衡文赋》、《学海堂经解》,等等。

算课(数学)是又一重点授课内容。严修亲自出任数学教习,同时延请对数学颇有研究的本地人才李福田、郭竹居等来校任教,主要讲授《代数学》、《数学理》、《自乘方》、《演算方程》、《三色方程》、《勾股定理》、《少广缒凿》、《算学须知》、《算法须知》、《代数须知》、《微积须知》、《算学丛存》、《算学启蒙》、《四元玉鉴》、《代数备旨》、《形学备旨》、《开方古义》、《九数通考》、《代微积拾级》等等。[③] 为了加强学生对数学的兴趣和重视程度,严修规定每月考试数学一次,按成绩发给奖金或奖品。严修日记中有许多关于师生共同研讨数学的记载。学生们缺乏相关书籍,就互相借阅、传抄,自行刻印数学读物,校内学习数学的热烈气氛由此可见一斑。严修离任前夕,学校正在筹备设立"算学会",由熊范舆拟定算学会章程,严修亲自审阅和改定。[④]

此外,书院也积极鼓励学生学习时务和外语。学习时务,主要是阅读学校订阅的《时务报》,上面刊登有不少鼓吹维新变法的文章。严修还发

① 熊宗仁:《严修视学贵州》,第114页。

② 刘泳唐选辑:《蟫香馆使黔日记选辑》,第117页。

③ 林兴黔、卢达昌主编,富民、嘉春、蒋莹编著:《贵州之最》,贵州人民出版社1989年版,第132—135页。

④ 马凤程:《严修在贵州》,《贵州文史资料选辑》第17辑,1984年,第75页。

布命令，将阅读《时务报》作为一项制度固定下来。① 外语不是必修课程，而是采取学生自愿报名的方式参加学习。同时，书院也要求学生学习《万国公法》、《书目表及读法》、《读西学书法》，以及农学相关书籍。1901年，李端棻返回故乡，后在学古书院任教，积极传播西方文化和维新思想，讲授孟德斯鸠的"三权鼎立"，卢梭、培根的社会思想，以及达尔文进化论、赫胥黎天演论等。

学古书院的教学方法以自学为主，要求学生记"省身日记"、读书札记，每月末由山长调出日记、札记和考勤簿，评定优劣，张榜公布，再由学政复核。② 每年有季考、大考若干次。

严修对学古书院的管理颇为严格。学生一律住校，每日分为"晨起、午前、午后、灯下"四个阶段，按规律作息，要求"黎明前起，二鼓后眠"。课余也只能在学堂内散步，不准出门。夜晚则必须在房间温习功课，向教习请教疑难问题，不得串房。上课时不准吸烟、饮茶、交头接耳、任意瞌睡。每逢十日休息一天，无故不准请假，亦不能与闲杂人等私相往来。③ 有一次，熊范舆与同学未请假而外出赴宴，结果被发现，严修将他们"诘责"一番，还将此事记入日记中。④

严修极为关心书院的教学。虽然工作繁忙，但一有时间，他就"按时到堂听讲，无少迟误，虽学子无其勤也"⑤。他对教育改革的投入很快就初见成效。1897年丁未科乡试，书院中有姚华等多人中举。虽然此时的科举仍以八股文、试帖诗为评价标准，但也在一定程度上反映了书院教学的效果。

严修不久任满返京，书院教学工作由雷廷珍继续主持。在贵州巡抚王毓藻的支持下，"学古书院"正式改名为"经世学堂"。学堂的教学内容，亦比初创时期更加完备。除了数学，还增加了经济、内政、外交、理财、经武、格物、考工等科目，外语也成为必修课程。学生每人每月发给四两

① 何仁仲编：《贵州通史》第3卷，第622页。
② 熊宗仁：《严修视学贵州》，第114—115页。
③ 贵州大学校史编写委员会编：《贵州大学校史丛书·贵州大学分册》，贵州大学出版社2007年版，第8页。
④ 刘泳唐选辑：《蟫香馆使黔日记选辑》，第114页。
⑤ 陈宝泉：《严范孙先生事略》，第249页。

"膏火"银，成为定制。①

到了1903年8月癸卯科乡试，学古书院（经世学堂）的学生共有7人考中举人。他们是：熊范舆、王书农、张协陆、桂百铸、王延直、陈廷策、牟琳。此为学古书院（经世学堂）教学改革成效的又一明证。

仔细分析学古书院（经世学堂）学生名单即可发现，其中不少人后来都成为在贵州乃至全国具有重要影响的风云人物，如刘显世、刘显潜、刘显治、陈廷棻、陈廷策、张协陆、钟昌祚、周恭寿、吴绪华、黄禄贞、姚华、唐桂馨、李映雪、徐天叙等等。② 对于这些学生，严修在日记中都留下了简洁的评价。比如，他评价唐桂馨"文思敏捷，书法亦佳"，为"美才"；评价刘显治"笔下颇有奇气，可望有成"；评价黄禄贞"气平静，与人无争，心思栗密"③。

对于熊范舆，严修又做何评价？他这样记载：

> ［铜仁］唐桂馨、孙士杰，贵阳熊继先，平越刘思明，皆少年而聪颖者也。唐长于赋，孙长于散文，其于算则与刘生相伯仲也。熊尤敏锐，然乏沉毅之气。④

虽然挨过严修一次严厉批评，但事实上，熊范舆是一名聪敏好学的学生。他经常主动向老师请教算学问题，曾多次在算学月考中获得佳绩，还被派令拟定算学会章程。对于表现优异的熊范舆及其余3名学生，严修分别面授诗扇一把，以示奖励。以下是严修日记中的部分记载：⑤

> 到南书院，熊继先以代数演益古题呈阅……（丁酉四月二十二日）

---

① 《贵州巡抚王毓藻折》，国家档案局明清档案馆编：《戊戌变法档案史料》，中华书局1958年版，第259页。
② 关于刘显世，只有陈廷缜《严修与贵州经世学堂》（《贵阳文史资料选辑》第8辑，1983年）将其列入学古书院学生名单，未见于其他材料。
③ 刘泳唐选辑：《蟫香馆使黔日记选辑》，第167、169、170页。
④ 同上书，第169—170页。
⑤ 同上书，第111、112、114、115、152、171、220页。

到书院，奖吕、李、欧阳、熊（继先）四生诗扇，是日面授之。（丁酉五月二十八日）

到书院，为熊（继先）、欧、张、周、罗诸生讲算（学），发算课奖……（丁酉六月二十二日）

看杂作五本：杨德懋、刘增礼、熊继先、徐天叙、周恭寿……（丁酉七月十八日）

到南书院，为刘思明正算草，为熊继先正算草……（丁酉九月十一日）

……到南书院，熊（继先）、刘、周、滕问算……（丁酉九月二十日）

到书院……属黄、周、张、熊（继先）、唐、孙、罗、刘八人联算课……（丁酉九月二十五日）

黄禄贞、熊继先、周恭寿［来见］。（丁酉十一月十一日）

到书院……熊继先呈所拟算会章程……（丁酉十一月十二日）

可见，熊范舆实属严修的得意弟子，与其他人相比，尤其"敏锐"。

所谓"乏沉毅之气"，其实与"血气方刚"所指的含义差不多，都是针对年轻人的锐气而言。青年阶段，往往是一个人锐气最盛之时，即便言语、行动上显得冲动，也在所难免，只不过不同个性的人表现程度不一样而已。儒家文化强调修身，以"谦谦君子"作为理想的为人处世方式，主张内敛而不鼓励锋芒毕露。因此，随着年龄的增长、阅历的增加，在大多数读书人身上，年轻时的锐气都会趋于减弱，甚至衰绝。士大夫群体的主流特质，也显得文气有余、勇气不足，习惯于俯首因循，而不习惯于挑战创新。如果说在"超稳定"的传统农业文明时代这种特质还有其适应性的话，那么，在日新月异、突飞猛进的工业文明时代，这种特质的缺陷就日益明显；而直面挑战、奋起求新的锐气和勇气，则显得尤为可贵。青年熊范舆即将面对的是19世纪末20世纪初的文明转折，恩师严修在他身上发现了一股难以抑制的锐气，这在传统承平时期可能无足称道，但在一个剧烈变革的时代，却很难说不是好事。熊范舆后来一路攀登至传统晋身之阶的最顶端，高中进士，但却很快将目光转向域外；留学期间又不甘于死读洋书，而是挺身奋起，为中国的宪政事业极力鼓与呼。这些都是后话，但也跟他青年时期即已显露的性格气质有关。

三 初为人师

从学古书院（经世学堂）肄业后不久，已经在贵州士子中初步崭露才华的熊范舆，迎来了自己人生当中的第一段教书生涯——执教兴义笔山书院。尽管这次初为人师的时间并不算长，但却对他未来的人生道路有着深远的影响。

1. 刘氏家族与笔山书院

兴义地处贵州西南部，为滇黔桂三省交界之地，战略位置极其重要。但在 19 世纪的很长一段时间里，由于交通不便，兵燹迭起，兴义的学校长期停办，文教事业不兴。直到各类起义、兵事相继平息之后，该地的文化教育才逐渐恢复，历史悠久的兴义笔山书院也得以重建。19 世纪末 20 世纪初，在刘氏家族的精心经营下，笔山书院大力延聘名师执教，培养了一批杰出人才，在贵州教育史上留下了浓墨重彩的一笔。

笔山书院为兴义最重要的文化教育机构，由于各种原因，先后历经多次兴废。第一座笔山书院建于乾隆四十九年（1784 年），由当地绅士集资兴办，位于兴义老城后山的水井坡山麓。之所以得名"笔山书院"，是因为"其背后山峰耸立，状似笔架"，"花水河绕流其下，阡陌开阔，方正之妙，酷似书卷，山前龙潭似砚，镶于千亩田畴之间。山水相映，乃似笔砚"。① 这座书院后来年久失修，逐渐荒废。嘉庆十八年（1813 年），兴义知县杜友集合地方士绅之力，创建了第二座笔山书院，院址改为府城东门外。这座书院后来还经过一次扩建，规模颇为宏大，但由于咸丰同治年间兵事不断，遭到破坏。第三座笔山书院建于 1875 年前后，院址为老城后山文昌宫，主

---

① 张兴智：《兴义笔山书院》，《贵州省政协文史资料存稿选编》第3卷，2006年，第203页。

要讲授八股文和试帖诗，是当地士子求取科举功名的必由之路，当地人称之为"老书院"。

鉴于"老书院"地势较高，位置较偏，空间狭窄，光绪十五年（1889年），兴义权势人物刘官礼以官、绅双重身份，在兴义知府孙清彦的鼎力支持下，借助当地群众捐献的工料，以团防总局历年库存白银作为基建经费，在兴义土城东北隅的老鹳坟建成第四座笔山书院。院门北向文笔山，门额楷书"笔山书院"四字。门联石刻："平地起楼台，看万间麟次，五月鸠工，喜多士情殷梓里；斯文无畛域，况榜挂天开，笔排山耸，愿诸生迹接蓬瀛。"① 新建的这座书院有房屋百间，规模宏伟，成为黔西南第一学府。

刘官礼发起的笔山书院建成后，以剩余库银为基金，同时划拨卷田、学田、匪产、绝产、斗息、称捐、屠宰捐和学租，作为书院的常年经费。刘官礼开出一年300两到400两白银的高薪，希望能够招纳名师前来任教。严修任满离开贵州后，次年戊戌变法宣告失败，雷廷珍一时慨然于新旧学说纷纭、政治腐败不堪，也离开了贵阳经世学堂。② 在学生刘显治（刘官礼次子）等人的劝说和邀请下，抱着振兴兴义文教的初衷，他来到了笔山书院任教。

雷廷珍并非腐儒，他欣赏清初顾炎武为代表的经世之学，也研读西方各类书籍，与严修共过事，长期以来践行经世、改革思想。他来到兴义后，为笔山书院带来了丰富的办学经验和新式办学思想。除教授学生经学、小学外，在刘官礼支持下，他还派刘之侄子刘显慎前往两湖一带，购进大量经史子集书目，以及各类时务书报，供笔山书院学生阅读。同时，他还从日本购进各种与近代科学相关的图表、书籍、仪器等，供学生学习使用。雷廷珍执掌笔山书院将近三年，使兴义闭塞的风气为之一变。③

湖广总督张之洞幼时曾经在兴义生活过，听闻雷廷珍主持笔山书院成绩斐然，且知其与自己政见相合，遂派人邀其赴武昌两湖书院讲学。雷廷珍欣然前往，但行至重庆期间，不幸猝然病逝。雷廷珍离任前，向刘官

---

① 辛梓：《兴义笔山书院》，《黔西南州文史资料选辑》第6辑，1987年，第151页。

② 庞思纯：《明清贵州六千举人》，贵州人民出版社2006年版，第165页。

③ 蒋叔雨：《刘统之先生事略》，《兴义市文史资料》第2辑，2000年，第56页。

礼荐举自己的得意门生姚华和熊范舆接替笔山书院的教职。同为学古书院
（经世学堂）同窗的刘显治，也向父亲刘官礼竭力推荐二人。

2. 短暂的兴义教书生涯

刘氏家族的邀请，对熊范舆而言来得正好及时。从学古书院（经世学
堂）肄业之后，他的身份依然是生员（俗称秀才），还需要参加更高级别的
科举考试，在举人—进士的阶梯上继续艰难攀登。但与此同时，已经成年
的他也面临着生活的压力。进入学古书院的当年，虚龄20岁的熊范舆，便
已迎娶绍兴籍在黔官员黄苣渔的长女黄德昭为妻。熊家家境清寒，开店铺
收入微薄，熊范舆还要以每次月考所得奖金补贴家用。婚后三年内，他们
有了两个孩子，经济状况更加拮据。幸而黄氏幼习诗书，通情达理。她比
熊范舆大3岁，俗话说"女大三，抱金砖"。娶妻过门时，岳父不愿自己的
女儿受委屈，曾经声明女儿嫁到熊家后不进厨房。但黄氏过门后并无丝毫
大小姐姿态，依然恪守传统妇道，尽心操持家务。①

在老师的推荐和同学的邀请下，熊范舆遂与姚华接受了笔山书院的聘
约。姚华与熊范舆祖籍均为江西，又为学古书院（经世学堂）的同学。1898
年，姚华赴京会试不第，返回贵阳后锐意著书，收徒授学，熊范舆幼弟熊
继成（字述之）即在此时拜入姚华门下学习经史。同窗好友加上老师与家
长的关系，两人私交更笃。②1902年2月，熊范舆偕熊继成，与姚华结伴而
行，三人一道前往黔西南的兴义府。

从贵阳到兴义将近一千里远，基本都是山路。熊范舆等三人雇乘肩舆，
一路上走了12天，风尘仆仆赶到兴义。同行的姚华在诗中描绘了路上的
情景：

行从石隙道巉岏，打杵如篙下旱滩。
（姚华诗中夹注："交那路中石立夹道，累累散布，舆行甚艰。予

---

① 《熊母黄太夫人行述》，1946年。
② 邓见宽：《莲华盦泛父——姚华生平及其创作》，《贵州文史资料选辑》第29辑，1989
年，第35—36页。

与述之谓之旱滩。"）

　　　信口同呼舅子路，问君何处小姑山！

　　　黔道艰难过蜀道，巴人僰仆亦相怜。
　　　黎峨风土谁曾识，浪语传呼小四川。

　　　两山本相连，蓦地忽分判。
　　　为有济人心，路成身已断。①

　　同行三人中，姚华年龄最长，此时也不过 26 岁；熊范舆居中，时年
24 岁；熊继成最幼，也已年届 18 岁，此前已拜姚华为师。他们正当意气风
发的青年时代，又兼同窗好友、师生之情，共同奔赴远方，追求事业前程，
自然难抑心中的兴奋之情。熊范舆未能留下有关此行的诗文，不过，姚华
一路上写下的这些诗歌，肯定也跟熊范舆兄弟两人共同切磋、品赏过。诗
中描绘了山路难行、旅途多艰的情景，实际上是在借景言志，表达了深受
传统儒家人格熏陶的青年士子已经学有初成，怀抱强烈济世理想，准备一
展抱负的心境。这种体验显然不仅姚华有，想必熊范舆也差不多。

　　姚华、熊范舆先后担任笔山书院"山长"②，大体遵循了雷廷珍所定的规
制，并有所发展和改进。在此任教期间，除了课业授徒、埋头读书，他们也
经常一起吟诗作赋、切磋书画。姚华试图创新一种泼墨加拓法的"水画"技
法，熊范舆和幼弟熊继成则向他提出批评性的意见，敦促他进一步完善：

　　　拓已伶视颇自喜，易简理得窥天精。
　　　熊四熊六两不许，相与讥弹轰砰訇。③

　　姚华诗中所说的熊四、熊六，即熊范舆和熊继成，他们在兄弟姊妹中

　① 邓见宽选注：《姚华诗选》，贵州人民出版社2000年版，第5、9—10页。
　② 《贵州兴义笔山书院历届山长姓名录》，《贵州文史资料选辑》第18辑，1986年，第204页。
　③ 邓见宽选注：《姚华诗选》，第12页。

熊母黄太夫人行述

分别排行老四和老六。从姚华的诗歌中可以看到，他们三人的关系非常密切，有不同意见完全可以敞开来谈，毫无保留。正是因为这种融洽、信任，熊范舆三人虽然远离家乡千里之外，但并不感到寂寞。

两人在笔山书院任教的时间不算长。1903年春，姚华再次北上，准备参加翌年的会试。不久之后熊范舆也返回贵阳，参加了1903年秋天的癸卯科乡试，并且顺利考中举人，与陈廷策（字幼苏）、张协陆、桂百铸、何麟书等人成为乡试同年。[①]

他俩之后的继任者，是原学古书院（经世学堂）的同学徐天叙（字叔彝）。三人均秉持认真负责态度，尽力施教。1904年，笔山书院改名为高等小学堂。次年，徐天叙带领该校魏正楷、窦简之等13名学生投考贵州通省公立中学，竟囊括了前13名，一下子震动了全省。后来在贵州乃至全国军政舞台上扮演过重要角色的王文华、王伯群兄弟，也是笔山书院的杰出学生。王伯群夫人保志宁回忆说，王18岁时，曾经从姚茫父、熊范舆、徐天叙三先生专攻孟子、左传和数理学。[②] 短短数年间，笔山书院从一所黔西南地区普通的书院，一跃成为贵州知名的新式学堂，这与雷廷珍、姚华、熊范舆、徐天叙"一师三徒"密不可分。

四　人际网络的初步构筑

熊范舆在贵阳学古书院和兴义笔山书院的求学和任教经历，同时也是

---

① 桂百铸：《刘显世集团内部斗争散记》，《贵州文史资料选辑》第1辑，1979年，第120页。

② 贵州省政协文史资料研究委员会、黔西南州政协文史资料研究委员会编：《兴义刘、王、何三大家族》，中国文史出版社1990年版，第77页。

其毕生人际网络的初步形成阶段，对其人生和事业道路均有重要意义。

在学古书院（经世学堂），熊范舆受到严修等人的影响，开始接触维新思想。一直地处相对闭塞的西南腹地，天天诵读四书五经、琢磨八股格式的年轻学子，突然接触到新鲜的思想和知识，这就好比在极度黑暗中见到一道曙光。从此，熊范舆便接受了当时中国较为先进的维新变法思想，不断思考以立宪、改革来拯救中国，从而具备了后来与梁启超、杨度、沈钧儒成为志同道合的立宪派代表人物的思想基础——而这些人来自不同的省份，素昧平生。

同时，在学古书院（经世学堂），熊范舆也跟一大批日后即将在贵州乃至全国产生重要影响的人物结下了同窗之谊。这些人中，姚华和刘显治后来主要在北京，活跃于全国性的舞台。更多的人则留在本省，影响贵州全省的政治、经济、文化乃至军事格局。可能正是因为共同的教育背景和求学经历，学古书院（经世学堂）的这批同学，在思想上也有某种一致性。比如姚华、刘显治、陈廷策、张协陆、周恭寿、吴绪华、黄禄贞、李映雪、任可澄等人，基本均属于立宪一派。共同的早年经历和较为一致的思想倾向，使这批学古书院（经世学堂）的学生互相提携，在民初贵州社会的诸多层面均发挥了重要作用。熊范舆也在一定程度上受惠于此，1913年由滇返黔之后，得以身居高位，执掌一省金融，成为贵州风云人物。

当然，对熊范舆后来人生道路选择产生极大影响的，还是他与兴义刘氏家族的关系。在学古书院（经世学堂）与刘显治同窗，特别是为期一年多的兴义任教生涯，使他有机会与未来即将执掌贵州大权的"兴义系"建立联系。这种关系，一定程度上为他在民国初期跻身贵州省政府高官创造了条件，同时也为他惨烈的人生结局埋下了伏笔。

兴义刘氏原籍湖南邵阳，其先祖常经湘西至贵州从事文具贩卖生意，19世纪初刘显世高祖刘泰元定居兴义泥凼。该地盛产桐油，刘家遂以榨油为业。至第二代刘文秀和第三代刘燕山时，家境渐为殷实，遂举家迁往纳吉寨，后又定居离兴义城南不远的下五屯。这里地势开阔，土地肥沃，刘燕山在此购置了大量土地，积累了更加丰厚的财富。刘燕山有四子，长子官箴，次子官霖，三子官礼，四子官德。四人颇喜读书，胆力尤其过人。

有此四子之助，刘家逐渐成为下五屯首富。①

咸丰年间，在太平天国运动的推动和影响下，黔西南一带爆发了回民"白旗军"起义。清朝政府鞭长莫及，且有心无力。各地纷纷创办团练，以图自保。兴义地处三省交界之区，更利于地方势力的崛起。刘家趁此机会办团练，购器械，筑城堡，建立了自己统领的地主武装。从1860年筑石墙石堡、训练乡民开始，到1869年规复兴义府城，刘氏团练在刘官礼（字统之，刘显世之父）兄弟的率领下，配合清军与起义军激战，三夺兴义，获得清政府的多次嘉奖和赏赐，并授予一定官职。刘家在兴办团练、抵抗起义军的同时，也吞并和翦除其他地方势力。此外，刘家亦笼络人心，与其他大家族修好。比如，刘官礼将长女刘显屏嫁给景家屯王姓大户，王文华即为刘显屏所生。至光绪初年，刘官礼已被保举为候补道，刘家总理兴义团务，雄踞一方，建立了所谓"盘江小朝廷"。②

兴义刘氏的崛起，在当时并非孤立现象，而是与中国整体的社会变迁紧密相连。鸦片战争以后，满族为主的中央统治力量日渐衰落，为了镇压太平天国运动，不得不起用汉族官僚地主创办地方武装，比如湘军、淮军。对于各地区纷纷涌现的团练，清政府不仅不加制止，反而不得不加以依靠和利用。地方豪绅势力由此抬头，影响力日渐增强。而兴义所处的特殊地理环境，更为刘氏家族的崛起提供了助益。

1902年秋，广西会党起义军渡过南盘江，攻下兴义府城。刘氏团练配合官军，再次从起义军手中夺回兴义。此后，清政府将刘家团练纳入军队编制，编为两营，刘显世、刘显潜分任管带，刘官礼为统领。姚华、熊范舆一行来到兴义之际，正是刘家势力再次扩张、刘显世兄弟崭露头角之时。

刘氏家族虽然掌握了兴义大权，但终究属于地主土豪，在主流士大夫群体看来，只能算是"暴发户"，形象并不甚好。而且，兴义地处偏远，文教不兴，几十年里少有考取功名者。为了家族和地方的长远利益着想，刘官礼决心支持地方教育，培育人才。如前所述，他主持重建了笔山书院。

---

① 冯祖贻：《兴义刘氏家族与近代贵州政治》，《贵州文史丛刊》1984年第4期。

② 贵州省政协文史资料研究委员会、黔西南州政协文史资料研究委员会编：《兴义刘、王、何三大家族》，第2—5页。

雷廷珍、姚华、熊范舆、徐天叙、张协陆、陈树藩等人，先后应其邀请来
到兴义，襄赞学务。对于这些省内知名的文人学士，刘家优礼有加，待为
上宾，甚至结为世好。

在清末新政潮流中，刘氏父子又顺应时势，一下子办起了四十几所小
学堂。①1905年贵州巡抚林绍年号召各府县选送赴日留学生，兴义刘氏家族
也积极响应，到辛亥革命前先后共资送王伯群、李映雪等数十人赴日留学。②

熊范舆在兴义执教的时间虽然不算很长，却由此与权倾一方的兴义刘
氏，特别是刘显世、刘显治和刘显潜兄弟结下了密切关系。他与刘显治原
本就是同学，加上刘家对主流士人的尊重，熊范舆自然会珍惜这种人际关
系。后来熊范舆与刘显治同在日本留学，两人的联系更加紧密。熊范舆还
将次女熊桂英嫁给刘显治长子刘公亮，进一步巩固了与刘氏家族的关系。
民国初年，刘氏家族在贵州愈益得势，而熊范舆作为贵州知识精英的代表
人物，也借由这一人际网络，在贵州政治和经济舞台上扮演了重要角色。

---

① 吴崇津：《清代及民国时期的兴义县教育》，《贵州文史丛刊》1998年第3期。
② 贵州省政协文史资料研究委员会、黔西南州政协文史资料研究委员会编：《兴义刘、
王、何三大家族》，第9页。

第二章　贵阳—北京：末科进士

在兴义笔山书院执教一年多以后，熊范舆返回贵阳，参加了1903年8月的癸卯恩科乡试，顺利考中举人。次年春，他又赶上了中国历史上的最后一科会试——1904年甲辰恩科，并且高中进士，成功跻身全国士林之巅，迈向了自己人生道路上的第一个高峰。

一　一波二折的甲辰恩科

熊范舆在1903年8月的贵州乡试中顺利考中举人，依照惯例，次年春即可赴京参加全国性的会试。然而，几年来关于科举停废与否的种种议论，已经难免让艰难跋涉在科举应试道路上的读书人对于未来心生疑惑。加上这次会试并不是在北京，而是在河南开封举行，会试中试后，再赶到北京参加殿试，可谓"一波二折"。

1. 甲辰恩科的由来

清朝定制，每逢子、卯、午、酉之年为乡试"大比之年"，次年即丑、辰、未、戌之年则为会试（及殿试）之年。乡试通常在农历八月举行，故称"秋闱"，考官一般由皇帝钦派，考试地点则在京城及各省省会；会试自乾隆十年（1735年）起，于农历二三月间在京城举行，故称"春闱"，会试之后次月在宫中举行殿试。乡试、会试均为三年一次，为正科。正科间隔期间，如遇朝廷庆典或特别盛事，则加试一科，称为恩科。如果乡试为恩科，则次年举行的会试亦称会试恩科。

1903 年为癸卯年，并非会试之年。1903 年、1904 年癸卯、甲辰两科会试接连举行，并非三年一次；会试地点也不在北京，而在河南开封。1904 年甲辰科本为正科，却又称为恩科。为何会出现这些非常规的现象？

原因还得从当时的国际、国内局势说起。1901 年是辛丑年，本应举行会试。然而 1900 年发生庚子之变，八国联军侵入北京，慈禧太后、光绪皇帝"西狩"，一路逃至西安，直到 1901 年 9 月《辛丑条约》签订后，才经河南、山西返回北京，其间还在开封逗留将近一个月。时局如此动荡，清廷自顾不暇，既无心、也无力开科取士。直到两宫返京途经开封时，才颁下谕令："明年会试，著展至癸卯举行；顺天乡试，于明年八月间暂借河南贡院举行；河南本省乡试，著于十月举行；次年会试，仍就河南贡院办理。"① 于是，1901 年的辛丑正科会试就被推迟到癸卯年（1903 年）举行。1900 年为庚子年，本应举行乡试，也被推迟到 1902 年补行。

据当代学者研究，此次考试地点改在开封，有多个原因。② 首先，北京的贡院被八国联军烧毁，本应在此举行的顺天乡试以及会试，均无法依照惯例举办。其次，《辛丑条约》明确规定，在义和团活动最激烈的地区，如山东、直隶等地，五年内不得举行文、武各等考试。河南义和团并不激烈，在此举行科举考试，不致引起外交纠纷。再次，慈禧、光绪驻跸开封，认为那里地处中原，交通便利，离北京亦不远，便于全国举人前往应试。最后，河南贡院占地颇广，条件亦佳，也有能力举办全国性的考试。在这种特殊的形势下，1903 年，河南贡院于农历三月举办了补行的辛丑科会试，八月举办顺天乡试，十月又举办了河南乡试。③ 一年之中，在同一贡院举办两次乡试、一次会试，这在千年科举史上可谓绝无仅有。

1903 年刚刚举办过会试，次年是甲辰年，又逢会试正科之年。此时大清帝国的统治危机并未稍有缓解。日俄战争在中国东北爆发，清政府却置之度外，任凭他国将自己的国土当作战场。值此内忧外患之际，朝廷大臣

---

① 吴永述，刘志襄记：《庚子西狩丛谈》，岳麓书社1985年版，第121页。
② 范沛潍：《清末癸卯甲辰科会试述论》，《历史档案》1993年第3期。
③ 刘海峰：《中国科举史上的最后一科乡试》，《厦门大学学报》2003年第5期。

们对于是否立即停废科举议论不休。然而，这年恰逢慈禧太后七十大寿，于是该年的正科不仅不能停止，依照惯例还要改为恩科，以示皇恩浩荡、天下归一。这就是甲辰恩科的由来。因为北京的贡院仍处于被毁状态，甲辰科会试同样在开封的河南贡院举办。

对于熊范舆以及同场竞争的几千名举子而言，参加会试并且金榜题名，是他们从一开始走上科举道路时即已确立的终极目标。经历了庚子以来的风风雨雨，甲辰科会试依然按照惯例举行，这使他们仍有可能去追逐自己的梦想。不过，正如姚华在当时一首诗里描述的：

> 浩劫经庚子，春闱又甲辰。
> 制科沿旧习，问学惭新民。①

在时代变迁的趋势已经展开、新旧转换的苗头已经显露的形势下，他们对于这次考试的感触也变得更加复杂。

2. 走出贵州的漫漫途程

会试是全国性的考试。为了赶上考试日期，边远省份的士子必须提前起程上路。比如，来自岭南的商衍鎏，为了赶到开封参加 1903 年春季补行的辛丑科会试，当年正月即从广州出发，先乘海轮来到上海，然后换乘江轮，溯长江而上，至汉口换乘火车，到信阳后再改坐骡车，早行夜宿，一路风尘仆仆，这才抵达开封。② 而一名来自云南的士子，则在上一年十月即从家里出发，转年二月末，才赶到开封，一路极为辛苦。③

19 世纪末 20 世纪初，贵州去往外省只有水路和传统的驿道，尚无铁路、公路。直至 1927 年，贵州主政者周西成在广州购买了一辆美制雪佛兰轿车，可是这辆汽车只能通过水路，经西江、榕江运至黔南三合（今三都县），上岸后拆散，用人力辗转抬到贵阳，再重新安装起来，供周西成在环城路和

① 邓见宽选注：《姚华诗选》，第16页。
② 商衍鎏：《清末科举考试亲历记》，《岭南文史》1983年第1期。
③ 范沛濰：《清末癸卯甲辰科会试述论》，《历史档案》1993年第3期。

城里几条街上乘坐。较大型的卡车，则在上海将整车拆开，通过轮船运到重庆，再由重庆委托人力运输行挑抬到贵阳附近，重新组装起来，每运一辆中型卡车约需人夫40名，费时约一个月。[①]清末民初贵州交通条件的落后，由此可见一斑。

对于 20 世纪初的熊范舆而言，走出重重大山包围的贵阳，前往位于中原腹地的开封，这一路更可谓漫漫途程。此前熊范舆一直在相对闭塞的贵州求学、教书，这是他第一次跨出贵州省。[②]

由于熊范舆的诗文手稿现已不存，我们没法直接了解他一路上的体验。不过，与他同一时期进出贵州山区、后来同样留学日本、相继担任北洋法政学堂监督的贵州遵义人黎渊，留下了一些相关的旅途诗文。1897 年，黎渊从四川返回贵阳参加乡试，留下一首题为《夜宿山驿》的诗，描绘了穿越黔巴山区的旅行感受：

> 几曲羊肠万岭环，篮舆初试旅行艰。
> 程荒宿客争投店，地僻村人早闭关。
> 一角土墙围夕照，数椽茅屋背寒山。
> 此情隔世应能忆，月黑猿声在百蛮。

他还有一首诗，描写应试之后夜宿破落的旅馆等待考试结果的情形：

> 凉宵山馆驻行滕，袯被萧然似野僧。
> 四壁秋风千里梦，半窗斜月一昏灯。
> 枕边饥鼠窥墙隙，云外哀猿隔岭层。

---

① 李金顺编著：《贵州企业史话》，贵州人民出版社2005年版，第31页。
② 张謇在日记中提到，光绪二十三年（1897年）三月十九日，在武昌拜访张之洞期间，"熊铁岩置酒"。见张謇研究中心、南通市图书馆、江苏古籍出版社编：《张謇全集·第六卷·日记》，江苏古籍出版社1994年版，第391页。但这则记载并无其他资料可资验证。当时熊范舆刚刚进入学古书院深造，严修对书院的纪律要求非常严格，熊范舆不太可能在这个时候前往武昌一游。张謇提到的"熊铁岩"或许另有其人，亦未可知。

此夕棘闱官烛下，姓名知否庆龙登。①

1899 年，黎渊前往日本留学。他的旅行路线是出贵州，经重庆，下三峡，过汉口，间游苏州，然后从上海乘船东渡日本。途程漫漫，其中走出贵州山区的感受最为复杂。一路上大山环绕，山道崎岖，行旅孤单，不禁令人意兴阑珊：

墙棘牵帷柳拂鞍，晓冲烟瘴怯衣单。
人经旧地心如醉，路入平原眼渐宽。
古驿霜高长铗冷，荒村月落短檠寒。
出山纵有为霖志，不待云归兴已阑。

山路险要，让人战战兢兢：

悬崖如剑倚晴空，木杪危桥一线通。
至竟艰难输蜀道，不堪人事又秋风。
天垂芜野双峰处，路入松泉乱石中。
立马乡关何处是，万山堆里夕阳红。

行路不久，便要投宿于简陋的乡村旅店：

百里投村馆，孤怀便异乡。
破床愁蟹虱，虚壁走蜣螂。
虫语秋灯驿，花阴斜月墙。
东征此初轫，前路感茫茫。

天刚蒙蒙亮，又要开始一天的匆匆行程：

---

① 黎渊：《明致堂诗稿·山居集》，遵义市地方志编纂委员会办公室编：《黎氏家集续编》，贵州人民出版社2005年版，第277页。

旅馆晨鸡动，开门促晓装。

清霜一庭白，斜月乱山苍。

栈马刍仍恋，闺人梦正长。

自来行役苦，何况是蛮乡。

好不容易走出连绵的群山，又一个夕阳西下之际，终于进入一片平原地带，眼前的桐梓县城却还不如一个村庄大，而且城门已经关闭。晚上留宿旅店，竟然在墙壁上发现了两年前先人留下的诗文，顿时百感交集，痛哭一场。

从桐梓县的松坎至四川綦江县，又是一段崎岖难行的山路。同治年间贵州巡抚林贞伯筹资进行过整修，还修建了一座名为"闷头箐"的山间楼阁，以便行人休息。然而几十年后，这段山路又变得难走了：

乌亭鹭堠壮黔州，马足车尘倦蜀游。

地险炊烟依堡聚，年深官道失时修。

只今山阁余题额，终古行人说闷头。

日暮猿声荒箐远，蚕丛西望不胜愁。

历经千辛万苦，走过山山水水之后，旅途生活终于能够让人适应了，旅客的心情也振作起来。即将走出大山之际，心头不禁涌上一份豪情壮志：

琴剑西风早别家，云山满目是天涯。

途长渐觉乡音换，客久还欣饭量加。

马首夕阳峰万点，蝉声疏柳路三叉。

男儿欲遂桑弧志，敢为崎岖惜骥华。①

---

① 黎渊：《明致堂诗稿·山居集》，遵义市地方志编纂委员会办公室编：《黎氏家集续编》，第285—289页。

过了綦江之后，很快就抵达重庆。重庆历史悠久，交通便利，商业繁荣，文化发达，城市生活丰富多彩，与偏僻落后的贵阳相比，算是一个大都会。

四年之后，为了前往河南开封，熊范舆走上了相同的出山之路，至重庆，经三峡，至汉口，再北上河南。熊范舆没有留下相应的旅途诗文，但与黎渊一样，他也能够充分体会到山高路远、行旅艰辛、途程漫漫的感受。不过与黎渊相比，熊范舆更加幸运。这次走出贵州，前往中原，熊范舆并非一人独行，同行的还有经世学堂的同学唐桂馨、于德坤等人。多人结伴，亦可稍微纾解千里跋涉之苦、行旅孤单之闷。

熊范舆等人到达开封后，与从北京赶来第二次参加会试的同窗好友姚华相遇。他乡遇故知，自然兴奋异常。应试之暇，开封的名胜古迹如大相国寺、铁塔，都留下了他们参观的足迹。

关于贵州士子在开封，后世还有一段颇值玩味的记载：

> 于德坤，字业干，贵州贵阳府贵筑县人。夙与同里熊范舆游，范舆急功利，持论恒相左。清甲辰，同赴河南会试，途次谈种族遗恨，复相契，相约致力革命，不入试场。榜发，范舆竟中式，德坤知其非吾徒，独浩然去国。[①]

熊范舆与于德坤一同赴河南参加会试，当为确事。二人早年同为经世学堂学生，相交甚笃亦有可能。但他们究竟有没有相约革命，"不入试场"，并无确证。于德坤后来赴日，参加同盟会，1912年作为国民党贵州党务特派员返黔，遭到暗杀。后来的贵州革命派人士平刚为于德坤作传，将其被杀认定为熊范舆与唐继尧、刘显世等人的密谋。[②] 彼时熊范舆尚在云南，所谓参与暗杀于德坤的密谋，从主观动机和客观行动方面，均无法得到证实。

① 陈纯斋：《辛亥革命人物小传》，《贵州省政协文史资料存稿选编》第2卷，2006年，第4页。

② 平刚：《于德坤传》，"中国国民党中央党史"史料编纂委员会编：《革命先烈先进传》，台北中华民国各界纪念国父百年诞辰筹备委员会，1965年，第284—287页。

平刚为于德坤作传时, 已是政治斗争高于朋友私情的革命年代, 此时熊范舆已经作为立宪派代表人物之一而被载入史册。平刚作为革命派人士, 不能排除他是否有以后事推定前事, 或者自行想象的可能。

3. 紧贴现实的末科会试

癸卯、甲辰两次会试, 除了都在河南贡院举行之外, 在考官的任命上, 亦与往届大不相同。按照惯例, 考官都是在开始考试的前三天任命的。而且一旦任命之后, 当即进行隔离, 连家人也不准见面, 以防舞弊。而癸卯科和甲辰科考官的任命, 在时间上都要早得多, 比如癸卯科会试的一个月前, 清廷就任命大学士孙家鼐等人为该科考官。提早任命考官的主要原因, 是由于会试地点不在北京, 而在千里之外的开封。考官从北京前往开封, 路上所费时间不短, 再加上行前的准备, 一个月的时间并不算宽裕。

甲辰科的考官也是提前任命的。此次会试, 以兵部尚书、协办大学士裕德为正考官, 吏部尚书张百熙、都察院左都御史陆润庠、户部右侍郎戴鸿慈为副考官。这几人都是颇具革新意识的清朝大员, 张百熙更是科举改革的有力推动者。他们带来的试卷, 与之前的各省乡试一样, 遵循了1901年清廷诏令中关于科举考试内容的规定, 在形式上不考八股试帖, 改试策论(即议论文)、经义, 并且试题内容比上年的癸卯科更加贴近现实。

按照清朝定制, 会试共分三场, 以三月初九为第一场, 十二日为第二场, 十五日为第三场。每场均于先一日领卷入场, 后一日交卷出场。也就是说, 考生要在三月初八入场, 十六日出场, 在考场内先后要待上九天。①这就意味着, 科举考试不仅要测试读书人的智力, 同时也要考验他们的体力。

三月初九, 第一场开考, 内容为中国政治、史事论5篇, 题目分别为:

1. 周唐外重内轻, 秦魏外轻内重各有得论。

2. 贾谊五饵三表之说, 班固讥其疏, 然秦穆尝用之以霸西戎, 中行说亦以戒单于, 其说未尝不效论。

---

① 范沛潍:《清末癸卯甲辰科会试述论》,《历史档案》1993年第3期。

3. 诸葛亮无申商之心而用其术，王安石用申商之实而讳其名论。

4. 裴度奏，宰相宜招延四方贤才与参谋，请于私第见客论。

5. 北宋结金以图燕赵，南宋助元以攻蔡论。①

这些题目显示了出题者的良苦用心和现实关怀。第1题，明显反映了清末地方坐大、中央势微的情况下，清政府对于集权体制下地方分权问题的关注。第2题旨在考察士子们对边疆以及中外冲突问题的认识。第3题针对改革路径的激进抑或渐进问题而设。第4题的主旨是宰相与朋党的关系，显然与当时袁世凯等汉族大臣权倾一时、树大根深的实际局势有关。第5题古今比照，力求探寻当时列强环伺下中国外交政策的走向。

第二场考各国政治、艺学策，也是5道题：

1. 学堂之设，其旨有三，所以陶铸国民、造就人才、振兴实业。国民不能自立，必立学以教之，使皆有善良之德，忠爱之心，自养之技能，必需之知识。盖东西各国所同，日本则尤注重尚武之精神，此陶铸国民之教育也。讲求政治、法律、理财、外交诸专门，以备任使，此造就人才之教育也。分设农、工、商、矿诸学，以期富国利民，此振兴实业之教育也。三者孰为最急策。

2. 泰西外交政策，往往借保全土地之名而收利益之实，盍缕举近百年来历史，以证明其事策。

3. 日本变法之初，聘用西人而国以日强，埃及用外国人至千余员，遂至失财政、裁判之权，而国以不振。试详言其得失利弊策。

4.《周礼》言农政最详，诸子有农家之学，近时各国研究农务，多以人事转移气候，其要曰土地、曰资本、曰劳力，而能善用此三者，实资智识。方今修明学制，列为专科，冀存要术之遗。试陈教农之策。

5. 美国禁止华工，久成苛例，今届十年期满，亟宜援引公法，驳正原约，以期保护侨民策。②

---

① （清）法式善等撰，张伟点校：《清秘述闻三种》，中华书局1982年版，第1002页。
② 刘海峰：《中国科举史上的最后一榜进士》，《厦门大学学报》2004年第4期。

显然，第二场的考题与现实联系更加密切，指向性更加明确，涉及教育改革、国际秩序中的名与利、制度变革过程中如何适度聘用外国顾问、西方农业经济学与中国传统农学的结合、华侨保护等诸多问题，旨在考察士子们的国际视野、西学修养以及汇通中西知识应对中国现实问题的能力。

第三场，阐释"四书五经"要义，共3道题目：

1. 大学之道，在明明德，在亲民，在止于至善义；

2. 中立而不倚强哉矫义；

3. 致天下之民，聚天下之货，交易而退，各得其所义。

第三场考试与过去一样，从"四书五经"中选取题目，主要考察士子们对传统儒家世界观、价值观的认识。内容虽然与过去差不多，但摒弃了八股文程序，士子们的答卷也更加恣意开放，敢于破除陈规，提出新意。① 第3题尤其值得注意，题目本身立场鲜明，颠覆了传统的贱商观念，要求考生以商人、商业为本位展开立论，体现了清末重商思潮的兴起。

从会试试题可以发现，清朝末年统治集团确实有改革图强的意识和努力，但与此同时，置身于"千年未有之大变局"中，他们仍然有些茫然，不知所措，以至于在严肃的科举考试当中，仍不忘向全国知识精英访求新形势下的治国安邦之策。

试题内容和形式的变动，对不同士子的影响各不相同。对于熊范舆来说，考试规制和内容的变化是个利好消息。他曾经在学古书院（经世学堂）求学，深受严修和雷廷珍的影响，早已不是一个眼光狭窄、汲汲于八股试帖的传统知识分子。革新、立宪的思想，已经在他的脑海中初步萌芽。与上一年的贵州乡试相比，这次会试的题目更加贴近现实，所涉及的问题，熊范舆以前就算没有特别关注过，想必也早有涉及。

会试的结果说明了这一点。四月初十（5月24日）发榜，共取中273名。会元（第一名）为湖南人谭延闿，姚华、熊范舆、唐桂馨等贵州籍士

① 刘海峰：《中国科举史上的最后一榜进士》，《厦门大学学报》2004年第4期。

子亦从全国几千名举人中脱颖而出，成为新科贡士，获得了殿试的资格。

以往历科会试，士子们的答卷往往要由专门的书手用朱笔誊录后，才能交给阅卷官评阅，以免考官凭字迹判断考生信息。这在客观上有助于更多的科举考卷留存下来。或许由于统治者对科举制度已经感到可有可无，又或许是在京师之外仓促举行之故，甲辰科会试废除了誊录环节，考生的墨卷直接呈送读卷官。① 加上清末政治混乱，随后科举制度又被废除，前人的考卷对于后来人读书应试已无借鉴价值，不再受到重视，散佚更多。当代人编纂的《清代朱卷集成》，汇集了现今遗存的几乎全部清代科举考卷，然而关于甲辰科会试，只收集了沈钧儒等 12 人的墨卷。② 很可惜，熊范舆的答卷并不在其中。

4. 金榜题名的荣耀与失落

会试之后，紧接着就是殿试。殿试为等额考试，虽然所有参加殿试的人都将金榜题名，但金榜上的题名次序，将直接影响每位新科进士今后的官运。会试发榜不久，姚华、熊范舆等贵州同乡即结伴北上，赴京为殿试做准备。

乾隆二十六年（1761 年）以后，科举考试时间一般为旧历三月会试，四月二十一日殿试。而 1904 年会试地点在开封，考虑到中式贡士无法按时赶到北京，于是殿试时间推迟一个月，五月二十一日（7 月 4 日）在紫禁城保和殿举行。此次殿试，考官阵容更加强大，分别为王文韶、鹿传霖、陆润庠、张英麟、葛宝华、陈璧、李殿林、绵文，均为朝廷重臣。

当天黎明，近 300 名士子从东华门至中左门，再行至保和殿。考生入殿后，可以随意选择位置。不过大殿宏阔，前面几排光线尚好，后面几排则较为阴暗，来得稍晚的考生甚至转移到了殿前廊下。殿中的试桌式样与炕相差不多，只有一尺多高，准备不充分的考生只能盘膝而坐。也有人准备得很充分，用藤筐装着考试用具，并且自备折叠式的考桌，届时将考桌打开，以藤筐为座椅，比内廷提供的试桌更舒适。过不多时，试题颁下，

① 商衍鎏：《清代科举考试述录及有关著作》，百花文艺出版社2004年版，第130页。
② 参见顾廷龙主编《清代朱卷集成》第90册，台北成文出版社1992年版。

众人至中和殿台阶下面，双膝下跪，每人接过一张印刷在黄纸上的试题，再返回保和殿，开始答题。①

北京国子监末科进士题名碑及拓片

殿试题目共4道，是以光绪皇帝名义提出的策问，分别为：

1. 君人之道，子育为心，虽深居九重，而虑周亿兆。民间疾苦，惟守令知之最真。汉以六条察二千石，而以察令之权寄之于守。此与今制用意无殊，而循良之绩，今不如古，粉饰欺蔽之习，何以杜之？世局日变，任事需才，学堂、警察、交涉、工艺诸政，皆非不学之人所能董理。将欲任以繁剧，必先扩其闻见，陶成之责，是在长官，故各省设馆课吏，多属具文，上以诚求，下以伪应，宜筹良法以振策之。汉制，县邑丞尉多以本郡人为之，犹有《周官》遗意，其法尚可行否？

2. 三代之制，寓兵于农，自井田沟洫之法废，遂专用征兵，岂因时而变，各得其宜欤？汉高祖设轻车骑士、材官楼船，常以秋后讲肄课试，三者各随其地之所宜，盍析言之。唐初置府兵，中叶府兵制坏，专用征兵，能详陈其得失利弊欤？宋韩琦之议养兵，苏轼之言定军制、练军实，最为深切著明，能以今日情势互证之欤？兵强于学，学兴于教，环球列邦，多以尚武立国。知兵之选，遍于士夫，体育之规，基诸童稚，师人长技，可不深究其原欤？

3.《周礼·太宰》以九式均节财用（注云：式谓用财之节度），职内掌邦之赋入，职岁掌邦之赋出，此与各国之豫算、决算，有异同否？苏轼之策理财，谓天下之费，有去之甚易而无损，存之甚难而无益。曾巩之议经费，谓浮者必求其所以浮之自而杜之，约者必本其所以约之由而从之。皆扼要之论，能引申其旨欤？节流不外省冗费、裁

---

① 商衍鎏：《清代科举考试述录及有关著作》，第434—435页。

冗官，施行之序，能筹其轻重缓急欤？开源之法，以农工商该之。今特设专部，悉心区画，整齐利导之方，能缕陈欤？

4. 士习之邪正，视乎教育之得失。古者，司徒修明礼教，以选士、俊士、造士为任官之法。汉重明经，复设孝廉、贤良诸科，其时贾、董之徒最称渊茂。东汉之士以节义相高，论者或病其清议标榜，果定评欤？唐初文学最盛，中叶而后，干进者至有求知己与温卷之名。隆替盛衰之故，试探其原。宋世名儒毕出，各有师承，至于崇廉耻、敦气节，流风所被，迄有明而未衰。果人能自树立欤？抑师道立而善人多欤？今欲使四海之内，邪慝不兴，正学日著，其何道之从？①

与会试一样，殿试题目关心的也是吏治、兵制、财政、教育等当下极为迫切的实际问题，希望引导士子们认真面对现实，积极探求应时治世之策。

殿试对于字体、格式的要求极高，答卷时必须小心谨慎。当天突降大雨，使得原本就光线不佳的大殿更加黯淡。直到午后放晴，众人才得以任意挥毫。不少士子一直写到傍晚时分才交卷。②次日，诸位考官在文华殿阅卷。

殿试后的第四天为小传胪之日。考官将评选出来的前十份试卷呈送皇帝，钦定名次。黎明时分，所有考生立于乾清宫前，读卷大臣陆润庠唱名，排定前十名名次。一甲三名，分别为状元刘春霖、榜眼朱汝珍、探花商衍鎏，赐"进士及第"。之后，鸿胪寺官引领前十名进入养心殿，由光绪皇帝亲自接见。小传胪之后第二天，即7月8日，举办了本书一开始所描述的传胪大典，仪式极为隆重盛大。

科举制度已经即将走到尽头，但清政府对科举礼仪依然十分重视。传胪大典之后，还有一系列热闹纷繁的庆祝活动。礼部尚书将金榜安置于云盘中，一路吹吹打打，送至东长安门外的彩棚公开张挂。一甲三人由顺天府尹迎接、敬酒、簪花、披红，送他们骑马游金街。第二天举办恩荣宴，即"琼林宴"，所有新科进士均赴礼部参加筵席。过去，阅卷官人人必到，酒食丰盛。此次则在礼部大堂设二十余桌，稍显简陋。恭亲王溥伟出席，

---

① 《清德宗实录》卷531，光绪三十年五月己亥。

② 《殿试策题》，《大公报》1904年7月8日。

但不久即离席，新科进士们亦同时而出。① 六月初一（7月13日），熊范舆与诸位进士同年赴国子监行"释褐礼"，表明自此脱去布衣，成为国家官僚。②

清朝中期以前，读书人中了进士，由礼部发给牌坊银每人30两，一甲三名每人另外加50两，用以在宗祠竖立牌坊。另外，礼部还要提请工部拨给建碑银100两，用来在国子监竖立一方高大的进士题名碑，刻上本届全体新科进士的姓名、籍贯和名次，让他们得以流芳百世。然而，甲辰恩科之时，国库空虚，进士牌坊银钱免发，国子监刻碑之银，也只能由进士们自己筹措。可能是因为经费原因，甲辰科进士题名碑的质量似乎并不甚佳，历经百年风雨，保存状况已经不容乐观。同样在国子监，康熙、乾隆时期甚至明朝所立的不少题名碑，字迹至今依然清晰可辨。而甲辰科进士题名碑，字迹已然模糊，几乎不可辨别。

殿试之后，新科进士们的等第名次即已排定。但在发榜数日之后，还要进行一次"朝考"，以选拔翰林院庶吉士，称为"馆选"。朝考成绩是新科进士授官任职的依据。甲辰科进士朝考的时间为五月二十八日（7月11日），题目为"官所以养民，兵所以为民论"和"拔去浮文悉敦本实疏"③。考试的结果，谭延闿再次夺得第一，成为朝元；贵州人王庆麟居次；殿试一甲三名均列为一等；汤化龙、龙建章、李景濂等人名列二等，唐桂馨、熊范舆、姚华这几位贵州同乡则列名三等。④ 根据朝考成绩，熊范舆被授予湖南"即用知县"。

十年寒窗苦读，一朝金榜题名。此次甲辰科，熊范舆以三甲三十九名得中进士。高中进士，是传统时代读书人的无上光荣。根据当代学者的研究，清代科举中式的平均年龄，生员（俗称秀才）为虚岁25岁，举人为31岁，进士为36岁。⑤ 熊范舆从乡试到会试一路冲关，26岁考中举人，27岁考中进士，在当时已属难得。对于来自西南边陲地区的熊范舆来说，经由

---

① 商衍鎏：《清代科举考试述录及有关著作》，第436—437页。

② 同上书，第153页。

③ 《大公报》1904年7月14日。

④ 《新贡朝考等第名册》，《大公报》1904年7月16日。

⑤ 张仲礼：《中国绅士：关于其在19世纪中国社会中作用的研究》，上海社会科学院出版社1991年版，第190页。

科举入仕这一正统渠道，他便踏入了主流士人之列，走向了以北京为中心的全国性舞台。

然而作为末科进士，熊范舆以及他的甲辰科同年，体验到的不仅是金榜题名的荣耀，也有新旧体制转换之际的些许失落。熊范舆的同窗好友姚华，在考中进士之后不久即感叹："功名衰世薄。"① 与清朝鼎盛时期不同，他们虽然成功地跃过了科举考试这道"龙门"，但不再意味着从此踏上了稳定的仕途。

由于内外局势的变化，清政府对癸卯、甲辰两科进士的安排任用，与过去有所不同。光绪二十八年（1902年）十一月戊午，清廷下诏，规定从1903年会试开始，"凡授编、检及改庶常与部属中书用者，胥肄业京师大学堂，俟得文凭，始许散馆及奏留。分省知县亦各入课吏馆学习"。②1904年年初，清廷发布《奏定进士馆章程》，计划设立进士馆，令新科进士入馆学习实学，"以明彻今日中外大局，并于法律、交涉、学校、理财、农、工、商、兵八项政事，皆能知其大要为成效"，学习期限为三年，所学科目包括历史、地理、教育、法学、格致、财政、经济、军事、工业、农业等诸多方向。③进士馆的设立，是清政府因应时势、力求将科举士子培养成新式人才的途径之一。进士馆的入馆进士，多为授给翰林院庶吉士、内阁中书、各部主事等京官职位者，分发为各省知县者则不需入馆。

熊范舆被授予湖南"即用知县"，固然不必入进士馆接受"再教育"；但这仅是一个空的头衔，意思是说湖南省的知县职位一旦遇有空缺，就可以随时让他补用。可是，当时官位非常紧张，很多人苦等多年，都难以如愿以偿地补上"实缺"。这种情况，早在几十年前就很普遍。同治八年（1869年），江苏巡抚丁日昌在一份奏疏里这样描述该省官缺紧张的情形："道员可由外补之缺，不过二三员；府、州、县、同、通可由外补之缺，亦不过十余员。而候补道约有六七十人，候补同、通、州、县约有一千余人。

① 邓见宽选注：《姚华诗选》，第17页。
② 《清史稿》卷24，《德宗本纪》，中华书局1977年版，第943页。
③ 璩鑫圭、唐良炎编：《中国近代教育史资料汇编：学制演变》，上海教育出版社1991年版，第442—445页。

夫以千余人补数十员之缺，固已遥遥无期……"①加上熊范舆来自相对偏僻的贵州，在朝廷和湖南官场，都没有多少可以援引的同乡前辈。在这种情况下，他要想真正当上湖南某地的知县，真可谓遥遥无期。

不过，未能立即补上实缺、一竿子沉入基层，对于身处世纪变局之中的熊范舆而言未必不是一件好事。此时的熊范舆，刚从西南边陲来到帝国的中心，目睹劫后余生、新旧杂陈的京师气象，亲耳听到一些从未听过的新名词、新概念，由此更真切地意识到世界正在发生巨变。身处 20 世纪初中西文化大交汇、新旧体制大转折的历史关头，他未必要因循前辈士大夫的老路，而是有机会做出新的人生选择。

二　千年科举制度的终结

虽然早就有所预感，但熊范舆及其同年进士当时并不知道，自己正在经历的甲辰恩科会试，将会成为有着上千年历史的中国科举制度的绝响。

科举取士制度作为唐朝以后各个朝代的基本选官制度，在为传统国家选拔人才、加强社会整合、维系传统文化、稳定社会秩序等方面发挥了重要作用，构成了传统中华文明的重要内容。即使在全世界范围而言，科举制度也是古代社会一种较为先进和合理的考试竞争制度，对于西方近代文官考试制度的形成也提供了一定的借鉴作用。当然，一项制度不可能完美无缺。科举制度运行了 1000 余年，其内容与机制逐渐僵化，缺乏自我更新的能力和动力，尤其是在 19 世纪后半期，面对西方工业文明的全面冲击，已经不能适应时代潮流和社会发展的需要。到了熊范舆考中进士的第二年，即 1905 年，清廷终于下旨，正式废停科举考试。

1. 改革科举制度的尝试

科举制度的废止，表面上看很突然，实际上有着复杂的背景和渊源。

---

① 郭润涛：《清代的"家人"》，载朱诚如、王天有主编《明清论丛》第1辑，紫禁城出版社1999年版。

科举制度本身存在着许多严重弊端。无论是三年一次的乡试、会试，还是日常的生员考试，其形式与内容都有严格的规制，不可稍有逾越。文体必须为八股文，书写必须工整，甚至以考生书法的优劣来评定文章的高下。加上清朝吏治日渐腐败，科场舞弊案件时有发生。这样一种制度维持数百年不变，必然弊病丛生。在全社会只有科举入仕这条"独木桥"的情况下，科举应试遂成为众多读书人难以摆脱的人生梦魇。清代著名小说《儒林外史》，即以批判的眼光描述了传统科举制度对读书人的摧残。

事实上，有清一代，时人对于改革科举制度的必要性早就有所认识。康熙年间，就曾短暂废止过八股取士，乾隆年间亦有大臣建议改革科举。① 但是，由于巨大的历史惯性，科举制度并未得到根本变革。直到鸦片战争以后，改革科举的呼声才越来越强。龚自珍、魏源、郑观应等人较早提出废八股、改试策论、以"西技"取才等建议。龚自珍更是发出慨叹"九州风气恃风雷，万马齐喑究可哀"。1842 年，当时的两广总督向朝廷呈递《请推广文武科试疏》，提出调整科举考试的内容，增设考试科目，拓宽取才路径，但被礼部驳回。②

19 世纪 60 年代以后，中国国门大开，欧风美雨纷至沓来，中国社会面临着"数千年未有之大变局"。民族危机日渐深重，一部分士大夫重视经世之学，开始将目光投向遥远而陌生的西方世界，主动学习欧洲的知识和技术。西学逐渐传布开来，士风逐渐发生变化。在反复挨打—思考—学习的过程中，官僚士绅阶层逐渐反思中国传统文化和制度的不足。科举考试内容不合时宜，无法选拔知晓新学的人才，此时自然成为首当其冲的批判对象。

"洋务运动"期间，洋务派官员创办了一些新式学堂，如京师同文馆、上海广方言馆等。这些学堂作为中国近代学堂之嚆矢，培养了一批洋务人才，对传统科举制度产生了一定程度的冲击。著名思想家王韬、冯桂芬、康有为等人，均提出了变通科举制度的诸多建议。洋务派代表人物李鸿章、沈葆桢、薛福成，侍郎宝廷、山西道监察御史陈启泰等具有革新思想的高级官员，也提出增设考试科目。由于保守势力的阻挠，这些建议均未得到

---

① 王德昭：《清代科举制度研究》，中华书局1984年版，第161—164页。
② 关晓红：《晚清议改科举新探》，《史学月刊》2007年第10期。

施行。直到 1887 年，江南道监察御史陈琇莹上奏，主张将算学归入正途考试，经总理衙门、礼部合议后，请旨饬令各省在岁、科试时，如果报考算学者，可在正式考卷之外，另出算学题目。[①] 这一进展虽然很小，但科举取士的陈规总算有所松动。

甲午战争中国战败，对清朝统治集团带来了极大刺激，变革科举以抵御外侮的议论越来越多，各地改书院、设学堂、讲新学的风气逐渐盛行。1895 年，新疆巡抚陶模向朝廷呈递《培养人才疏》，提出增加实学科目，无须兼试诗文。维新派人物开始倡议改革科举、废除八股。同一年，康有为、梁启超发动著名的"公车上书"，强调当务之急在于"改科举"，改科举则"莫先于改八股"[②]，并主张把武科改为艺学。[③]熊范舆的老师、贵州学政严修，也在 1897 年奏请增设经济特科，以便将西学与现行的科举制度结合起来，为国家选拔拥有一技之长的特殊人才。

在官绅阶层的关注和推动下，清廷终于迈开了废除八股、改革科举的步伐。1898 年 1 月 27 日，光绪皇帝颁布上谕，决定开设经济特科，以广泛搜罗人才。这一年，维新运动进入高潮。梁启超联合在北京应试的一部分举人联名上书朝廷，请求废除八股文。康有为更是多次向光绪皇帝陈说八股文的弊端，以及改革科举制度的必要性。6 月 23 日，光绪皇帝终于宣布废除八股文："自下科为始，乡、会试及生童岁、科各试，向用四书文者，一律改试策论。" 5 天后，又下令开办京师大学堂。7 月 10 日，光绪皇帝颁布诏书，要求省、府、州、厅各级政府，将现有的大小书院一律改为新式学校，在教学科目中增加西学的内容。8 月 19 日，又宣布废止朝考，"一切考试，诗赋概行停罢，亦不凭楷法取士"。[④] 这些诏令一出，时人多受鼓舞。曾在《劝学篇》中提出过"变科举"的湖广总督张之洞，亦与湖南巡抚陈宝箴联名递交《妥议科举新章折》，提出了废除八股之后如何进一步改革科举制度的相关建议。

---

① 关晓红：《晚清议改科举新探》，《史学月刊》2007年第10期。
② 汤志钧编：《康有为政论集》上册，中华书局1981年版，第268页。
③ 王德昭：《清代科举制度研究》，第179页。
④ 同上书，第186页。

不过，科举制度的改革并不是一帆风顺的。随着"百日维新"的失败，一系列关于科举改革的诏令全部作废，各项措施亦随之流产。正常参加会试的全国举人共有一万人左右，他们的毕生追求和前途命运，都"与八股性命相依"。对于维新派废除八股的主张，他们自然极力反对，"嫉之如不共戴天之仇"。① 正是利用这种背景，慈禧太后发布懿旨："嗣后乡试、会试及岁考、科考等，悉照旧制，仍以四书文、试帖、经文、策问等项分别考试。经济特科，易滋流弊，并著即行停罢。"②

2. 八股文的废止

1900 年，八国联军攻陷北京，风雨飘摇中的清政府处于极度危急之中，士人阶层也遭遇了极大的心理打击。八国联军火烧北京贡院，后来的"辛丑条约"更是特别规定，五年之内，不准闹义和团地方的士人参加科举考试。③ 在这种形势下，清朝统治集团不得不正视科举制度的改革问题。

1901 年 1 月 29 日，逃至西安的慈禧太后以光绪皇帝名义颁布了全面变法的上谕，要求军机大臣、大学士、六部九卿、出使各国大臣、各省督抚，"各就现在情弊，参酌中西政治，举凡朝章、国政、吏治、民生、学校、科举、军制、财政，当应当革，当省当并，如何而国势始兴，如何而人才始胜，如何而度之始裕，如何而武备始精，各举所知，各抒所见"，两个月内向朝廷呈递报告。④ 此诏一出，奏请改革科举的奏折不绝如缕。而这一时期科举改革的目标，也从废除八股文，转为减少科举录取名额、分步骤逐渐废除科举制度本身。

1901 年 2 月，刚刚就任两广总督的陶模，与广东巡抚德寿联名呈递《奏请变通科举折》，提出建立官办学校体系来取代科举制度：各乡设蒙学，各州县设小学，各州府设中学，省会设大学，京师设国学，"在学有成，小学大学均各授以本学执照一纸。嗣后无论旗汉，无论由何项进身，

---

① 丁文江、赵丰田编：《梁任公先生年谱长编（初稿）》，中华书局2010年版，第51页。
② 刘海峰、李兵：《中国科举史》，东方出版中心2006年版，第418页。
③ 刘海峰：《科举停废与文明冲突》，《厦门大学学报》2006年第4期。
④ （清）朱寿朋编：《光绪朝东华录》，中华书局1958年版，第4602页。

非有学堂执照者不得授以实官"。而在过渡时期，则可暂以时务策论而非八股文来考选士子，"俟学校齐备、课有成才，即将科举停止，使天下向学之士归于一途"①。1901年4月25日，袁世凯呈递《遵旨敬抒管见上备甄择折》，建议逐渐减少"各省岁、科、乡、会各试取中定额"，要求增设实科，"分门别类，募考实学"，旧科名额每年递减，而实科名额逐渐增加。不过，袁世凯的奏折"奉旨留中"②，并未得到朝廷采纳。

1901年7月12日，湖广总督张之洞、两江总督刘坤一联名向朝廷呈递《变通政治人才为先遵旨筹议折》，史称"江楚会奏"第一疏。他们痛陈改革科举制度的必要性和紧迫性，综合袁、陶两折和张謇等人的意见，提出了四项重大措施：（1）"设文武学堂"，具体内容是建立由小学、中学、大学构成的学校教育体系，毕业后授予相应功名；（2）"酌改文科"，即改革科举考试的内容，增设实用性科目，减少"四书五经"所占比重；同时，更关键的是逐年减少科举取士名额，扩大学生出身名额，使科举和学堂逐渐合流；（3）"停罢武科"，改变军事人才培养模式；（4）"奖励游学"（出国留学）。③

在国际环境的刺激和高级官员的压力之下，清廷终于在1901年8月29日下诏宣布：次年起废除武科举，废除八股文形式，"嗣后乡、会试，头场试中国政治、史事论五篇，二场试各国政治、艺学策五道，三场试'四书'义二篇，'五经'义一篇"；其他一切考试，"凡'四书''五经'义均不准用八股文程序，策论均应切实敷陈，不得仍前空衍剽窃"④。

这道诏书的内容，很快就体现在其后的科举考试中。1902年举行乡试的12个省，有8个省出了有关法律的策问试题。1903年举行乡试的15个省，也有8个省出有专门的法律试题。熊范舆经历过的1903年贵州乡试，亦有如下题目：

① 舒新城编：《近代中国教育史料》第1册，中华书局1928年版，第99—101页。

② 廖一中、罗真容整理：《袁世凯奏议》中册，天津古籍出版社1987年版，第271、277页。

③ 舒新城编：《近代中国教育史料》第1册，第47—58页。

④ 璩鑫珪、唐良炎编：《中国近代教育史资料汇编：学制演变》，第4页。

泰西立法，判以公私，号称精密。中国欲收治外法权，既议纂新
律，以便交涉矣，有谓参酌中西，即厘订全律者。试求西律义例，述
其概略，是否可行策。①

这些题目颇有经世致用的意味，意在考查士子们的国际视野、西学知
识和应对现实问题的能力。熊范舆作为新式学堂肄业生，对科举考试内容
的这一变革自然更加适应。他顺利通过当年乡试，即证明了这一点。

3. 科举制度的全面停废

八股已废，接下来更重要的是如何全面停废科举制度。1902 年 6 月，
陶模与德寿向朝廷呈递《奏陈广东大学堂开办情形折》，强调科举制度妨碍
了学堂的发展，应"以十年或十五年之后，即永停科举"。②1903 年 4 月 9 日，
直隶总督袁世凯、两江总督张之洞联名向朝廷呈递《奏请递减科举中额专
注学校折》，认为"科举一日不废，即学校一日不能大兴"③，要求"纵不能
骤废，亦宜酌量变通，为分科递减之一法"，催促清廷将科举录取名额"按
年递减"，"学政岁科试分两科减尽，乡、会试分三科减尽"，"俾天下士子，
舍学堂一途，别无进身之阶"④。袁、张二人均为股肱重臣，两人联衔合奏，
对清廷构成了很大压力。不过，军机大臣王文韶竭力反对科举变革，不少
保守的言官亦上奏反对废除科举。与之前的"江楚会奏"一样，袁、张会
奏也未得到施行。

清廷之所以在停废科举问题上特别小心，除了保守派官员反对之外，
根据当代学者分析，还有如下原因。其一，清廷即将举办恩科，减额缓停
未免触犯忌讳；其二，慈禧本人担心遽然废除科举，可能会导致政局不
稳；其三，科举涉及面太广，新旧衔接更须谨慎细致⑤。科举制度的彻底废
除，还需要等待更加合适的时机。

---

① 宋方青：《科举革废与清末法政教育》，《厦门大学学报》2009 年第 5 期。
② 关晓红：《科举停废与清末政情》，《中国社会科学》2004 年第 3 期。
③ （清）朱寿朋编：《光绪朝东华录》，中华书局 1958 年版，第 4998—4999 页。
④ 廖一中、罗真容整理：《袁世凯奏议》中册，天津古籍出版社 1987 年版，第 735—739 页。
⑤ 关晓红：《科举停废与清末政情》，《中国社会科学》2004 年第 3 期。

　　不久，赞成科举变革的荣庆、孙家鼐、张百熙先后进入朝廷中枢。张之洞也被调入北京，参与修订"癸卯学制"。在此期间，他调动各种关系，全力斡旋、游说。1904年1月13日，张之洞与张百熙、荣庆等人联名呈递《重订学堂章程折》，并附《奏请递减科举注重学堂片》，建议从1906年起，乡试、会试录取名额每科减少三分之一，三科减尽之后，即全面停止乡试、会试，所需人才从学堂中选拔，十年内完成科举革废。[①] 此为高级官员关于通过递减方式废停科举的第三次联衔会奏，与此前的袁、张联衔会奏相比，在善后安置现有举人方面显得更为周详。这份奏折一上，清廷当日即予以批准，谕令"自丙午科为始，将乡、会试中额及各省学额，按照所陈逐科递减，俟各省学堂一律办齐，确著成效，再将科举学额分别停止，以后均归学堂考取"[②]。

　　1904年日俄战争爆发，中国的领土、主权遭到践踏荼毒，清廷的统治已经岌岌可危。国家危亡之际，要求立宪、厉行改革的呼声在知识分子群体当中涌动。而另一方面，保守力量依然很强大。1904年春夏间，关于重修京师贡院的议论甚嚣尘上。作为维护科举制度的重要象征，重修贡院的建议得到不少官员的支持。面对此种形势，张之洞、袁世凯、端方等人更加坚定了立即停废科举、推广学校教育的想法。

　　不久，王文韶因年老体衰退出军机处，徐世昌、铁良进入军机处，清廷中枢主张停废科举的力量得到加强。1905年8月31日，袁世凯领衔，会同张之洞、端方和盛京将军赵尔巽、两江总督周馥及两广总督岑春煊六人联衔会奏《立停科举推广学校折》，强调立即停废科举的紧迫性，否则，若按原来的计划，通过递减名额的方式，则要二十多年以后才有效果。他们请求"宸衷独断，雷厉风行，立沛纶音，停罢科举"[③]。

　　1905年9月2日，清廷正式发布诏令，宣布立即停罢科举。诏令称：

---

　　① 关晓红：《科举停废与清末政情》，《中国社会科学》2004年第3期。
　　② 中国第一历史档案馆编：《光绪宣统两朝上谕档》第29册，广西师范大学出版社1996年版，第352页。
　　③ 沈桐生辑：《光绪政要》，台北文海出版社1985年版，第2154—2155页。

　　方今时局多艰，储才为急，朝廷以近日科举，每习空文，屡降明诏，饬令各督抚广设学堂，俾全国之人，咸趋实学，以备任使，用意至为深厚。前因管学大臣等议奏，已准将乡、会试分三科递减。兹据该督等奏称，科举不停，民间相率观望，欲推广学堂，必先停科举等语，所陈不为无见。著即自丙午科为始，所有乡、会试一律停止，各省岁科考试亦即停止，其以前之举、贡、生员，分别量予出路，及其余各条，均著照所请办理。①

　　自此，在中国运行了千余年的科举制度，终于在求新、求变、求存的改革浪潮中走到了尽头。

　　科举制度经历了千余年的演变，已不仅仅是一种考试制度。在当代学者看来，它是"一项集文化、教育、政治、社会等多方面功能的基本体制，它上及官方之政教，下系士人之耕读，使整个社会处于一种循环的流动之中，在中国社会结构中起着重要的联系和中介作用"②。这样一种延续千年的制度骤然被废除，其意义远远超过一个王朝的覆灭，由此带来了复杂而深重的后果。

　　其一，废止科举是中国历史上最重大的一次文化断裂。骤废科举，使得维系传统中国社会的以儒家学说为内核的意识形态中心被消解，原有的文化价值和秩序规则不复存在，社会信仰产生危机，在较长的时间里呈现一种混乱的状态。过去读书人有"修齐治平"的理想，现在则无所适从，乃至重利轻义。同时，科举制度的废除也标志着一个时代的结束和另一个时代的开始。自此以后，来自西方的知识体系迅速在中国占据"文化霸权"，中国传统学问则每况愈下，甚至乏人问津，其影响一直波及至今。

　　其二，科举废止对城乡关系影响巨大。科举制度在某种程度上有助于维持城乡之间的动态联系。传统中国农村社会，存在一个以士绅为主的精英群体。农村士子通过科举成为官僚，致仕后返回乡里定居。他们成为维系地方秩序和风俗教化的重要支柱，也是沟通城乡的重要力量。然而废除

　　①　（清）朱寿朋编：《光绪朝东华录》，第5392页。
　　②　罗志田：《清季科举制改革的社会影响》，《中国社会科学》1998年第4期。

科举之后，各级学校教育体系围绕着不同行政级别的城市而设置，知识分子的空间流动呈现为从农村到城市的单向流动，不再如过去那样在城乡之间循环。由此，进入 20 世纪上半期，各级城市逐渐汇聚越来越庞大的知识精英阶层，而农村基层社会则日益呈现"空心化"趋势，传统的乡村文化生态彻底崩坏。

其三，科举制度被迅速废除，但却没有建立起合适的替代制度，也缺乏对读书人的妥善安置办法。少部分人仍然有机会从政，比如之后几年成立的各省谘议局，即多由有功名的士绅组成。但更多人则开始向其他社会阶层分流，从商、从军者渐多，也有不少人选择进入新式学堂或出国留学。这批知识分子成为导致"政治参与膨胀"的巨大力量，继而产生群体性的不满。对于本已处于风雨飘摇的清政府而言，这无疑是一个巨大的威胁。[①]

其四，作为一种重要的人才选拔机制，科举制度被废止后，人才选拔更加无序、紊乱。清廷覆亡后，北洋政府依然未能建立起有效的选官制度。而后军阀混战，家族主义更加流行。国民党统治时期号称"以党治国"，然而家族主义、裙带关系之风依然盛行。这种状况，与科举废止"从制度上和道德上取消了对家族主义的约束"[②]有关。

对于熊范舆这样的末代士人精英而言，科举制度废除之后传统文、武关系的逐渐易位，尤其值得注意。在科举取士制度之下，文人、文官的政治和社会地位远高于武人、武将。科举取士制度废除之后，读书不再意味着确定的前途；而在一个转折、动荡的年代，从军却意味着立即有收入，也有可观的前途。于是，一批有志青年投身于军界，军人地位迅速上升。民国初年，各省都督、督军绝大多数是武人出身[③]。科举取士时代，熊范舆那样"正途"出身的士大夫群体在中央和地方政治舞台上扮演着主角，但科举制度停废之后的十几二十年里，文官不得不屈从乃至依附于中央或者地方军政集团的趋势却日益明显。

---

① 张昭军：《科举制度改废与清末十年士人阶层的分流》，《史学月刊》2008年第1期。
② 齐锡生：《中国的军阀政治（1916—1928）》，中国人民大学出版社2010年版，第32页。
③ 参见陈志让《军绅政权：近代中国的军阀时期》，广西师范大学出版社2008年版。

三　人际网络的提升

科举制度推行以来，各朝各代渐渐形成一种不成文的规则——考官称为"座师"，考生称为"门生"，同科考中举人、进士者互称"同年"。师生之间，尤其是同年之间，相互庇佑，互相联络，形成一种特别的人际关系纽带。到了清朝晚期，科举制度虽然已经摇摇欲坠，但这种规则依然在人际关系当中发挥着相当的作用。

对于熊范舆来说，高中进士，是他走出贵州一隅、走向全国乃至东亚舞台的关键一步。在贵州时，作为省内知名的青年才俊，他与兴义刘氏家族交往，已经初步构筑了地方性的人际网络。此后从贵阳到开封，再到北京，熊范舆在科举道路上一帆风顺，联捷高中，先举人、后进士，跻身于全国读书人的佼佼者之列，他的人际网络又上了一个台阶。各省士子之间的交往，不仅是个人间的唱酬往还，更是关系网络的扩展和升华。此后东渡扶桑，创办报纸，议论时政，肇始声势浩大的国会请愿运动，更让他名动一时。他与梁启超、杨度等士林领袖风云际会，构筑了跨地区的人际网络，登上了全国性的舞台。

值得一提的是，仿佛要给延续千年的科举制度抹上最后一丝华彩，末科进士当中人才辈出，晚清民国时期的政界、军界、新闻界、文化学术界，均有他们的身影。与熊范舆一样，在剧烈变动的时代舞台上，他们上演了一出出异彩纷呈的剧目。

甲辰科状元，也是中国最后一个状元刘春霖（1872—1942），直隶（今河北）肃宁人，始授翰林院修撰，后赴日本东京法政大学留学，回国后曾任资政院议员，颇为时人所称誉。[①]进入民国以后，又出任过大总统秘书、中央农事试验场场长、甘肃省长等职，以书法特别是楷书冠绝一时。

谭延闿（1880—1930），湖南茶陵人，晚清大吏谭钟麟之子，甲辰科开封会试第一名，为中国最后一个会元，朝考又为第一，授翰林院编修。其后在湖南从事教育，1909年任湖南咨议局议长，成为湖南立宪派首脑。辛

---

①　张朋园：《立宪派与辛亥革命》，吉林出版集团有限责任公司2007年版，第70—81页。

亥革命后加入国民党，多次出任湖南都督、省长、督军等职。1922年追随
孙中山左右，先后任大元帅府内政部部长、国民革命军第二军军长、南京
国民政府主席、行政院长等职，1930年病逝于南京。其人能治军，善书法，
尤以楷书闻名于世。①南京中山陵墓碑上的13个楷体大字"中国国民党葬总
理孙先生于此"，即为他的手笔。

汤化龙（1874—1918），湖北蕲水（今浠水）人，授法部主事，1906年
赴日本东京法政大学学习法律，1908年回国后任湖北咨议局筹办处参事、
副议长、议长，与四川蒲殿俊、湖南谭延闿等人积极发动请愿，呼吁速开
国会。1911年武昌起义爆发后，参与组织湖北军政府，民国时期出任过北
京政府临时参议院副议长、众议院议长、教育总长、内务总长等职，曾加
入共和党，组织民主党，还与梁启超合组进步党，可谓民国议会政治的中
坚人物。1918年9月1日，在加拿大维多利亚被国民党刺客暗杀。②

蒲殿俊（1875—1934），四川广安人，授法部主事，后官费留学日本东
京法政大学。1906年在日本组织"川汉铁路改进会"，鼓吹铁路商办。回国
后任法部主事兼宪政编查馆行走，1909年任四川咨议局议长，次年创办《蜀
报》。1911年创办四川保路同志会，与颜楷（亦为甲辰科进士）等人积极发
动保路运动，成为辛亥革命的导火索。四川光复后出任"大汉四川军政府"
首任都督。进入民国，他先后加入民主党、进步党、研究系等党派组织，
担任进步党理事，曾当选众议院议员，担任过内务部次长、北京市政公所
督办、北京《晨报》社社长等职。除了在政界活动，他也积极投身戏剧界，
创建了上海民众戏剧社，与陈大悲、茅盾（沈雁冰）、郑振铎、欧阳予倩等
人创办近代中国首份专业戏剧杂志《戏剧》月刊，还出资创办了北京人艺
戏剧专门学校。1934年，因伤寒病逝世于北京。③

沈钧儒（1875—1963），浙江嘉兴人，15岁即中秀才，1903年中举人，
次年中甲辰科进士，分发刑部贵州司主事，后留学日本法政大学，回国后

任浙江咨议局筹办处总参议、咨议局副议长等职，曾三次进京请愿速开国会。辛亥革命后加入同盟会，继而成为国民党党员，并参加南社。历任北洋政府司法部秘书、广州非常国会议员、护法军政府总检察长、参议院秘书长等职。大革命失败后，他一方面从事教育事业，任教于上海法科大学，创办正行女子中学，同时从事律师工作。1933年参加中国民权保障同盟，1935年发起成立上海文化界救国会，1936年作为"七君子"之一被国民党政府逮捕入狱。抗日战争期间，他与黄炎培等人发起成立中国民主政团同盟，1944年改组为中国民主同盟，1946年代表民盟参与政治协商会议。1949年9月，当选为中央人民政府委员，中华人民共和国成立后，担任过中央人民政府最高法院院长、全国政协副主席、全国人大副委员长、民盟中央主席等职。①

王季烈（1873—1952），江苏长洲（今苏州）人，1894年考中举人，其后加入上海的江南制造局，积极钻研物理学，翻译了《通物光电》一书，并重新编订物理学教科书，由江南制造局刊行。1904年考中进士后，担任学部专门司郎中、资政院议员等职，又编印了《物理学语汇》等书，并兼任商务印书馆理科编辑，翻译、编写了多部理、化教材。辛亥革命之后，他在天津参与创办了乐利农垦公司、华昌火柴公司，其后长期从事昆曲研究，出版了多种著作。②

姚华（1876—1930），字重光，号茫父，贵州贵筑（今贵阳）人，熊范舆在贵阳学古书院（经世学堂）的同窗好友。姚熊两家关系极为密切，1907年，姚华之妹姚兰与熊范舆之弟熊继成结为夫妇。③ 姚华1898年会试不第，返回贵州，后与熊范舆同赴兴义笔山书院任教。1904年进士及第，授工部虞衡司主事，随即赴日本东京法政大学留学，与陈敬第、范源濂、蹇念益等人关系密切。回国后供职于工部及邮传部，曾三次代表贵州咨议局向清廷请愿速开国会，民国初年任中华民国临时政府参议院议员。1911年范源濂参与创设清华学堂，延请姚华教授国文，从此以后即任教于北京多所大

① 参见周天度、孙彩霞《沈钧儒传》，人民出版社2006年版。
② 张橙华：《清末民初物理教育家王季烈》，《江苏地方志》1998年第2期。
③ 《姚华家系简述》，《贵阳文史资料选辑》第18辑，1986年，第203页。

学，担任过北京女子师范大学校长等职。姚华学问精深，曾讲授过诸子学、经学、文字学等课程，在金石、碑刻、书画、诗赋、戏剧、音韵等方面均有极高造诣，为民国时期艺术界、学术界之翘楚。他曾将泰戈尔的《飞鸟集》演绎为古典五言诗出版，被称为翻译界之创举。姚华在京长期居住的城南莲花寺，不仅是其生活、治学、教学、创作的场所，一段时期内也成为京城大学校园之外的教学中心，同时也是任可澄、刘显治、陈国祥、陈廷策等贵州在京人士经常聊天聚会之处，故而被称为"小贵州会馆"①。

陈焕章（1880—1933），字重远，广东高要人，与梁启超同为康有为得意门生，癸卯、甲辰连捷乡、会试，后由进士馆选送赴美国哥伦比亚大学留学，获博士学位。1912年归国，模仿基督教建制在上海创立"孔教会"，任总干事，之后被袁世凯聘为总统府顾问，并联合梁启超等人向参、众两院提出定孔教为国教。1930年，在香港设立"孔教学院"。曾著有《孔门理财学》，以西方经济学的框架来分析阐释中国古代经济思想。②

黄远生（1885—1915），原名黄为基，字远庸，以笔名远生行世，江西德化（今九江）人。少年时勤奋好学，两年之内连中秀才、举人、进士，后赴日本中央大学攻读法律，1909年回国，历任邮传部员外郎、参议厅行走、编译局纂修、法政讲习所讲员等职，同时常为京、沪报刊撰写国际时事评论。辛亥革命之后，他彻底投入报界，创办和主编《少年中国》周刊，主编梁启超创办的《庸言》，担任《时报》、《申报》驻北京特约记者，并常为《东方杂志》、《论衡》等刊物撰稿。他撰写了大量新闻通讯和时事评论，著名的《远生通讯》几乎对当时所有重大时政问题都做了及时深入的报道，被誉为中国新闻通讯的奠基人，被称为"报界之奇才"。③ 1915年，袁世凯准备称帝，企图拉拢黄远生为其造势，黄远生避往美国。或许由于过去撰写通讯时笔锋辛辣，对革命党人多有批评揭露，他被革命党人误认为袁世

① 邓见宽：《莲华盦茫父——姚华生平及其创作》，《贵州文史资料选辑》第29辑，1990年，第39—40、47页。

② 陈汉才：《康门弟子述略》，广东高等教育出版社1991年版，第59—67页。

③ 黄席群：《追忆先父黄远生》，江西省九江县政协文史委员会编：《九江县文史资料选辑》第5辑，2004年，第87—97页。

凯的党羽，12月25日，在旧金山唐人街遇刺身亡。①

　　也有末科进士晚年走上了歧途。王揖唐（1878—1948），安徽合肥人，甲辰科高中二甲第五名，留学日本东京振武学校，后转入法政大学。回国后历任兵部主事、陆军协统等职，民国年间曾任总统府秘书、参政院参政、吉林巡按使、内务总长、临时参议院议长、众议院议长、安徽省省长等职务，获授陆军中将加上将衔。亦积极参加政党活动，曾加入民社、统一党、共和党，出任进步党理事。抗日战争爆发后，王揖唐参加王克敏组织的中华民国临时政府，后来又在汪伪政府中担任重要职务，成为著名的汉奸头子。1946年被交付审判，1948年9月被枪决。②

　　不管日后选择了何种不同的人生道路，细究末科进士们的履历，可以发现一个值得注意的细节，那就是他们大部分都有留学日本的经历，并且所学专业集中在法政等科目。这是因为，20世纪初，在京师、江南乃至两湖地区的读书人当中，已经掀起了一股赴日留学（游学）的潮流。而在新旧体制转型之际，法律、政治等学科很容易成为留学生关注的领域。

　　同样作为末科进士的一员，熊范舆原本就不是保守的士绅，虽然熟读诗书、谙熟孔孟之道，但他对新知识、新潮流同样持开放的心态。一方面，考中进士之后，眼前的仕途尚不明朗；另一方面，他内心抱着顺应世界潮流、走向时代先锋的强烈理想。在这种情况下，他毅然决定踏上东瀛之旅，去追求一片更加广阔的天地。

第三章　北京—东京：留学东瀛

考中进士之后，熊范舆在北京逗留了几个月，随即向京师总学务处（类似于后来的国家教育部）提交自费出国留学申请。[①] 得到批准后，他于1904年9月负笈东渡，就读于日本东京法政大学中国速成科第2期，成为甲辰科进士中第一批走出国门的留学生。

一　清末的留学风潮

1. 鼓励留学政策的确立

作为东亚地区的泱泱大国，长期以来，中国均处于世界文明领先地位，"礼乐教化"播于四方，文化传播基本呈现一种外向型、辐射型的状态。来自日本、朝鲜、安南诸国的留学生，不断前往中国学习各种文化知识乃至生活方式；而居于"朝贡体系"顶端的中国，除了唐代玄奘这样个别的例子，几乎从未派出留学生向"四夷"问学求知。

近代以来，随着世界政治经济格局的变动，情况开始发生变化。在西方炮舰政策的威胁下，中国的国门逐渐打开，"朝贡体系"向"条约体系"转型。国人终于从"天朝上国"的迷梦中惊醒，开始认识到必须向域外世界学习。第一次鸦片战争后，魏源等少数士大夫精英提出了"师夷长技"

---

① 《云贵总督李经羲奏请以熊范舆补广西直牧折》，《政治官报》第1208号，宣统三年二月十四日，第13—14页。

的口号。第二次鸦片战争后，一批具有强烈忧患意识的高级官员发起了一场旨在求强、求富的洋务运动。在此期间，中国人开始主动走出国门，前往异域留学。

1847 年 1 月，广东青年容闳、黄胜、黄宽在美国传教士勃朗带领下，从上海出发，前往美国留学。[①]此举虽为个别行为，却是中国近代留学之发端。容闳后来毕业于耶鲁大学，并且返回中国服务。1870 年，他向洋务派代表人物曾国藩进言，提出官派留学的计划。1871 年 9 月，清廷批准了曾国藩、李鸿章联名呈奏的留学教育计划。在容闳具体组织下，1872—1875 年间，清政府派出了詹天佑等 120 名幼童赴美留学。与此同时，李鸿章、沈葆桢等地方大员，也派出一批学生前往英、法等国，学习陆军、海军等科目，其中就有后来成为清末民初著名翻译家的严复。然而，在顽固派的阻挠和反对下，官派幼童留美计划于 1881 年终止。直到 1887 年，清政府才改派官吏及贵族子弟游学美国；1890 年又规定，出使西洋各国的大臣，每届可带两名学生出国。这种留学方式适用范围非常狭窄，而且游学者大多不懂外国语言文字，学业亦不甚精，被批评为"废时靡费，莫此为甚"[②]。与此同时，也有极少数有着基督教背景的人自费前往欧美等国留学，著名者有王宠惠、王正廷、颜惠庆、孔祥熙等人。[③]总体而言，直至 19 世纪末，中国的留学教育依然发展缓慢。

一衣带水的近邻日本，原先并不在中国官方或民间留学的目标国范围之内。然而到了 20 世纪初，中国派往日本的留学生、游学生迅猛增加，由此掀起了一股声势浩大的留日潮流。这一现象的出现，与 19 世纪后半期中日两国近代化进程的差异和差距紧密相连。

日本近代化的缘起与中国极为类似，都是在西方的坚船利炮面前被动地打开国门，但此后日本采取的态度，却与中国大不相同。与中国相比，日本从一开始就对西方文化抱持一种较为主动学习、有选择吸收的策略。

---

① 舒新城：《近代中国留学史》，上海文化出版社1989年版，第3页。

② 《外务部：奏议复派赴出洋游学办法章程折》，陈学恂、田正平编：《中国近代教育史资料汇编·留学教育》，上海世纪出版有限公司、上海教育出版社2007年版，第16页。

③ 王奇生：《中国留学生的历史轨迹：1872—1949》，湖北教育出版社1992年版，第10—14页。

19 世纪中期以后，许多介绍西学知识的书籍传入日本，有的还是中国人翻译或者撰写的中文书籍，比如著名学者魏源编纂的《海国图志》，以及外国传教士丁韪良为主、中国知识分子参与翻译的《万国公法》。可是，这些新知识没有在中国及时产生应有的效果，却在日本迅速发芽、开花。1862 年，幕府正式派遣学生赴荷兰留学。日本的知识分子和先进人士，对于出国留学大多持积极的态度。日本的有识之士效仿西方进行各项变革，面临的阻力也比在中国小得多。结果，中日两国的近代化基本同时起步，但两国的近代化进程在步伐上差距很大。[①]不到 30 年后，中日两国之间在综合国力和实力方面已经拉开了明显的距离。

明治维新后不久，日本即在 1871 年与中国签订《中日友好条规》，从法理上确定了两国之间的平等关系，日本不再是中国朝贡体系中的一环。三年之后，日本出兵侵略台湾，表现出迫不及待的扩张野心。1894—1895 年的中日甲午战争，"天朝上国"竟然被昔日的"蕞尔小邦"打败，这给中国的统治阶层带来了极大的冲击，使他们开始认真审视这个正在急速发展的邻邦，对日本的态度也从鄙视转向惊异。

一批知识精英发现，要想迅速摆脱亡国灭种的危机，必须加速近代化。学习日本实行维新，则不失为一个良好的办法。相比于欧美各国，中日之间距离近、文字近、风俗近，留学成本也更低。明治维新的诸多举措，颇符合中国朝野的心理。与欧美的民主共和政体相比，日本那种依然保留天皇的君主立宪政体似乎更加适合中国。种种原因都决定了中国人即将选择日本作为第一次大规模留学潮流的目标国。

1898 年 6 月 1 日，后来的"戊戌六君子"之一御史杨深秀向朝廷呈递《游学日本章程》，认为"日本变法立学，确有成效，中华欲游学易成，必自日本始"[②]，希望朝廷制订派遣学生赴日留学的计划。对清政府留学政策产生根本影响的，是张之洞所著《劝学篇》。该书于 1898 年 6 月呈递朝廷，7 月 25 日，光绪皇帝即下令印刷 40 份，分送各地督、抚、学政，并在全国广

① [日]实藤惠秀：《中国人留学日本史》，生活·读书·新知三联书店1983年版，第8—9页。
② 孔祥吉编著：《康有为变法奏章辑考》，北京图书馆出版社2008年版，第208页。

为刊布。①《劝学篇》提出了"中学为体、西学为用"的口号，并倡导国人赴日留学。张之洞认为，日本原先不过是一个小国，能够迅速崛起，原因就在于派遣学生出国留学："伊藤（博文）、山县（友朋）、榎本（武扬）、陆奥（宗光）诸人，皆二十年前出洋之学生也，愤其国为西洋所胁，率其徒百余人，分诣德法英诸国。或学政治工商，或学水陆兵法，学成而归，用为将相。政事一变，雄视东方。"他在《劝学篇》里指出，中国人出国留学，已经不必像当年日本人那样直接前往欧美各国，而是有了更加合适的选择，那就是日本：

> 至游学之国，西洋不如东洋。一、路近省费，可多遣；一、去华近，易考察；一、东文近于中文，易通晓；一、西书甚繁，凡西学不切要者，东人已删节而酌改之。中、东情势风俗相近，易仿行。事半功倍，无过于此。若自欲求精求备，再赴西洋，有何不可。②

1898 年 8 月 2 日，清廷终于正式发布了鼓励留学的上谕：

> 出国游学，西洋不如东洋……著即拟订章程，咨催各省迅即选定学生陆续咨送；各部院如有讲求时务愿往游学人员，亦一并咨送，均毋延缓。③

8 月 18 日，清廷再次发布上谕，诏令各省督抚"挑选聪颖学生、有志上进、略谙东文、英文者"，报告总理衙门，以备核选派赴日本游学。④由此，派遣学人赴日留学，成为一项全国性的举措。

清政府为了鼓励留学，推出了一系列政策，如中央和地方分别派遣、公费和自费同时并举、授予毕业留学生功名、留学资格与学科不加限制，等等。1904 年，清政府还制定《奖励游学毕业生章程》，规定只要在日本学

---

① （清）张之洞：《张文襄公全集》第4册，中国书店1990年版，第543页。
② 同上书，第569页。
③ 朱有瓛：《中国近代学制史料》第2辑，上册，华东师范大学出版社1987年版，第17页。
④ 故宫博物院文献馆编印：《清光绪朝中日交涉史料》卷52，故宫博物院1932年版，第5页。

校获得学历证书，就可以分别获得拔贡、举人、进士、翰林等相应头衔；如果留学生原有拔贡、举人、进士、翰林等头衔，则视其所学程度，授予一定官职。[①] 这项章程的颁布实施，更加刺激了赴日留学潮流的勃兴。

2. 留日大潮的勃兴

中国方面希求"师夷长技以制夷"，日本方面则意图培养亲日人士，扩张势力。对于中国的留学政策和留学生，日本方面也很欢迎。甲午战争之后，日本国内掀起一股研究中国的热潮，各种研究会或其他团体纷纷建立。一方面，不少人持有增进中日文化交流、推动中国发展进步的良好愿望。另一方面，企图影响中国政局、在中国扩张势力者亦不乏其人。比如当时的日本舆论即称：

> 今日之支那渴望教育，机运殆将发展，我国先事而制其权，是不可失之机也。我国教育家苟趁此时容喙于支那教育问题，握其实权，则我他日之在支那，为教育上之主动者，为知识上之母国，此种子一播，确定地步，则将来万种之权，皆由是而起焉。

日本驻华公使矢野文雄致外务大臣西德二郎的函件中亦提到：

> 如果将在日本受感化的中国新人才散布于古老帝国，是为日后树立日本势力于东亚大陆的最佳策略……果真如此，不仅中国官民信赖日本之情，将较往昔增加二十倍，且可无限量地扩张势力于大陆。[②]

无论基于何种目的来推动中日交往，接受留学生都是一种有效的方式。1897 年年底，日本参谋本部军官神尾光臣、宇都宫太郎等先后来到中国，与张之洞等地方大员晤谈，邀请其派遣学生赴日留学。1898 年 5 月间，

---

① 王奇生：《中国留学生的历史轨迹：1872—1949》，第137—138页。
② 黄福庆：《清末留日学生》，台北"中央研究院"近代史研究所专刊（34），1975年，第8页。

日本驻华公使矢野文雄致函中国总理衙门称："本国政府拟与中国倍敦友谊，借悉中国需才孔亟，倘选派学生出洋习业，本国自应支其经费。"[1]前文提到的张之洞《劝学篇》，背后即有日本方面的影响。[2]

在时势环境和国家政策的共同推动下，起步最晚的赴日留学，发展却最为迅速。1896年6月15日，13名来自苏、沪一带的中国学生随驻日公使裕庚抵达日本，半个月之后正式进入日本学校学习，此为中国近代留日运动之嚆矢。[3]从1898年开始，浙江、江苏、安徽、直隶、湖北等省陆续派出不少公费学生赴日，自费留学生也日渐增加。1904—1905年的日俄战争，让中国人再次见识到日本这一新兴近代化国家的力量，对日本的态度也从惊异进一步转为推重。加上1905年中国全面废除科举制度，断绝了读书人的传统晋升之路，由此推动了更多知识分子出洋留学。当时的日本人如此描述这场留日潮流：

> 学子互相约集，一声"向右转"，齐步辞别国内学堂，买舟东去，不远千里，北自天津，南自上海，如潮涌来。每遇赴日便船，必制先机抢搭，船船满座。中国留学生东渡心情既急，至于东京各校学期或学年进度实况，则不暇计也，即被拒以中途入学之理由，亦不暇顾也。总之分秒必争，务求早日抵达东京。[4]

据当代学者研究，1901年在日本的中国学生只有274人，1903年就达到了1300人，1905年则达到了8000人，1906年达到了创纪录的12000人，1907年仍然高达10000人。[5]

---

　① 黄福庆：《清末留日学生》，第13页。不过，矢野文雄的书面表示，传达的并非日本政府之意，仅是他个人的构想。

　② [日]实藤惠秀：《中国人留学日本史》，第23—24页。

　③ 黄福庆：《清末留日学生》，台北"中央研究院"近代史研究所专刊（34），1975年，第13页。也有学者认为，这13名学生仅为以往培养使馆翻译人才计划的延续，作为留日运动之发端似乎不妥，参见桑兵《清末知识界的社团与活动》，生活·读书·新知三联书店1995年版，136—148页。

　④ [日]实藤惠秀：《中国人留学日本史》，第37页。

　⑤ 李喜所：《近代中国的留学生》，人民出版社1987年版，第126—127页。

留日潮流对近代中国的历史进程产生了巨大、深远的影响。民国前期特别是北洋时期，军事、政治、文化、艺术各界的许多知名人士，都有过留学或者游学日本的经历。[①]当然，这场留日风潮也体现了鲜明的功利主义考虑和追求速成的心态。赴日留学生、游学生数量庞大，质量良莠不齐，一定程度上也与这种心态有关。

远离京师数千里的贵州，也兴起了东渡日本留学的风气。1904年以前，该省仅有平刚、于德坤在日本留学。[②]然而1905年，贵州就派遣了14名官员前往日本考察学务及其他科目，分三批共资送151人赴日留学。这批留学生中，不少人成为影响后来贵州政局的重要人物，或者成为学术、教育方面的大家，比如黄禄贞、周恭寿、钟昌祚、漆运钧、保衡、刘显治、蔡岳、牟琳、吴绪华、李映雪等。[③]这么多贵州才俊蜂拥而至，尤其是同窗好友刘显治的到来，对于早一年即已抵达日本留学的熊范舆而言，无疑有助于驱散身处异国的孤单感。

贵州学子留日潮的兴起，与时任贵州巡抚林绍年的大力推动分不开。林绍年，字赞虞，福建闽侯人，1874年进士，其人思想开明，富有改革意识。有感于西南地区学堂不兴、学务不振，他非常重视派遣留学生出国游学，以培养师资。1904年末刚刚调任贵州巡抚，他就将贵州省已经空置了三年的留学名额补足，咨送戴戡等三人赴日。次年，又积极推动派遣更多学生赴日留学。林绍年担任贵州巡抚不过一年左右，但有不少改革举措，如开办蚕桑学堂、调整经界、开发矿藏、妥善处理教案等。离任之前，他还呈递《筹办黔省事宜》一折，对于如何开发贵州提出了自己的心得。[④]由于这些政绩，他与不少贵州人关系格外密切。后来他担任河南巡抚，主持创办河南法政学堂，延聘的教员中即有不少贵州人，比如陈国祥、熊范舆、戴戡等。

① 参见实藤惠秀《中国人留学日本史》，第124—125页。

② 贵州省地方志编纂委员会编：《贵州省志·教育志》，贵州人民出版社1990年版，第395页。

③ 贵州省地方志编纂委员会编：《贵州省志·大事记》，第265页。

④ 刘学洙：《清末贵州巡抚林绍年》，《贵阳文史》2005年第4期。

二　从传统士人到留学精英

顺应时代潮流的转变，新科进士熊范舆也踏上了东渡留学之旅。经过三年苦读和历练，他顺利完成了从传统士人精英到近代知识分子的华丽转身。

1. 法政大学优等生

20 世纪初中国留日运动的两大特征：一为重视法政，一为重在速成。当时中国人深感近代化步伐过于缓慢，对于赴日留学抱着极为迫切的心情，希望接受短期速成教育之后即可报效祖国。在这种形势下，日本方面的各类速成学校应运而生，接受了大批中国学子。[①]速成教育的盛行，短时间内为中国培养了大量人才。不过，随着越来越多的中国学子涌入日本，速成教育的弊端也逐渐显露，留学质量大为下降。比如学生水准良莠不齐，学习动机不明确；日本方面为经济利益所图，在缺乏资质的情况下仍然大量招收中国留学生；等等。为此，1906 年 3 月，成立不久的学部公布了《选派游学限制办法》，并于同年 8 月向各省发布指令，要求即刻停止派遣速成学生。

留日学生多习法政，也有多重原因。首先，与立宪救国的时代呼声有关。当时不少人认为，日本之所以能打败中国及俄国，关键在于立宪。因此，学习法政知识、推动中国立宪变革，成为一种时髦。与此同时，清政府从 20 世纪初开始筹备立宪，需要大批法政人才，由此鼓舞了留学生学习法政。其次，科举制度遽然停废，许多读书人不得不出国留学。主观上，他们仍怀有"学而优则仕"的传统观念，学习法政乃是求官入仕的新路。客观上，知识结构基本定型的士子，也不愿意选择陌生而艰深的理、化等专门科目；修习法政的门槛则相对较低，也较为容易。最后是来自日本教育界的影响。清末教育体制基本模仿日本，清政府也多次派人赴日考察教育。日方在介绍明治维新经验的同时，也建议中方多培养法政人才。

法政与速成两大特征体现得最明显的留学教育机构，即为熊范舆就读

---

① ［日］实藤惠秀：《中国人留学日本史》，第60页。

的东京法政大学中国速成科。东京法政
大学源于 1880 年成立的东京法学社，是
日本最早的私立法律学校。次年，该校
更名为"东京法学校"，1887 年，该校
与 1886 年设立的"东京法国学校"合并，
改称"和法法律学校"。1889 年，日本法
学权威梅谦次郎担任校长，对学校教务
进行了一系列改革。1903 年该校又更名
为"和法法律学校法政大学"，梅谦次郎
就任"总理"（校长）。[①]

留日时期的熊范舆肖像

为中国学生创设法政学堂的计划，
可以追溯到 1903 年日本近卫笃麿公爵、
东亚同文会副会长长冈护美与中国留日学生首席监督汪大燮的会谈。但不
久之后，汪大燮卸任，近卫笃麿身故，计划中止。[②]随后，湖南留日学生范
源濂与毕业于日本中央大学、正准备回国的曹汝霖共同商议，拟在日本开
设法政速成班，帮助中国培养法政人才。范、曹二人求助于梅谦次郎，1904
年 3 月，梅谦次郎同意借用法政大学教室开设法政速成班，并负责聘请各
大学的法学专家承担授课任务。梅谦次郎等人随即向日本文部省提交申请，
很快获得批准。[③]

法政大学速成科的创立，也得到了清朝政府的大力支持。梅谦次郎征
得外务大臣同意，与中国驻日公使杨枢直接商议。杨枢对此极表赞同。他
在 1905 年 1 月的奏折中称："变法之要，首在多储人才……日本于明治维
新之初，岁遣学生多人，游学欧美，分习诸科，并于本邦设速成司法学校，
令官绅每日入校数时，专习欧美司法行政之学，以应急需……变法未久，
而骤臻富强也。"他主张中国亦应仿效日本，大量派遣学生出洋，特别是去
日本学习法政。不过日本各学校教授法政，"皆用本邦语言文字，中国学生

①　日本法政大学网站（http://www.hosei.ac.jp/chinese_gb/about/outline/history/）。
②　（清）朱寿朋编：《光绪朝东华录》，第5287页。
③　[日]法政大学史料委员会编：《法政大学史资料集·法政大学清国留学生法政速成科特
集》，东京法政大学史料委员会，1988年版，第255页。

从事于斯者，须先习东语东文，方能听受讲义，约计毕业之期，总须六七年"，"非立志坚定者，鲜克成功"，因而无法及时满足中国施行新政对法政人才的大量需求。而建立速成科，聘用"日本最有名之学士博士"教授法律、政治、理财、外交等科目，"以六个月为一学期，满三次学期，便可毕业"，如此便可收到"事半功倍"之效。杨枢还请求朝廷让各地督抚选送本省士绅赴日学习法政。①

在中日双方的积极推动下，法政大学中国速成科很快成立。根据《日本法政速成科规则》②，该机构旨在为清政府培养法律、行政、理财、外交等方面的速成人才，招收的对象则是清朝在职和候补官员，以及年满20岁的地方士绅，但均须汉文有根底者方可入学。

1904年5月7日，法政大学中国速成科第1期正式开学。当天场面隆重，"中外士商来观者千有余人，日本各部院大臣亦来颂祝"③。第1期学制一年，共有中国留学生94人入读，其中官费和自费生各占一半。陈天华、杨度、罗杰、雷光宇等人，均为此期学生。④

1904年9月，第2期开班，学制改为一年半。经过留学生的相互宣传，及清朝中央、地方政府选送，学生人数增至273人。第2期可谓人才济济，后来成为革命派代表人物、在清末民国政治舞台上叱咤风云的汪精卫（原名兆铭）、胡汉民（原名衍鸿）、朱执信（原名大符）、古应芬，以及贵州知名士绅陈国祥、熊范舆、唐桂馨等人，均就读于这一期。⑤

1905年11月开学、1907年5月结业的第4期，同样人才济济。熊范舆的同窗好友刘显治，与熊范舆同为末科进士的沈钧儒、汤化龙，以及后来成为革命派知名人物的居正，均为此期学生。⑥

到了1906年，鉴于日本各种速成班泛滥，清朝政府决定停派速成学生。梅谦次郎前往中国访问，与中方达成协议，当年秋天法政大学速成科招收

---

① （清）朱寿朋编：《光绪朝东华录》，第5286—5288页。

② 《日本法政速成科规则》，《东方杂志》第1年第5期，"教育"，第116—119页。

③ （清）朱寿朋编：《光绪朝东华录》，第5287页。

④ 迟云飞：《陈天华、宋教仁留日史事新探》，《近代史研究》2005年第6期。

⑤ 程燎原：《清末法政人的世界》，法律出版社2003年版，第53—54页。

⑥ 《法政大学行卒业式次序及卒业名单》，《申报》1907年5月14日。

第 5 期学生后即不再招生，第 5 期结业后速成科即取消。①

从 1904 年 5 月到 1908 年 4 月，法政大学速成科共开办 5 期。据《法政大学史料集·法政大学清国留学生法政速成科特集》记载，5 期共招收中国留学生 1805 人入学，结业 1135 人，其余或者中途退学、转校（如宋教仁），或者从事政治活动而忽视学业，未能顺利结业。②

法政大学速成科聘请的任课教师，都是日本国内的知名法学家，比如：

梅谦次郎，法国法学博士、法政大学校长兼东京帝国大学校长，讲授法学通论及民法；

志田钾太郎，法学博士、东京高等商业学校及东京帝国大学教授，讲授商法；

冈田朝太郎，法学博士、东京帝国大学教授，讲授刑法；

中村进午，法学博士、学修院及东京高等商业学校教授，讲授国际公法；

美浓部达吉，法学博士、东京帝国大学教授，讲授宪法；

松浦镇次郎，文部省参事官，讲授行政法；

小河滋次郎，司法省监狱局监狱课长，讲授监狱法。

此外，还有其他知名教授分别讲授国际私法、裁判所构成法、民刑诉讼法、政治学、经济学、财政学、警察学等科目。③

由于速成科的学生并未受过完整的日语训练，无法直接听课，故而上课时需要翻译在场，一般由在日本各大学留学的中国学生担任。曹汝霖、范源濂、江庸等人，均承担过这一角色。学生除缴纳学费外，也需缴纳翻译费。学校为学生刊发的《讲议录》，以及考试试题和答卷，也都使用汉语。这就为速成科学生创造了方便的语言环境。④

法政大学速成科的学生中，既有一部分人过于热衷政治活动而忽视学

① 贺跃夫：《清末士大夫留学日本热透视——论法政大学中国留学生速成科》，《近代史研究》1993年第1期。
② 贺跃夫：《清末士大夫留学日本热透视——论法政大学中国留学生速成科》，《近代史研究》，1993年第1期。关于法政大学速成科的结业人数，日本学者实藤惠秀认为共有1070人（实藤惠秀《中国人留学日本史》，第50页）。
③ ［美］任达：《新政革命与日本：中国，1898—1912》，江苏人民出版社2010年版，第57页。
④ 贺跃夫：《清末士大夫留学日本热透视——论法政大学中国留学生速成科》，《近代史研究》1993年第1期。

业，也有很多学生极为用功，给日本学者留下了深刻印象。日本学者平野义太郎曾说："法政大学的速成科，学期为一年半，各种讲义都由中国人传译。教师和学生都非常用功，故有连暑假也不休息的学习风气。"①

关于留日法政学生的专业素养程度，当时人以及后来学者颇有微词。不过，法政大学速成科的学生情况稍有不同。其中大部分人在国内时已有相当学养，很多都是有功名或官位的士大夫。据统计，其中有癸卯科进士33人、甲辰科进士73人（包括状元、榜眼、探花在内）。②这些人均为中国的知识精英，奔赴东洋留学，意在汲取新知，赶上时代潮流。他们作为专门的法律人才，回国后或者进入各省法政学堂从事法政教学，或者进入司法系统、研究机构，成为推动中国法制近代化的主要力量。自然，也有不少人进入政界，成为影响清末民国政治局势的重要人物。

熊范舆在法政大学速成科的学业非常优秀。他所在的速成科第2期1906年6月结业时，第一名为康有为弟子孔昭焱，第二名为同盟会健将、后来担任《民报》主笔的汪精卫，第三名就是熊范舆。③法政大学校长梅谦次郎称赞说，第2期结业的优等生"不逊于［东京］帝国大学优等生，而且他们表现出来的某些才能，作为短期速成科学生，真令人惊叹"，他以拥有这样优秀的学生而感到欣慰。④

法政大学速成科学生结业后，不少人进入法政大学本校或其他高等学校继续就读。熊范舆也进入早稻田大学专门部政治经济科（政法理财科）深造。⑤

2. 中国行政法学先驱

作为中国最早系统接触近代法政科学知识的人，包括熊范舆在内的20世纪初期这批留日学生，充分扮演了知识先驱和中介的角色。他们在勤奋

---

① ［日］实藤惠秀：《中国人留学日本史》，第61页。

② 贺跃夫：《清末士大夫留学日本热透视——论法政大学中国留学生速成科》，《近代史研究》1993年第1期。

③ 陶菊隐：《政海轶闻》，上海书店出版社1998年版，第5页。

④ ［日］法政大学史料委员会编：《法政大学史资料集·法政大学清国留学生法政速成科特集》，第259页。

⑤ 《云贵总督李经羲奏请以熊范舆补广西直牧折》，《政治官报》第1208号，宣统三年二月十四日，第14页。

学习之余，也积极编译了一系列法政类书籍，通过东京、上海、北京、天津、保定之间的出版和发行网络，行销于国内各城市，从而使域外的新知识能够在国内得到及时传播。当然，通过编译书籍挣些稿费，对于自费留学①、经济上比较拮据的熊范舆来说，也可部分解决生活来源问题，可谓一举两得。

在法政大学速成科学习期间，熊范舆曾与湖南李傥、四川刘莹泽共同翻译了日本东亚同文会编的《支那经济全书》②。进入早稻田大学深造之后，他又与刘崇佑、林长民等人一同编译了早稻田大学的《政法理财科讲义》，1906 年由早稻田大学出版部出版。③

熊范舆最重要、影响也最大的编译作品，是 1907 年由天津丙午社发行的《国法学》和《行政法总论》。

《国法学》的作者是日本著名法学家笕克彦，东京帝国大学法科毕业，曾赴德国留学，后来任教于东京帝国大学，并在法政大学速成科兼任教职。他的"开明专制"与"合成意力"等理论，对清末的立宪派和革命派均有极大影响。立宪派代表人物梁启超，直接阅读过笕克彦在法政大学速成科的讲义（很可能是通过熊范舆等留学生获得）；汪精卫、胡汉民等革命派骨干，原本即为笕氏课堂上的学生。④ 有意思的是，这部书原计划由汪精卫负责编译⑤，但他后来转向革命，脱离了"法政系"的圈子。这样，该书的编译任务就交给了熊范舆。此书内容主要为笕氏在法政大学速成科的讲稿，熊范舆依据自己的课堂笔记，以及其他学者的讲义，再加上一些自己的观点和解释，较为完整地阐述了笕氏的理论观点。⑥

---

① 据周素园回忆，熊范舆的老同学唐尔镛，当时控制了贵州全省学田、义谷及其他教育经费，"熊范舆、陈国祥、蹇念益、姚华，各以官费留学日本，尔镛顾挪移校款，月给津贴"（周素园：《贵州民党痛史》，《贵州文史资料选辑》第4辑，1980年，第6页）。实则熊范舆并非官费留日。

② 《中国新报》第6期书前广告，1907年7月。

③ 现藏于天津图书馆，国家图书馆微缩中心库藏有该书胶片。

④ 孙宏云：《汪精卫、梁启超"革命"论战的政治学背景》，《历史研究》2004年第5期；李晓东：《立宪政治与国民资格——笕克彦对〈民报〉与〈新民丛报〉论战的影响》，《二十一世纪》网络版2007年9月号。

⑤ 《法政讲义预约广告》，《中国新报》第1期书前广告，1907年1月。

⑥ ［日］笕克彦述，熊范舆编译：《国法学》，天津丙午社1907年版，凡例。

　　《行政法总论》的作者美浓部达吉，也是法政大学速成科的兼职教授，曾经留学德、法、英等国，是当时日本著名的宪法及行政法学专家。这本书同样基于作者在法政大学的授课内容，由熊范舆"遍搜其平日讲义"编译而成。①

　　值得注意的是，熊范舆编译的这两部书，乃是当时留日学生推出的一套大型丛书——《法政讲义》丛书第一辑中的两种。这套丛书第一辑共有20余种，除了熊范舆编译的两种，还包括政治学、经济学、民法、商法、国际公法与私法等。丛书第二辑有14种，均为日本法学博士的作品。②丛书中另有一部《战时国际公约》，亦为美浓部达吉的著述，由熊范舆与金保康共同编译。③这套丛书各单行本的编译者除了熊范舆，还有他的贵州同乡好友陈国祥、姚华，与他一同鼓吹立宪的雷光宇、方表，以及袁永廉、金保康、陈敬第、陈汉第等人。

　　《法政讲义》丛书于1907年由天津丙午社发行，在东京、上海以及内地各省书店发售。这套丛书的引入，对于20世纪中国法政诸学科的建立有着奠基意义。熊范舆编译的《国法学》与《行政法总论》尤其受欢迎，1911年由上海群益书局再版，1912年《行政法总论》又由上海商务印书馆发行第三版。④由此，熊范舆在末科进士、正统士绅之外，又多了一重身份——20世纪中国行政法学的先驱。⑤

　　对于法政科学，熊范舆的兴趣是一以贯之的。1911年3月，已在云南任职的熊范舆，还与方表、陈敬第、沈钧儒、林长民、孟森、张元济、雷奋、蒲殿俊、陶保霖、刘春霖、刘崇佑、陈时夏等一批有着留日背景的同人，在上海发起成立法政杂志社，创办了《法政杂志》，希冀以法政之学拯救时局。这份杂志主要有社说（即社论）、资料、杂纂、专件、记事等栏目，内容则集中于宪法、议院法、选举法、内阁、弼德院、行政裁判院、

　　① ［日］美浓部达吉述，熊范舆编译：《行政法总论》，天津丙午社1907年版，行政法总论及各论例言。

　　② 《法政讲义预约广告》，《中国新报》第1期书前广告，1907年1月。

　　③ 中国政法大学图书馆编：《中国法律图书总目》，中国政法大学出版社1991年版，第744页。

　　④ 何海波：《中国行政法学的外国法渊源》，《比较法研究》2007年第6期。

　　⑤ 叶必丰：《二十世纪中国行政法学的回顾与定位》，《法学评论》1998年第4期。

审计院、大臣责任、编订法典、文官试验、地方自治以及经济财政等方面。

《法政杂志》行销于北京、奉天（沈阳）、黑龙江、直隶（河北）、山东、河南、山西、陕西、四川、湖南、湖北、江西、安徽、浙江、福建、广东等地，辐射了全国大部地区，并在海外发行，一方面成为清末民初立宪派的重要思想舆论阵地，另一方面也在中国法制近代化过程中发挥了不可忽视的启蒙作用。至1915年年底，该杂志停办。[①]

熊范舆赴日本学习法政，目的是寻觅新知，探求国家更新之道。编译法政书籍，并不仅仅是为了传播新知，更不是"为稻粱谋"。与单纯的听课、读书相比，编译学术理论著作，本身就是一种更加主动、更能体现创造性的学习方式。经过对原作的仔细揣摩、对相关作品的比对研究，熊范舆对源自西方的近代政治学说、法制体系，都有了更深入的理解。

比如，关于国家的性质，笕克彦讲义中介绍了三种主要观点：一为"国家即君主说"，一为"国家即人民说"，一为"国家即状态说"（统治关系之状态）；并简单评论说："前两说仅以构成国家之分子为国家，后一说虽不即以其分子为国家，仍不认国家有特别一体之存在。"[②]

对于笕克彦的简单评论，熊范舆并不满意，因而在《国法学》里加上了自己的一段按语，展开了更加细致的阐述和发挥：

> （按）主张君主即国家说之最著者，为波仑哈克氏。彼直以君主为统治权之主体，以土地及人民为统治权之目的物。自有此说，而朕即国家之谬论乃盛，流毒于欧洲。彼主张人民即国家说者，即此说有以反动之，后说出而君权之专制，又一变而为民权之专制。学说之影响，足以流毒国家盖如此。其实就今世学理而论，君主者不过构成国家分子中之一人；人民者，不过构成国家要素之一部分。以君主为国家，即是以构成国家要素之一部分中之一人为国家，其谬姑不待深论而已明；以人民为国家，即是以构成国家要素之一部分为国家，其谬仍非难见也。而其所以致此者，皆由其不认国家有特别一体之存在，有以

① 王健：《说说近代中国的法律期刊》，《法律科学（西北政法学院学报）》2003年第5期。
② [日]笕克彦述，熊范舆编译：《国法学》，天津丙午社1907年版，第21页。

致之。笕博士只以简单批评，说其致误之理由，而未言及其影响，故附按数语于此。[①]

显然，熊范舆已经不是在简单复述老师所讲述的内容，而是有了更深入的独立思考。

正是通过这种行之有效的学习方式，熊范舆的知识结构和思想观念能够得到迅速更新，对于近代国家理论的理解得以深化，通过宪政来改造国家的理念也逐渐明确。由此，他从一名熟读儒家经典的传统士人，很快转变为站在时代潮头的新知识分子。本着读书人知行合一的传统作风，在新的政治理念支撑下，他与诸多留日同学共同展开了努力，在清末立宪运动史上写下了浓墨重彩的一笔。

---

① [日]笕克彦述，熊范舆编译：《国法学》，天津丙午社1907年版，第22页。

第四章　东京—北京：立宪先锋

20世纪初期，走向民主、宪政已经成为一股浩浩荡荡的世界潮流。然而，中国仍在奉行延续了两千多年的专制制度。面临外力冲击和存亡危机，精英阶层中的一些先进分子纷纷呼吁以立宪为中心，推动古老的制度迅速向近代转型。作为末科进士、留日法政精英，熊范舆主动顺应并努力引领这一时代潮流。特别是在1907年9月，他联合百余名士绅，首次发起了以速行立宪为目标的集体政治请愿，随之引发了一场全国性的国会请愿运动，从而将清末宪政运动推向了高潮。由此，熊范舆也在近代中国宪政史上留下了醒目的位置。

一　立宪潮流的涌动

1. 走向立宪的蹒跚之路

清末立宪运动的兴起，并发展为一股势不可当的时代潮流，有着深刻的历史背景和艰难的选择过程。

1840年鸦片战争，"天朝上国"败于"蕞尔小国"英吉利之手。此后，列强纷纷效尤，相继与清王朝签订不平等条约，中国从"朝贡体系"的顶端跌落到"条约体系"的底层。如此艰难时局，迫使不少爱国忧时之士和开明官员进行反思，谋求国家的保全与进步。

林则徐首先研究"制夷"的军事方略，魏源、徐继畬、姚莹、冯桂芬、洪仁玕等人则纷纷著书立说，介绍外国的情势，提出"以夷为师"、"师夷长技以制夷"的惊人之论。19世纪60年代，以学习西方"器物"为主的洋务运动蓬勃兴起，随后西方政治学说也开始传入，使人们的关注目光从单纯的"器物"扩展到"制度"层面。王韬、郑观应、郭嵩焘等人提出了开设议院的主张，官员当中亦有不少人响应。不过，此一时期的改革派人士虽然提出了开设议院，但并没有将国会视为国家最高立法机关，也未提出制定宪法。在他们眼中，国会仅是沟通上下之情的管道，并未体现君主立宪的精神。[①]

君主立宪思想的正式出现，是在1895年前后。郑观应首先提出"开国会，定宪法"[②]的主张。甲午之惨败，使更多知识分子开始思考立宪救国，康有为、梁启超等人即为代表。1898年的维新变法，是他们发动的一场企图效仿日本明治维新，通过和平手段，自上而下实践君主立宪的政治改革。可惜的是，在慈禧太后及诸多守旧势力的反对下，变法迅速夭折。

戊戌维新失败之后，康、梁逃亡海外，在日本、北美、欧洲等地活动。1899年7月，他们在加拿大千岛成立保皇会，一方面在各地建立组织，发展势力，另一方面猛烈攻击以慈禧太后为首的清廷，要求归政于光绪皇帝。保皇会也积极创办学校、报馆、书局等机构，宣传君主立宪思想。特别是梁启超在横滨创立的《清议报》，宣传民权思想，介绍西方政治学说，其文章纵横恣肆，文采斐然，风靡一时。

除了组织、舆论工作，保皇会也在筹备军事行动。在康、梁支持下，湖南士绅唐才常成立了自立会，组织自立军，号召"勤王讨贼"，于1900年8月发动起义。由于事机不密，各路起义军先后被镇压、击溃。自立军起义是戊戌维新的延续，是维新派以暴力手段实现政治改革的一次尝试。这次举事失败后，鼓吹立宪者再无采取军事手段的实践。

八国联军侵华给予清政府沉重打击。顽固守旧派或被杀，或入狱，势力大减，主张维新变法则成为风潮。在存亡继绝关头，清廷决定改弦更张，

---

① 侯宜杰：《二十世纪初中国政治改革风潮——清末立宪运动史》，中国人民大学出版社2011年版，第3—4页。

② 《与陈次亮部郎书》，夏东元编：《郑观应集》下册，上海人民出版社1988年版，第360页。

于 1901 年 1 月 29 日发布上谕："世有万祀不易之常经，无一成不变之法……深念近数十年积弊相仍，因循粉饰，以致酿成大衅。现在议和，一切政事尤须切实整顿，以期渐致富强。"① 由此，清廷开始全面实施制度改革，史称"新政"。不过，所谓新政，其具体措施或为洋务派早已提出的，或是戊戌变法期间曾经推行过的，虽然可算作缓慢的进步，但已无法满足人们对于改变国家贫弱现状的急切心理。流亡海外的维新派人士，认为此种新政无法彻底疗救中国的问题，主张必须在政治制度上彻底更新。君主立宪思潮由此兴起，并广为传布。

维新派或立宪派的舆论旗手是梁启超。早在 1899 年年初，他即在《清议报》发表《各国宪法异同论》，就立宪君主国与共和国加以讨论。② 两年以后，他系统阐述了自己的君主立宪主张。他指出，世界上有君主专制、君主立宪与民主立宪三种政体，而君主立宪制度代价最小，收益最大。中国尚不可立即实行立宪，需要按照一定程序，以一段时间来准备：先由皇上颁布诏书，明定中国为君主立宪国；再派大臣赴国外考察宪法、法律；继而设立法制局、起草宪法；再翻译各国宪法及相关法学著作；接着发布宪法草稿，让全国讨论，五年或十年后修改定稿；自诏定政体之日起，以二十年为实行宪法之期。③ 这篇文章批判了清廷的变法大纲，推动了立宪思潮的兴起，并首次提出了"预备立宪"的命题。④

维新派的领袖康有为在宪政理论上没有大的贡献，但在实际行动上走在了前头。1902 年 8 月，贝子载振出使英国后路经加拿大维多利亚，该埠保皇会百余人前往谒见，上书请其劝告慈禧归政，实行地方自治，开设议院。同年，康有为亲自拟折，以数百万华侨名义呈请代奏，要求兴民权、立宪法，此为民间上书要求立宪之先声。⑤

---

① （清）朱寿朋编：《光绪朝东华录》，第 4601 页。

② 新会梁任译：《各国宪法异同论》，《清议报》第 12 册，1899 年 4 月 20 日。

③ 爱国者草议：《立宪法议》，《清议报》第 81 册，1901 年 6 月 7 日。

④ 梁启超此时主张立宪，也曾经鼓吹过暴力革命，要求"快刀断乱麻，一拳碎黄鹤"（任公：《破坏主义》，《清议报》第 30 册，1899 年 10 月 15 日）。但在 1903 年年底游历美国结束之后，他的思想言论为之一变，彻底放弃了暴力排满革命道路，专门倡言君主立宪。

⑤ 侯宜杰：《二十世纪初中国政治改革风潮——清末立宪运动史》，第 25—26 页。

国内舆论对清廷的新政也不满意。《中外日报》、《大公报》等报纸即宣称，必须立刻实行立宪，早日开设议院。至1903年，作为一种社会思潮，君主立宪已经在国内、海外留学生及华侨团体中初步兴起，主张君主立宪者亦开始被称为立宪派。①

日俄战争的刺激和民族危机的深重，推动了国内立宪思潮的真正高涨。日俄双方在中国的土地上厮杀，使国人感到愤怒与耻辱。同时，由于这是黄种人与白种人、立宪国与专制国之间的战争，如果日本获胜，则证明了立宪的先进与专制的无能。战争的结果正如立宪派所料，立宪国日本获胜，立宪思潮由此更加得到鼓舞。

1904年，《东方杂志》、《时报》先后创办，与《大公报》等报刊一起极力鼓吹立宪。一时间，立宪呼声遍及全国，在野的立宪人士如张元济、张謇、汤寿潜等积极策动，在朝的官员如林绍年、孙宝琦、瞿鸿禨、周馥、袁世凯、岑春煊等人不断奏请，为立宪而展开的奔走活动不绝如缕。

在各方的呼吁声中，清廷终于发布谕旨，派遣"载泽、戴鸿慈、徐世昌、端方等，随带人员，分赴东西洋各国考求一切政治，以期择善而从"。②清政府与列强建交数十年，直到此时才主动派出官员赴外国考察政治制度。

1905年9月24日上午，前述四人加上绍英由北京启程，但在车站附近遭到革命党人吴樾的爆炸式暗杀，死伤10余人。暗杀行动并未阻止清廷出洋考察的决策，反而使其认识到立宪的必要性与紧迫性。两个月后，慈禧太后谕令先"筹定立宪大纲"③，又下令成立考察政治馆。当年12月，新派定的五大臣载泽、尚其亨、李盛铎、戴鸿慈、端方分别离京，赴日、美、欧等共14个国家参观考察，历时半年。

这次考察时间不长，但对五大臣的冲击却很大。他们认识到，中国之所以落后于列强，关键在于政治制度，欲求富强进步，必须立宪不可。回国后，载泽、戴鸿慈、端方等当面向慈禧太后奏陈出访情况，并呈递《请定国是以安大计折》，详细阐述了政治体制改革方案。④

① 侯宜杰：《二十世纪初中国政治改革风潮——清末立宪运动史》，第28页。
② 故宫博物院明清档案馆编：《清末筹备立宪档案史料》上册，中华书局1979年版，第1页。
③ （清）朱寿朋编：《光绪朝东华录》，第5434页。
④ 侯宜杰：《二十世纪初中国政治改革风潮——清末立宪运动史》，第49—50页。

1906年9月1日，清廷终于发布仿行立宪上谕：

> 时处今日，惟有及时详晰甄核，仿行宪政，大权统于朝廷，庶政公诸舆论，以立国家万年有道之基……著内外臣工切实振兴，力求成效，俟数年后规模粗具，查看情形，参用各国成法，妥议立宪实行期限，再行宣布天下，视进步之迟速，定期限之远近。①

这道上谕正式确立了实行立宪的基本国策，中国从此开始进入预备立宪时期。虽然"大权统于朝廷，庶政公诸舆论"，采用的是日本预备立宪时期开明专制的办法，而且没有明确预备期的年限，但依然是一个巨大的进步。

2. 留日学生的立宪选择

立宪已经成为共识，然而关于实现宪政的路径，却存在着和平渐进与暴力激进的不同主张，以致逐渐发展为君主立宪与共和革命之争。留日学生也不可避免地卷入了这一纷争。不过，留日学生大多有官绅背景，或由官派选送，或者本身就是官员，身处日本这样的君主立宪国家，对立宪制度有直观的认识。加上梁启超长期在日本鼓吹立宪，对留日学生群体产生了不小的影响。因此，在留日学生群体当中，暴力革命的呼声固然慷慨激昂，但和平立宪的主张同样拥有众多支持者。

1905年11月，鉴于中国学生数量激增，日本文部省为了整顿留学秩序，发布了《关于许清国人入学之公私立学校之规程》。此举被留学生们认为是中日两国政府对自己的故意压制，引起了轩然大波。一开始，留学生总会干事长杨度、副干事长范源濂率领总会干事拜会驻日公使杨枢，请求对日交涉，改正《规程》中的不妥之处。②但留学生中的激烈派不满意这种温和的抗争方式，他们主张取消全部《规程》，为此成立了联合会，试图迫使全体留学生罢课返国。温和派则主张上课。反对返国的留学生成立了"维持留学界同志会"，江庸、褰念益、熊垓、陈榥4人为代表人，黎迈、张孝准、

---

① 故宫博物院明清档案馆编：《清末筹备立宪档案史料》上册，第44页。
② 中国第一历史档案馆：《光绪三十一年留日学生风潮史料》，《历史档案》2001年第3期。

蒋尊簋、李穆、熊范舆、谭学夔、李景圻、李维钰、施召恩、熊朝鼎、朱学曾、钱家澄 12 人为庶务会计，姚华、周大烈、汪兆铭（汪精卫）、张一鹏、胡衍鸿（胡汉民）、许寿裳、朱大符（朱执信）、陈汉弟 8 人为书记。[1]双方展开激烈的宣传战，直至最后温和派渐占上风，留学生终于复课。[2]

随着时间的推移，留日学生当中立宪与革命的分野日益明显。熊范舆所在的法政大学速成科内也有立宪与革命的对立，其中倾向于立宪的有杨度、熊范舆、沈钧儒、汤化龙等人，倾向于革命的则有汪精卫、胡汉民、朱执信、居正等人。两方之间常有纷争。以湖北人汤化龙和居正为例，汤化龙试图在法政大学联络同学，成立地方自治会，研究君主立宪；居正则发动同学进行抵制，使地方自治会未能成立。[3]

在留日学生当中，省籍是影响他们交情深浅与思想倾向的重要因素。如广东人多倾向革命，浙江人则两派都有，沈钧儒作为立宪派，与杨度、熊范舆、雷光宇相友善，但同时也与同在东京的浙江革命党人章太炎、陶成章、徐锡麟等人有来往，特别是与章太炎过从甚密。[4]

贵州籍士人则大多倾向于立宪，这种情形与李端棻有很大关系。李端棻（1833—1907），字苾园，贵州贵阳人，出生于世宦之家，同治二年（1863年）进士，历任云南学政、监察御史、内阁学士、刑部侍郎、礼部尚书等职。1889 年，李端棻以内阁学士身份出任广东乡试主考，对在此次考试中表现出色的梁启超极为赏识，擢其为第八名，并将堂妹李蕙仙许配给他。

作为前清流派成员，李端棻与张之洞、陈宝琛等人关系密切，与翁同龢、孙家鼐、文廷式、张謇、陈宝箴等人亦交情匪浅。他利用其广泛的政治关系，为康有为、梁启超拓展人脉、结交官僚提供方便。张之洞出生于贵阳，在兴义度过少年时代，与李端棻是进士同年；陈宝箴则为李的政治盟友。后来张之洞支持发起成立强学会、创刊《时务报》，陈宝箴则延请梁启超主持湖南时务学堂，由此不难窥见李、张、陈、梁间的特殊关系。[5]戊

① 《维持学界同志会公启并会章》，《申报》1906年1月5日第3版。
② 蒋永敬编：《民国胡展堂先生汉民年谱》，台湾商务印书馆1981年版，第56页。
③ 林济：《国民党元老——居正传》，湖北人民出版社1993年版，第17—22页。
④ 周天度：《七君子传》，中国社会科学出版社1989年版，第7页。
⑤ 钟家鼎：《李端棻与梁启超》，《贵阳文史》2007年第5期。

戊变法期间，李端棻荐举了康有为、谭嗣同、唐才常、熊希龄、汤寿潜等16人，实可称为维新派的"组织部长"[①]。

因为李端棻的关系，维新、立宪的思想基础在贵州士人中极为深厚。李端棻与立宪领袖梁启超的亲缘关系，使得梁启超与贵州人之间有一种特殊的亲切感，这又对贵州籍留学生的政治取向产生了很大影响。比如留学日本的熊范舆、蹇念益、陈国祥、姚华、刘显治等人，都与梁启超关系密切。特别是戴戡，长期以来都是梁启超的追随者，刘显治很可能也加入了梁启超组织的立宪团体政闻社。[②]

熊范舆留学日本期间，与同窗老友姚华、刘显治的交往得到巩固，此外还结交了不少志气相投的同乡，比如陈国祥、蹇念益、戴戡等人。尤其值得一提的是，他与贵州以外的立宪派领袖们也建立了密切联系，从而逐步成为立宪派的要角。

陈国祥，字敬民，贵州修文人，1897年贵州乡试第二名，1903年癸卯科进士，后由进士馆选送赴日本东京法政大学留学。蹇念益，字季常，贵州遵义人，1900年赴日，就读于早稻田大学，曾担任中国留学生总会庶务干事。[③]进入民国以后，刘、陈、蹇三人都在北京任国会议员，从事政党政治。

戴戡与熊范舆关系尤其密切。戴戡（1880—1917），原名桂龄，号锡九，后易名戡，字循若，贵州贵定人，13岁时师从宿儒郎云程，三年后考取秀才。1904年春至贵阳，拜徐天叙为师，一个月之后即被选送赴日留学，就读于宏文书院速成师范科，后入高等理化科。在日本期间，戴戡与熊范舆成为莫逆之交。此后他回国任教于河南法政学堂，继而随李经羲回滇，都是经由熊范舆的介绍。[④]后来熊范舆还将女儿熊菊英嫁给戴戡之子戴必明，戴戡则将女儿戴慧贞嫁给熊范舆幼子熊其仁，熊、戴两家结为世好。

① 钟家鼎、王羊勺：《论李端棻在戊戌变法中的地位与作用》，《贵州文史丛刊》1997年第5期。
② 贵州省政协文史资料研究委员会、黔西南州政协文史资料研究委员会编：《兴义刘、王、何三大家族》，第31页。
③ 中国第一历史档案馆：《光绪三十一年留日学生风潮史料》，《历史档案》2001年第3期。
④ 胡端楷：《戴戡先生事略》，《贵州省政协文史资料存稿选编》第2卷，2006年，第226—227页。

　　至于贵州籍以外的人士，熊范舆跟湖南名士杨度的关系最为密切。杨度（1874—1931），字皙子，湖南湘潭人，晚清名士王闿运得意门生，1894年应顺天乡试中举，1902年4月赴日，在宏文书院速成师范科旁听，与胡汉民、黄兴等为同学，以勤奋著称。[①]他与日本人嘉纳治五郎关于中国教育问题的讨论，表现了强烈的反满种族主义思想，曾经以《支那教育问题》为题连载于《新民丛报》第23、24号，并有单行本在国内发行。杨度后来进入法政大学中国速成科第一期学习，成为熊范舆的学长。在日期间，杨度由于学识出众，先后担任湖南留日学生同乡会总代表、中国留日学生会馆评议员、留日学生总会干事长等职，已然成为留日学生群体的领袖人物。[②]由于思想上相似，熊范舆与杨度走得很近。

　　熊范舆与杨度交好，或许还有一个原因，即杨度的湖南背景。熊范舆仍有"湖南即用知县"的头衔，虽然不知何时才能补缺，但将来很有可能赴湘就任，所以他对湘籍人士特别重视，加意结纳。后来贵州巡抚庞鸿书在保荐他时也提到："臣在湖南巡抚任内，每见官绅留学回湘者，均称熊范舆孜孜好学，宗旨纯正。"[③]熊范舆与湖南人罗杰、雷光宇等，都是推行立宪的同志；另一名湖南人蔡锷虽然在1904年末即已回国，但熊、蔡二人后来在云南的交游其来有自，他们很可能经由杨度、蹇念益等人介绍，在日本时即已相识。[④]

　　当然，结交友人，最重要的还是志气相投。例如浙江人沈钧儒、满人恒钧与熊范舆交往密切，就是因为立宪救国的理念相同。他们身处日本这样新兴的立宪国家，对宪政有着直观细致的感知。一批怀抱立宪救国思想的同志相互砥砺、相互影响，也使他们对于如何改变中国的落后现状有了更加明确的方向。

---

　　① 胡汉民：《胡汉民自传》，台北传记文学出版社1987年版，第9页。
　　② 蔡礼强：《晚清大变局中的杨度》，中国社会科学院研究生院近代史系博士学位论文，2003年5月，第48—55页。
　　③ 《贵州巡抚庞鸿书奏遵旨保荐人才陶保廉等五员折》，《政治官报》第136号，光绪三十四年二月十四日，第14页。
　　④ 杨度在东京的寓所被称为"留日学生俱乐部"，黄兴、陈天华、刘揆一、杨笃生、蔡锷等人亦常常造访，故而也有"湖南会馆"之称。何汉文、杜迈之：《杨度传》，湖南人民出版社1979年版，第11页。

二 立宪先锋的崛起

随着立宪潮流的涌动，在日本的中国留学生也变得活跃。他们翻译各类社会科学书籍、创办各种鼓吹立宪的报刊，组织各类立宪社团或党派，既从理论上，也在行动上推动了立宪运动的展开。在此过程中，熊范舆逐渐从众多留日学生当中脱颖而出，成为一名引人注目的立宪先锋。

1. 组建宪政讲习会

清廷发布仿行立宪上谕后，不少立宪派人士认为创立组织、发动舆论、为立宪奔走的时机已到，纷纷筹备组建立宪团体。在此过程中，留日学生也扮演了重要角色。例如预备立宪公会的领袖是郑孝胥、张謇、汤寿潜，但实际主持会务者却是孟昭常、孟森、雷奋等留日学生。①

身在日本的梁启超和杨度，也分别发起组织了政闻社和宪政讲习会。事实上，他们两人素来交好，一开始是准备共同组党的。早在1898年，梁启超在长沙时务学堂任教时，二人就有所接触，只是并无深交。②后来杨度赴日，思想渐脱旧学樊篱，两人思想接近，交往也多了起来。1906年，他们的共同好友熊希龄随五大臣出国考察，抵达日本，与两人多次交谈，并委托他们代拟有关介绍东西各国宪政情况的文章。杨度写了《中国宪政大纲应吸收东、西方各国之所长》和《实施宪政程序》，又请梁启超完成了《世界各国宪政之比较》，后来载泽、端方的不少奏折即以此为底本。③两人有着相同的政治抱负，清廷的预备仿行立宪上谕发布后，他们也都认为应该抛弃保皇党的旧组织，发起成立新的政党。

1906年年底，熊希龄、杨度、梁启超三人在神户连续商讨三日三夜，确立了组织新政党的各项事宜。新党拟定名为宪政会，本部打算设于上海，

① 张学继：《论留日学生在立宪运动中的作用》，《近代史研究》1993年第2期。
② 北京市档案馆编：《杨度日记（1896—1900）》，新华出版社2001年版，第78页。
③ 杨云慧：《从保皇党到秘密党员——回忆我的父亲杨度》，上海文化出版社1987年版，第28—29页。

拟以杨度为干事长，并争取张謇、郑孝胥、汤寿潜加入，袁世凯、端方、赵尔巽为暗中赞助人。宪政会不设会长，"空其席以待"康有为。①

不过，杨度素来对康有为不以为然。他此时已是东京"最有势力"人物，1906年10月又捐得候选郎中②，在国内有了合法的政治地位。康、梁依然是清政府通缉的要犯，杨度当然不甘于做其马前卒。杨、梁交情虽然匪浅，但谁都不愿甘居从属地位。

1906年12月，国内立宪人士创立预备立宪公会，郑孝胥、张謇、汤寿潜分别任会长及副会长，熊、杨、梁三人的设想于是落空。次年1月，杨度、熊范舆创刊《中国新报》，2月9日又与方表、陆鸿逵等人在东京组织"政俗调查会"，杨度任会长。他的活动使梁启超颇为不安，两人在组织政党的方法等方面分歧渐多。与此同时，杨度与梁启超一系的蒋智由、徐佛苏关系亦不甚佳。最后，杨度和梁启超两人终于分别组党。

1907年6月，杨度和熊范舆等人发起的宪政讲习会正式成立，会址设在东京牛込区下户冢町二十三番地。该会在筹备期间，曾酝酿推选沈钧儒任会长，但正式成立时，由会员公选熊范舆任会长，杨度则为幕后主持。③宪政讲习会设有九人评议部，部长从评议员中互选，评议员由会员选出，此外还选举若干名事务员，负责处理评议部议决的各项事务。首次选出的评议员有雷光宇、董荣光、薛大可、曲卓新、许孝绥、方表、杨守康、金若璟、吴江等9人。

宪政讲习会宗旨在于"预备宪改进行之方法，以期宪政之实行"④，表面上似乎并不令人注目。但同年7月发布的《宪政讲习会意见书》则言辞激烈，抨击清朝专制政府"冥顽不灵、贪饕无耻"，当权者"滥充高位，放弃职守，超然于权限之外，游行于利禄之中"，是"亡我中国"的根由。

这份《意见书》的一个突出特点是，它首先提出立宪运动应该以民选国会作为中心目标。文中指出：欲救中国，"非改造责任政府不可；如欲

① 丁文江、赵丰田编：《梁启超年谱长编》，上海人民出版社1983年版，第369—372页。
② 彭国兴编：《杨度生平年表》，刘晴波主编：《杨度集》，湖南人民出版社1986年版，第810页。
③ 裴艳：《留学生与中国法学》，南开大学出版社2009年版，第149页。
④ 《宪政讲习会总章》，《时报》1907年8月11日。

改造责任政府，非设立民选议院不可"。而世界各国的历史证明，"有强迫政府立宪之国民，无自行立宪之政府"，"故我国民决不可守消极之态度，而立于受动之地位，坐待他人之以政权授我也。夫宪法之结果，以国民之血争来则有效，以政府之墨草就者则无功"。所以，宪政讲习会同人须得"誓天泣血、奋励无前"，"与薄海同胞互相提携，以一腔之热血，为宪政之先驱"。①

关于以开国会作为运动的目标，后来不少学者认为，这是一种"制度决定论"的简单认识，以为国会一开则宪政可期、立宪可成。②但实际上，选择以"开国会"为运动目标，只是一种策略性的现实选择。他们期望以开国会为号召，先造成开国会的一般社会舆论，使其成为"一简单重要之问题"。宪政理论过于复杂，"专标一义"，则可使大众"易知易从"，既能与革命派的"排满革命"口号相对抗，又可将立宪派各方势力统一在召开国会的大旗之下。③

对于宪政讲习会的成立及其活跃情况，梁启超既感到欣喜，又感到遗憾。同属于立宪派，梁启超自然愿意看到立宪运动声势大张。不过，作为最具知名度的立宪派代表人物，他又希望将所有可能的同道集合在自己麾下。他甚至设想过以"优异之地位"，如"常务委员"、"部主任"等职务，将宪政讲习会的"重要分子"如熊范舆、方表等人招揽过来。④由此可见，经过了两年多海外留学生涯的淬炼，末科进士熊范舆无论在思想还是行动方面，此时都已经实现了一次飞跃，从饱读诗书的传统士人一变而为站在时代前锋的立宪派要角。

来自对立阵营的看法也印证了这一点。革命派笔杆子黄侃在《民报》撰文，对立宪派中的一些代表人物进行点名批判。他指责"立宪党人一曰好名，二曰慕势，三曰竞利，四曰畏死，五曰狡伪，六曰无耻，七曰阴

① 《东京宪政讲习会意见书》，《神州日报》1907年7月18—19日。这份意见书亦载《时报》1907年8月12日。
② 萧功秦：《危机中的变革：清末现代化中的保守与变革》，上海三联书店1999年版，第156、255页。
③ 丁文江、赵丰田编：《梁启超年谱长编》，第398页。
④ 同上书，第418页。

险"。而好名者中又有不同：

> 要名以赎前日之非者，则康有为、梁启超之为也；积名以求他日
> 之利者，则杨度、熊范舆之为也。数人倡之，众人效之，几不复以好
> 名为可耻，而良心斫丧之斯极矣！①

此时革命派与立宪派早已分道扬镳，双方展开了理论论战，甚至不惜
进行人身攻击。因此，革命派对立宪派康、梁、杨、熊的负面批评，后人
大可不必当一回事。不过，这种充满敌意的批评，却从侧面反映了一个客
观事实——熊范舆在立宪运动中的声望已经变得如此之高，以至于能够跟
康有为、梁启超、杨度等清末最著名的立宪派"形象代言人"相提并论。

2.《中国新报》主笔

宪政讲习会的迅速发展，与他们开拓了一个舆论阵地——《中国新报》
密不可分。熊范舆在《中国新报》发表了一系列言辞犀利、分析深入的政
论文章，为这份刊物的迅速崛起做出了巨大努力。在此过程中，他个人的
声望也得到了迅速提升。

《中国新报》名为"新报"，其实是一份月刊。1907 年 1 月，该刊在日
本东京创办，定于公历每月 20 日发行。最初 5 期均能按原定计划正常出刊，
但此后出刊时间即变得不确定。第 6 号拖延了一个月，至 1907 年 7 月 20 日
才出版发行。此后，由于主要同人纷纷回国，从第 7 号起，该刊迁至上海
出版，而且时间变得更加不确定。第 7 号出版于 1907 年 10 月，第 8、第 9
号则延至 1908 年 1 月同时出刊。此后，该刊完全停止。

杨度担任《中国新报》总编撰员，也即主编。他最主要的贡献，是为
该刊撰写了长编政论《金铁主义说》，连载于第 1—5 号。这篇文章洋洋洒
洒，将近 12 万字，全面阐述了杨度的立宪思想。熊范舆没有挂名担任具体
职务，但实际上与杨度同为该刊的核心支柱。以他们两人为首，该刊聚合
了一批湖南和贵州籍的留日学生，如薛大可（湖南益阳人）、李傥（湖南

---

① 不佞：《论立宪党人与中国国民道德前途之关系》，《民报》第18期，1907年12月。

长沙人）、方表（湖南长沙人）、刘彝和（湖南长沙人）、雷光宇（湖南浏阳人）、姚华（贵州贵阳人）、刘显治（贵州兴义人）。此外，来自其他省份的一些志同道合的留学生，比如来自直隶（今河北）定州的胡茂如，也是该刊的重要撰稿人，详见表4—1。

表4—1　　　　　　　　　《中国新报》刊文目录表

栏目	文章标题	刊载期数	作者
论说	中国新报叙	1	杨度
	金铁主义说	1—5	杨度
	国会与旗人	7—8	杨度
	新官制评论	1	熊范舆
	立宪国民之精神	4	熊范舆
	论前明时满洲与中国之关系	4	熊范舆
	国会与地方自治	5	熊范舆
	再论国会与地方自治	6	熊范舆
	日本国民之国会运动	6	熊范舆
	满洲农业移民论	1—3	薛大可
	财政改革与国会	8	薛大可
	海军复兴议	9	薛大可
	论中国历史上之政治家	2—4、6	方表
	英国责任内阁之沿革	7—8	方表
	苦政治家与乐政治家	7	刘彝和
	国会反对论者之征伐	8—9	刘彝和
	中国今世最宜之政体论	3	胡茂如
	论军事与政治之关系	4	雷光宇
	经济与中国	5	姚华
	满汉问题之解决	5	陈敬第
	军事教育论	6、9	王国栋
	论中国教育之主义	6	刘显治
	国会与二大问题	7	谷钟秀

栏目	文章标题	刊载期数	作者
论说	朝鲜问题	7	李傥
	对于咨议局之意见	8	黄敦怿
	政党论	9	徐敬熙
	中国之会议	9	李庆芳
时评	各省学务公所议长议绅之地位	2	熊范舆
	某督赴任之条件	2	熊范舆
	无国会之害（八则）	4	熊范舆
译件	代议政体论	1—2、5—6	胡茂如
	列强对于中国贸易策	1	李傥
	中国与列强图说	1	李傥
	论日本战胜之利益	2	李傥
	中国财政改革私议	4	李傥
	铁道瓜分论	5—6	李傥
	支那民族之将来	6	刘莹泽
	俄国将校之海军谈	9	薛大可
	英德海军之强弱	9	薛大可
来稿	弘前第八师团黑沟台纪念演习所感	3	吕祖绶
	请开国会理由书	9	
	日本名士犬养毅君宪政讲习会湖南支部之演说	9	
寄件	上秦抚曹中丞书	3	刘泽熙
杂著	致新民丛报记者	4	杨度
附录	大同报题辞	6	杨度
	哭亡友胡茂如并引	7	杨度
	哭亡友胡茂如并序	7	籍忠寅
专件	民选议院请愿书	8	
杂录	题板垣伯小像并序	9	刘彝和

资料来源：据《中国新报》1—9号目录统计。

　　《中国新报》每期篇幅为 170 页左右，4 万余字，除了卷首插图以及书前、书内和书尾的广告以外，设有论说、时评、译件（即译文）、来稿、寄件、杂著等栏目，而以论说和译件为主。该刊瞄准当时中国面临的一些迫切问题，比如满汉关系、官制改革、财政改革、地方自治等等，以号召召开国会为宗旨，极力论述速开国会的必要性和紧迫性，批驳各种反对开国会的意见。

《中国新报》前6期阶段，总经理处、编辑所、印刷所和发行所均在日本东京。第7号时，编辑所移至上海，但总经理处、印刷所和发行所仍在东京，并以东京的总经理处为通信处。第8—9号，编辑所和印刷所在上海，总经理处和发行所仍在东京，仍以东京的总经理处为通信处。

该刊在上海有两个批发机构（发卖所）。一个是普及书局，前4期阶段位于三马路书锦里，后5期阶段移至四马路惠福里。另一个前后名称不一，前4期阶段是长沙集益书社分庄，位于新四川路三元里；后5期阶段则换成了四马路惠福里的群益书社。此外，第7号起编辑所移至上海以后，又增加东京群益书社为发卖所。该刊的零售网络，则分布于东京、宁波、汕头、上海、苏州、盐城、南京、芜湖、汉口、北京、天津、保定等城市，以及广东、江西、山东、奉天（今沈阳）等地，详见表4—2。

表4—2　　　　　　　　　　《中国新报》零售网络表

地点	经销机构	地点	机构
长沙	集益书社	山东	官书局
天津	同记普及书局	盐城	开化书局
南京　党家巷口	启新书局	苏州	群记公司
南京　花牌楼	启新书局	芜湖	科学图书社
北京	作新社	汕头	大浦新群书局
北京	公慎书局	宁波	新学会社
北京　琉璃厂	有正书局[1]	日本东京	中国留学生会馆
保定	官书局	日本东京神田	福记普及书局[4]
江西	开智书局	日本东京麹町	游艺社[3]
汉口	文明书局	奉天	关东印书馆[2]
广东	开新公司	其他	中国、日本各书房

资料来源：《中国新报》第1号书尾版权页，1907年1月。

注：1、2：第5号起出现。3：第5号起消失。　4：第7号起消失。

《中国新报》第1期封面、目录

《中国新报》虽然只坚持出版了一年时间，总共只出版了9期，但却受到各方瞩目。立宪派方面，梁启超称赞其为"最有价值者"、"纯为政治上之性质者"①，认为它和《大同报》一起继承了《新民丛报》的启蒙事业。②革命派则视之为话语权竞争的主要对手，章太炎、柳亚子等人都在《民报》、《复报》撰文，对其发起猛烈抨击。③相互对立的两个阵营都给予了相当的重视，这表明《中国新报》确实在当时知识界产生了不小的影响。

3. 熊范舆的立宪思想

作为《中国新报》的两大核心人物之一，熊范舆为该刊撰写了最多的政论文章和全部时评（详见前文表1）。这些文章均围绕国会运动这一中心，涉及官制改革、地方自治、国民精神，以及日本国会运动对中国的借鉴等问题，在当时产生了较大反响。另外，由于熊范舆的个人书信、诗文手稿后来均未保存下来，因而后人欲了解其政治思想，《中国新报》上这些文章就是弥足珍贵的原始资料。

《中国新报》第1号刊发了熊范舆的《新官制评论》一文。这篇文章基于国际比较的视野，对清政府正在实施的中央机构改革进行了分析和批评。清廷发布立宪上谕之后，仅仅用了两个月时间，就完成了中央层面的机构改革，速度很快，但进步有限。尤其是作为中央政府组成部门的11个部，13名大臣、尚书当中，7人为满族，5人为汉族，1人为蒙古族，尚不如改

---

① 《新民丛报》第4年第16号，批评页一。
② 丁文江、赵丰田编：《梁启超年谱长编》，第400页。
③ 刘晴波主编：《杨度集》，第213页。

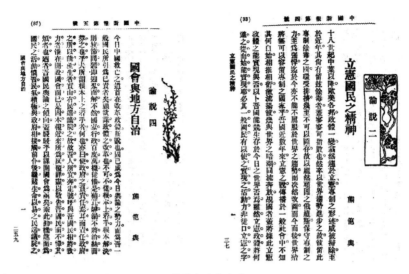

熊范舆政论文章

革前的满、汉各半。[1]熊范舆认为，清廷倡导立宪，乃是"藉此以巩固其专制势力"，而这次改革官制，则不过是"编制政府组织及权限耳"。过去官制混乱，"欲专制而无道"，而此次改革之后，专制的程度反而增加了。他具体分析了新体制的要点，指出了这场机构改革的"欺人"之处：

首先，各部尚书充任参预政务大臣，军机大臣为办理政务大臣，但军机与部臣不得兼任。这样，军机形似内阁，但首领大臣不比西方的内阁总理，各军机大臣互不统属，均可指挥各部尚书。最后的结果是，各部门、各大臣间互相掣肘，如有过失则推诿卸责，与宪政国的内阁形似而实异。

其次，国会应"立于人民之地位而与政府对立"，但新设立的资政院不过是政府的一部分，无法完成纠察政府、代表舆论的任务。资政院议员中有"钦选"、"会推"、"保荐"几种，乃是模仿西方贵族制上院形式，但西方"贵族制上院"之留存自有其历史背景，如此模仿毫无必要。议员选取办法，也与过去的"保举征辟"没有区别。

再次，监察和审计财政事项，本为国会的责任。如今新设立一审计院，仍然只是政府的会计核对机关，有预算而无决算。这样，资政院不过是政

---

① 侯宜杰：《二十世纪初中国政治改革风潮——清末立宪运动史》，第59页。

府的"筹款处",审计院不过是政府的"报销局"。

最后,特别设立大理院,目的似乎是司法独立,但人民没有立法的权力,所适用的法律仍然出于专制政府之手。

基于上述四点分析,熊范舆一针见血地指出了清政府"假新政、真专制"的实质用意:

> 凡立宪国中之文明制度,其有利于专制之活动而又不妨其根本上之主义者,咸莫不模而仿之,利用此以博人民望之待之者之欢心,而并得藉以弥前此欲专制而有所不能者之缺憾。①

熊范舆这些犀利的分析和批评,有助于时人认清清政府推行政治改革的意图和真实效果。虽然站在立宪派的立场,但从上述言论来看,他对清廷政策的批判,其深度并不亚于当时的革命派人士。直至多年以后,学者们在分析清末新政时,依然在沿用熊范舆等人当年提出的"假改革、真专制"这一认识基调。

对于时事,熊范舆也有所评论。他在《中国新报》第2、第4号分别发表了三篇时评,号召人们不要寄望于清政府,而应自发自为,推动速开国会。

《中国新报》第4号几乎成为熊范舆的个人专号,除了时评,他还为这一期撰写了两篇政论文章《立宪国民之精神》、《论前明时期满洲与中国之关系》。

《立宪国民之精神》一文,结合理论、历史和现实维度,阐述了立宪精神的内涵。他在文章中强调,当前世界的趋势在于立宪,"对于国家之前途,欲求足以战胜于生存之竞争者,非达到破弃专制、造成立宪国家之目的不止"。以建设立宪国家为出发点,推进政体变革,才是真正的立宪精神之所在。

文章继而指出,实现立宪政体的手段有急进与渐进、和平与激烈之别,这原属正常现象。熊范舆并不反对革命派的共和主张,只是认为他们

---

① 熊范舆:《新官制评论》,《中国新报》第1号,1907年1月,第61—93页。

对政治体制变革的理解过于简单化，仅仅"奔腾于口语、煊赫于纸笔"，似乎"共和"可以一呼即至；而"平日一切任政府之所为，不欲为事实上之进行"，实际上是一种不负责任的放任态度。革命派虽然采取了一些武力行动，但很快就失败了，反而使清政府更加"藉文明之利器以愈厉行其专制"。这样一来，政治体制的改善就更加没有希望，"至为可悲"。

文章接着以英、法两国走向宪政的历史过程为例，阐述了以和平方式推进政体变革的意义。英国的改革由"君民剧烈相争而来"，但专注于政体的更新；法国的革命以变更国体为核心，结果却纷扰不断。因此，汲汲于国体之纷争，于国家前途无所裨益。在熊范舆看来，中国的问题，一是"知有政府而不知有国民"，二是"知有君主而不知有国家"。所以国家欲求进步，就要集中精力推进政体改革，破除对政府和统治者个人的倚赖，建设能够真正限制专制权力的立宪君主制。他认为政治制度的改善非一朝一夕之功，平日"政治上之进行"乃是关键，军事暴力手段只应作为辅助手段，否则"必非国家之福"。①

熊范舆这些看法，代表了当时一种颇具影响力的思想潮流。梁启超、杨度、张謇，当时许多知识精英都持类似的观点，从而与孙中山、同盟会所号召的激进"排满"思潮形成了鲜明的对应。抛开立宪、革命之争，观察清廷倒台之后中国的政治乱象，他们的一些预言何其准确！

《论前明时满洲与中国之关系》一文，则主要针对所谓"亡国说"及革命派的"排满"论，从史学和国际法等角度出发，论证"满洲"并不是自外于中国的另一个国家，清朝官修史书《明史》中也无所谓满洲国。文章强调：

> 爱新觉罗氏称帝以前，建州卫既属辽东，为中国之领土，则其称帝也，亦不过起自中国领土上之一人耳。及夫颠覆朱明，入登大宝，而中国未承认其为国，则亦不过以中国领土上之一人，夺得中国之君位耳。亡国之问题，安所得而发生也乎？②

① 熊范舆：《立宪国民之精神》，《中国新报》第4号，1907年4月，第33—63页。
② 熊范舆：《论前明时满洲与中国之关系》，《中国新报》第4号，1907年4月，第65—94页。

　　此文也代表了立宪派对满汉关系问题的认识。在他们看来，满汉关系不谐，症结不在于种族问题，而在于政治制度问题；解决之道，也不是简单的暴力"排满"，而在于以立宪来建立责任政府，尤以开设民选国会为第一要务。

　　实际上，杨度、熊范舆与一些接受了西学思想的满族留学生均保持着良好关系。1907年6月，满族留学生中的代表人物恒钧、乌泽声等，在东京创立《大同报》，以"提倡立宪、融合满汉为惟一之宗旨"。杨度为这份刊物题词，称其为"留东八旗诸君"创办的"空前绝后之大杂志"。①杨度还在自己主编的《中国新报》上为《大同报》刊载广告。②两份刊物相互扶持，为开国会合力鼓吹。后来恒钧更与熊范舆一道，领衔赴京呈递《民选议院请愿书》，积极投身于实际的国会请愿行动。

　　《中国新报》第5、第6号，刊出了熊范舆的两篇文章《国会与地方自治》、《再论国会与地方自治》。前一篇文章针对当时所谓"欲开国会不可不先谋地方自治"论调而发。他指出，这种说法在理论上正确，但却"渺不可期"。立宪国家中除了英国以外，都是先开国会后推行地方自治的。就中国而言，地方自治机关仍然是受政府监督的机关，无法由此推动政府变成责任政府；而以地方自治养成民众参政能力作为国会的预备，又时不我待。他强调，"中国之地方自治，非先开国会无由普及……国民之议员能力，非既开国会莫由充分"。开国会之后，可以从全国层面推行地方自治，国民的政治素养也将随之进步。他更以川汉铁路、粤汉铁路导致的省际纠纷为例，指出若先实施地方自治、各自为谋，国家则有分裂的隐患。③

　　此文刊出后，不少人认为熊范舆所主张的是"国会主义"，对国会之外的重要问题则视而不见。对于这种批评，他在《再论国会与地方自治》一文中提出，自己提倡的是"世界的国家主义"，即"经济的军国主义"，而开国会则是达成其主义的手段。在"谋开国会"、"改造责任政府"、"普及地方政治"三大目标中，开国会可使所有问题迎刃而解。他还通过假设和

①　杨度：《大同报题辞》，《中国新报》第6号，1907年7月。

②　《中国新报》第7、8号书前广告，1907年10月、1908年1月。

③　熊范舆：《国会与地方自治》，《中国新报》第5号，1907年5月，第87—98页。

对比，进一步解答了开国会与地方自治孰先孰后问题。[①]

《中国新报》第6号刊载了熊范舆另一篇文章，介绍近代日本如何开国会、对中国有何启发借鉴。他将日本的国会运动分为"舆论胚胎"、"民权滋养"、"运动勃兴"、"期限确定"四个阶段，对其过程做了细致的历史回顾，并希望"吾辈之国民"学习日本人民的气焰精神和运动策略，通过和平手段达成开国会之目的。文中提及冈山、福冈两县率先发起日本国会请愿运动的经过，并且特别指出中国的立宪运动可以从中得到鼓舞，汲取经验：

> 夫今日各省之言地方自治者，所在而有，然彼竟未有谋及用地方名义为国会请愿之说者，亦以无中坚之党派为之鼓吹维持，以指导其进行方法焉耳。前事之法，后事之师，我国民其奚可有所多让也欤。[②]

次年春熊范舆和杨度等人以宪政讲习会为枢纽，借助地方的名义，在湖南、河南两省同步发起国会请愿运动，这种策略显然受到了日本国会运动的启发。

总的来看，熊范舆这些文章文辞犀利、逻辑清晰，有着丰厚的理论基础和历史底蕴，既表现出传统士人的旧学素养，又展现了新学人才的国际眼光。这些文章产生了很大影响，以致多年以后，依然有人称他为"《中国新报》要角"[③]。

4. 国会请愿运动的先声

从他这一时期撰写的一系列政论文章来看，熊范舆并不满足于在日本进行舆论宣传，他更希望以"冈山志士"为榜样，发扬大无畏的勇气，回国直接开展国会请愿行动。

1905年年初，四川籍留日学生邓孝可曾经草拟一份《要求归政意见书》，准备与张澜等人回到北京请愿，因各省同乡会反对而作罢。同一年，

① 熊范舆：《再论国会与地方自治》，《中国新报》第6号，1907年7月，第25—42页。
② 熊范舆：《日本国民之国会运动》，《中国新报》第6号，1907年7月，第86页。
③ 陶菊隐：《政海轶闻》，上海书店出版社1998年版，第5页。

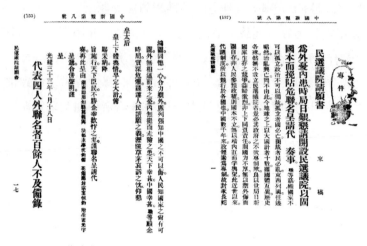

熊范舆领衔呈递的《民选议院请愿书》首页、末页

湖南留日学生陈天华也草拟了《要求救亡意见书》，准备以全体留学生的名义赴京请愿，要求实行立宪，因黄兴与宋教仁劝阻，未能成事。这两件事虽未实行，却是留日学生中以国民资格向政府请愿行为的最初萌发。①

　　到了1907年，立宪诏书已下、立宪呼声渐起之际，宪政讲习会亦开始行动。当年9月，熊范舆由东京返回北京，与雷光宇、沈钧儒、恒钧四人领衔，并有百余人联署，9月25日向都察院呈递了《民选议院请愿书》。10月5日，清廷军机处收到了这份请愿书。②

　　沈钧儒后来回忆："我留学日本的时候，在一个书摊上买到一本日人片冈健吉作的《立宪运动史》，他是一位苦苦地从事日本立宪运动的人，我看了很受感动。后来又碰到一位王先生，在日本一个旅馆里召开一个会，我们好几位朋友也参加了……这样我们就决定回国发动立宪运动。不久又找到梁启超先生，征询他的意见。他说：'太早了，不会实现的。'我回说：'在有了成功希望的时候，又何用我们奔走'？！"③

　　《民选议院请愿书》首先提出了开设民选议院的重要性和紧迫性：

　　①　侯宜杰：《二十世纪初中国政治改革风潮——清末立宪运动史》，第37页。

　　②　《湖南即用知县熊范舆等请速设民选议院呈》，故宫博物院明清档案馆编：《清末筹备立宪档案史料》下册，中华书局1979年版，第609页。

　　③　沈潜、沈人骅编：《沈钧儒年谱》，中国文史出版社1992年版，第16页。

国家不可以孤立，政治不可以独裁，孤立者国必亡，独裁者民必乱。东西列国，往迹昭然，治乱兴亡，罔不由此。今地球之上，以大国计者十数，虽国体互异，历史各殊，然无不设立民选议院者。岂必其政府之不欲专制欤？良以世局日新，国家生存之竞争益归激烈，非上下同负责任，则国力不厚，无以御外侮而图自存；非人民参预政权，则国本不立，无以靖内讧而孚舆望。此近世以来代议制度所以竞行于各国也。

接着指出，时局内忧外患，"以言乎外，则机会均等之政策，并起于列强；以言乎内，则革命排满之风潮，流行于薄海。祸机已兆，后患难言"。而开设民选议院之后，则有诸多好处：责任政府可成；政府监督可期；国家财政与政策相合，人民怨谤与官吏贪腐皆可杜绝；司法可以变得独立，社会秩序趋于安定；人民的政治能力可以逐渐提高；各族地位平等，种族问题可以得到消弭。

至于有人说"宪法尚未颁布，议会不能先开"，请愿书辩解说，宪法是国家的根本，但其"运用之妙"与"保障之法"则全靠议会。中国所面临的局势太过急迫，不能像日本那样按部就班地先颁宪法再开议会。针对有人认为中国人民程度不足的问题，请愿书指出，这不但不是"不可开设民选议院之原因，实为不可不开设民选议院之原因也"。国会一开，人民的政治素养自然会渐渐提高。又有人说，"地方自治尚未举行，国民教育尚未普及，一旦开设民选议院，未免全无预备"。请愿书则回应道，议会是立法机关，更是"整理行政之根本"，"根本既立，枝叶自茂"；借整理庶政以阻挠开设民选议院，则是"本末倒置、缓急不分"。

为了照顾所谓的"君臣之义"，请愿书还指出，开设议院并不会使君主"至尊之威严"受到冒渎，因为"责任负诸大臣，弹劾止于政府"，因而立宪国的君主，其"安富尊荣"更甚于专制国的君主。请愿书最后恳求清廷速颁诏旨，"发布选举制度，确定召集期间，于一、二年即行开设民选议院"[①]。

---

① 《民选议院请愿书》，《中国新报》第8号，1908年1月，第137—153页。

对于开设民选议院的要求，庆亲王奕劻、军机大臣世续都表示反对[①]，因而这份请愿书被清廷"留中"不发。[②] 但这次上书的消息以及请愿书中的内容要点，还是被当时方兴未艾的媒体断断续续传播开来。随后的三个多月里，当时著名报纸《申报》连续刊发了6篇有关的报道，并且称赞这次上书"实可谓为吾国人民政治请愿之嚆矢"。[③] 请愿书的全文，也分别刊载于1907年10月4日的《盛京时报》，并相继刊载于1907年10月出版的《大同报》第4号、1908年1月出版的《中国新报》第8号，造成了广泛的社会影响。

递交《请愿书》未获得清廷回应，宪政讲习会遂展开了更多的行动。1907年12月初，已返回湖南的杨度联络谭延闿等人，成立宪政讲习会湖南支部，还请来日本名绅犬养毅发表宪政演说。[④] 1908年1月，宪政讲习会改名为宪政公会，湖南支部则改称湖南宪政公会。[⑤] 杨度起草了《湖南全体人民民选议院请愿书》，由王闿运改定，各界代表、青年学生4000多人签名。[⑥] 1908年3月10日，雷光宇作为湖南代表，将这份请愿书呈送都察院代奏。

宪政讲习会（宪政公会）组织的这两次请愿，特别是熊范舆领衔的第一次请愿，开启了后来轰轰烈烈的全国性国会请愿运动的先声。到了1908年，立宪潮流已经发展为"国会之声日日响彻于耳膜"[⑦] 的程度。对此，当时舆论即有极高的评价。《大同报》转载《民选议院请愿书》时，附上了一段跋语：

　　　右民选议院请愿书一通，乃我国民以少数之团体与政府首次之宣战，壮哉！以蜷伏数千年专制政体下之人民，一旦奋兴蹶起，联翩决袂，与政府开正当之谈判，冀早建设代表国民之机关，为实行宪政之

---

① 《论庆邸世续反对民选议院》，《申报》1907年10月25日。

② 《预备立宪公会提议请愿》，《申报》1908年4月15日。

③ 《都察院代递湘绅议院条陈》，《申报》1907年10月7日。

④ 侯宜杰：《二十世纪初中国政治改革风潮——清末立宪运动史》，第92页。

⑤ 中国第一历史档案馆：《有关宪政公会的几件史料》，《历史档案》1992年第3期。

⑥ 《湖南全体人民民选议院请愿书》，刘晴波主编：《杨度集》，第489—497页。

⑦ 《论今年国民当全力为国会请愿一事》，《时报》1908年2月26、27日。

先导，洵我中国有史以来破天荒之举动也。吾不禁手为之舞，足为之蹈，心为之敬，胆为之壮兴，四万万同胞同声一庆矣！①

著名报纸《申报》称：

熊（范舆）、雷（光宇）两人登高一呼，全国震动，论其功用，几与日本政党之副岛种臣、板垣退助实相伯仲。②

著名刊物《东方杂志》也说：

国会请愿，首为国民发未申之意者，实惟湘人熊范舆单衔倡于前，雷光宇代表全湘以和于后。③

后来的学者也认为，这两次请愿，"是中国有史以来破天荒的伟大创举，开辟了人民以和平方式向统治者直接要求政权和民主自由的新时代"④。

① 《民选议院请愿书》，《大同报》第4号，1907年10月，第182页。
② 《论国会请愿之不可缓》，《申报》1908年4月16日。
③ 孟森：《记载·宪政篇》，《东方杂志》第5年第7期，1908年7月，第3页。需要指出的是，此文最早将熊范舆误写为湖南人。
④ 侯宜杰：《二十世纪初中国政治改革风潮——清末立宪运动史》，第131页。

第五章 华北—昆明：宦海初涉

在体制之外，熊范舆是立宪派的先锋；但在体制内，他的仕途并不算顺利。经历了高中进士、日本留学、倡行立宪的波澜起伏，直至四年以后，一身兼容旧学新知、胸怀救国济世之志的熊范舆，借助于光绪末年的"人才举荐"，仕途生涯才算真正起步。然而此时，清廷的统治已经处于风雨飘摇之中，一场剧烈的变革已经隐约可见。

一 与旧体制的磨合

1. "不安分"的老师

1907年9月回国后直至次年初，熊范舆一直在北京活动。他创办了《中央日报》①，为速开国会进行舆论鼓吹，同时也在北京发展宪政讲习会的组织，这引起了官方的注意。1908年1月26日，侯延爽致梁启超的信中称，"政府现忙于苏杭甬事，并未注意于我团体。惟熊铁崖则风声甚大，万难在京驻足耳。彼之《中央日报》非换名目，决难存立"②。

此时，熊范舆的昔日同年、同窗大多有了去处，沈钧儒被分配到法部贵州司任主事③，陈国祥、姚华、袁永廉等人参加进士馆游学毕业考试后，

---

① 《各省报界汇志》，《东方杂志》第5卷第1期，1908年2月，第42—43页。
② 丁文江、赵丰田编：《梁启超年谱长编》，第430页。
③ 周天度：《七君子传》，中国社会科学出版社1989年版，第9页。

也都分配到部。① 熊范舆并非由进士馆选送留学，因而不能参加进士馆游学毕业考试。为了回国发动国会请愿运动，他没有完成早稻田大学的学业，不符合一般留学生归国考试的条件。况且针对一般归国留学生的考试，结果不外乎授予进士、举人等出身，已是进士的他也没有必要参加。②那么，他将何去何从？

恰在此时，河南巡抚林绍年的一指调令，解除了他的困窘。

林绍年曾任贵州巡抚，一度进入清廷军机处，1907 年 9 月转任河南巡抚。到河南后，为了培养新政人才，他决定将该省已有的仕学馆改为河南法政学堂。也许是因为他曾在贵州任职，与贵州人特别亲近之故，1908 年 1 月，他奏请朝廷将时任翰林院编修的贵州人陈国祥，以及时任度支部主事的贵州人唐桂馨、袁永廉调至河南，办理法政学堂，陈国祥任学堂监督（校长）。③ 这三人都与熊范舆熟识交好。很可能是经过陈国祥推荐，此后林绍年又将熊范舆调来开封，任学堂教务长兼法政教习。④ 经由陈国祥、熊范舆介绍，戴戡亦被聘至该校任教，并兼管庶务。⑤ 熊范舆的早年同窗陈廷策、张协陆等，也在该校担任教员。⑥ 此外，贵州遵义人唐瑞铜、蹇念益不久也担任河南省财政监理官和副监理官。⑦ 一时间，黔省精英齐聚开封。

熊范舆总算有了一份安定的工作。但此时的他并不安于做一名循规蹈矩的老师。1907 年年末，各方立宪人士共同筹商设立了"国会期成会"，此时正在各省发动国会请愿签名运动。⑧ 身在开封的熊范舆，也跟方表、罗杰一起在河南发动了请愿活动。

1908 年 3 月下旬，河南教育总会在开封游梁祠召开大会，刊布传单，

---

① 中国第一历史档案馆：《光绪三十三年留学生史料》，《历史档案》1998年第1期。

② 谢青：《论清末留学毕业生考试》，《历史档案》1995年第2期。

③ 《抚院林附奏调员来豫办理法政学堂片》，河南省教育志编辑室编：《河南教育资料汇编·清代部分》，河南省教育志编辑室，1983年，第209页。

④ 《云贵总督李经羲奏请以熊范舆补广西直牧折》，《政治官报》第1208号，宣统三年二月十四日，第14页。

⑤ 胡端楷：《戴戡先生事略》，《贵州省政协文史资料存稿选编》第2卷，2006年，第226页。

⑥ 程燎原：《清末法政人的世界》，第301页。

⑦ 侯清泉编：《贵州历史人物》，贵州人民出版社2000年版，第214页。

⑧ 侯宜杰：《二十世纪初中国政治改革风潮——清末立宪运动史》，第137页。

教育总会会长李时灿与方表、熊范舆、贺绍章等人相继发表演说，指出
"国会一日不成，即政治无从整理。吾豫省宜急起从湘人后，速开全省大
会，推举代表入京请愿"。与会者均表赞成，遂派人分头联络绅、商、学各
界。①3月26日，河南各府州县代表大会讨论请愿办法，决定先刊布公启，
草拟请愿书，征集各府县签名，汇集之后再开大会，公举代表入京。5月24
日，由怀庆、卫辉、彰德三府士绅组织的河朔学会，在河南开封的覃怀会
馆集会，出席者200多人，先由方表、罗杰演讲，然后熊范舆发表演说，痛
陈各地筹组政党的必要。三人演讲完毕，现场举行国会请愿签名活动。②6
月14日，熊范舆、李时灿又召集1000余人开会，继续进行鼓动。清廷获知
消息，认为"实属不成事体"，电告林绍年"严密禁止"。当时在开封的同
盟会员，每逢熊范舆、王抟沙等人演讲，就集合在一起，批驳其讲演内容，
贴出大字报，并且寄恐吓信给他们。③不过河南的立宪人士并不动摇，最终
在6月底再次召开大会，由在籍翰林院编修王安澜主稿拟就请愿书，编修
蒋艮领衔，签名者5000余人。④7月12日，请愿代表胡汝霖、杨懋源至都察
院呈递。

　　除了在河南发动请愿，熊范舆还与沈钧儒等同人在北京为筹组政治团
体而奔走。他们在北京甚至没有固定住所，熊范舆一开始借住于同窗好友
姚华家里，沈钧儒则借住于嘉兴会馆，⑤后来两人又一同移居前门外延寿寺街
羊肉胡同。在这样的条件下，他们仍然以极大的热情为开国会、组政党而
奔走呼号。沈钧儒回忆说："月余来实忙极，终日碌碌，不知有官，不知有
身，几乎饮食睡觉都无工夫。"⑥

　　1908年6月，宪政公会经民政部批准正式成立。他们在京城烂漫胡同
的莲华寺内设立了事务所，一开始公推熊范舆为总事务员，"组织一切"。⑦

　　①　《汴人议立国会之运动》，《盛京时报》1908年4月17日。
　　②　《湘汴士绅国会请愿之行动》，《申报》1908年6月6日。
　　③　《郭仲隗自传》，河南省新乡市政协学习和文史资料委员会编：《新乡文史资料选编》
（下），2006年，第84页。
　　④　《汴吉两省国会请愿之进行》，《申报》1908年7月8日。
　　⑤　中国第一历史档案馆：《有关宪政公会的几件史料》，《历史档案》1992年第3期。
　　⑥　沈潜、沈人骅编：《沈钧儒年谱》，第24页。
　　⑦　侯宜杰：《二十世纪初中国政治改革风潮——清末立宪运动史》，第93页。

该会设总裁、副总裁主持会务，设常务员若干名综理会务，并推选一名常务员长；各分部设干事长。[①]经过选举，杨度任常务员长，沈钧儒任干事部干事长兼评议部评议长，熊范舆任干事部书记员兼评议部评议员。[②]随后，宪政公会在天津、上海、山东、河南、安徽、湖北、湖南等地相继建立支部。值得注意的是，此一阶段，宪政公会总部的官方办事处，是随着熊范舆的居处而迁转的。[③]这表明他在宪政公会内发挥了核心作用。

1908年7月，该会发布《宪政公会宣言书》，指出：

朝廷预备立宪下诏有年，然举国上下无肯实行，国事如兹，自何能救？吾党于此亦所痛心，平时研究讲习既有时日，用特团合运动，以冀开国会，布宪法，建设责任政府，消专制之威，免暴动之祸，实行君主立宪制度，上安皇室，下起民权，使吾国自危而之安，自亡而之存，合满、汉、蒙、回、苗、藏诸同胞，以与列强争雄于世界。[④]

在宪政公会、预备立宪公会、政闻社、粤商自治会等立宪组织的号召和动员下，各省发起了络绎不绝的签名上书请愿活动，留日学生以及日本、南洋华侨也积极参与。7月22日，清廷批准了《各省咨议局章程》和《咨议局议员选举章程》，谕令各省一年内办齐，但并无进一步的举措。8月13日，痛恨康、梁的慈禧下令查禁政闻社，[⑤]之后又下令禁止政闻社所办的刊物入境，并关闭了《江汉日报》。不过，立宪派并未因此退缩，不少省份仍然继续发动请愿。不少督抚和出使各国的大臣，也纷纷上奏表示赞成召开国会。一时间，要求速开国会成为全国舆论的焦点。

在各方压力下，清廷终于在1908年8月27日公布《宪法大纲》、《议院法要领》、《选举法要领》和《逐年筹备事宜清单》，宣布定期9年后召开

---

① 《批准设立宪政公会》，《盛京时报》1908年7月5日。
② 《宪政公会纪事》，《申报》1908年7月17日。
③ 中国第一历史档案馆：《有关宪政公会的几件史料》，《历史档案》1992年第3期。
④ 《宪政公会宣言书》，《盛京时报》1908年7月12日。
⑤ （清）朱寿朋编：《光绪朝东华录》，第5967页。

国会①，作为对此次国会请愿运动的回复。

1908年的这一波国会请愿运动，是中国国民向朝廷要求政治权力的伟大壮举，参加的团体有8个，全国签名人数据说达15万人，涉及18省，此外还有留学生和海外华侨，可谓"极千古未有之奇观"②。

然而这次运动之后，发展势头良好的宪政公会并没有持续下去。杨度成为四品京官，立场有了些微转变，也无暇过问会务。熊范舆在河南法政学堂任教，后来又被分发至直隶，继而随李经羲入滇。沈钧儒应浙江巡抚之邀，赴浙江咨议局任筹备处总参议。其他主要成员，也多成为各省督抚的幕宾。③宪政公会会务无人打理，逐渐杳无声讯。

2. 所谓"人才举荐"

1907年10月19日，清廷发布明令诏书，指出："外患凭陵，内讧时起，时局如此其危，需才如此其急。部员自丞参以下，外官自道府以下，大率承行之官，第才干明敏，即可应事而有余。而上乎此者，非得明体达用、扶危济困之才，不足以裨时艰而孚物望。"诏书要求高级官员保荐人才，由此掀起了一场"人才举荐"活动。正是通过这场活动，熊范舆开始受到清廷高层注意。

接奉诏书之后，刚从湖南巡抚转任贵州巡抚的庞鸿书向朝廷保荐了5名人才，认为他们"各有所长，成绩昭著"。这5人分别是：两广总督陶模之子，现任礼学馆顾问官、员外郎陶保廉；已革湖南候补道金还；湖南辰沅永靖道俞明颐；贵州二品顶戴、在任存记候补道、现任都匀府知府王玉麟；湖南即用知县熊范舆。④

庞鸿书推荐熊范舆的理由是：

> ［熊范舆］自费游学日本，入法政科，臣在湖南巡抚任内，每见官

---

① 故宫博物院明清档案馆编：《清末筹备立宪档案史料》上册，第58—67页。

② 侯宜杰：《二十世纪初中国政治改革风潮——清末立宪运动史》，第153页。

③ 丁文江、赵丰田编：《梁启超年谱长编》，第464页。

④ 《贵州巡抚庞鸿书奏遵旨保荐人才陶保廉等五员折》，《政治官报》第136号，光绪三十四年二月十四日，第12—14页。

绅留学回湘者，均称熊范舆孜孜好学，宗旨纯正，兹闻卒业后，于日
本各项要政多所考验，于中国强弱行政预备方法，尤为刻意讨论，其
文行交修，学识远大，诚非百里之才。①

在庞鸿书看来，熊范舆的唯一缺点是"未曾到省，于人民程度尚少经
验"，也就是说他缺少直接的地方行政经验。庞鸿书当时已在贵州任职，他
承认自己与熊范舆从未见过面，对熊的印象主要来自湖南士绅；但来到贵
州后，从贵州官绅那里获得的信息，也与过去在湖南听说的情况不矛盾。

此外庞鸿书还提到一些京官，如农工商部头等顾问官、翰林院修撰张
謇，候补京堂汤寿潜，直隶候补道严复，认为他们"博闻强识，事实彪炳，
久在圣明洞鉴之中，无待微臣保奏"。

到了 1908 年夏，保荐人才进入集中考察阶段。清廷派定那桐、荣庆、
梁敦彦、瑞良、严修、俞廉三 6 人为查验大臣。由于有了庞鸿书的保荐，当
年 6 月，熊范舆由河南巡抚林绍年咨送吏部报到，接受查验。当时被保荐
的京外各员分期报到，第一期 35 人，7 月 1 日报到截止，7 月 13 日至 17 日
接受考察。其中 5 人因为感冒未到，4 人因为丁忧暂停参加，实际只有 26
人参加考察。②

具体考察方式是，查验大臣们分批传见被考察对象，按照原先的保荐
意见，结合各人的经历，一一详细询问，再综合各人言论著述，得出考察
意见。最终考察意见一般都比原先的保荐意见更多溢美之词。

查验大臣们对熊范舆的考察结论是：

湖南即用知县熊范舆，贵州进士，贵州巡抚臣庞鸿书原保考语
"文行交修，学识远大，诚非百里之才"，臣等会查得该员研习法政，
学有专长，现充汴省学堂教务长，颇能尽心学务，不以利禄为怀。③

---

① 《贵州巡抚庞鸿书奏遵旨保荐人才陶保廉等五员折》，《政治官报》第136号，光绪
三十四年二月十四日，第14页。

② 《查验大臣奏查验第一期报到荐举各员折》，《政治官报》第276号，光绪三十四年七月
初七，第4—5页。

③ 同上书，第8页。

1908 年 7 月 30 日，内阁奉上谕：

> 所有分发内阁中书周嵩尧、陆军部主事惠崇、陆军部科长陈桂、湖南即用知县熊范舆，著查验大臣那桐等带领引见。[①]

也就是说，贵州巡抚庞鸿书保荐了 5 人，只有熊范舆一人入选考察对象。而在第一批 26 名考察对象当中，他又成为首先被召见的 4 人之一。其余 22 人，依次为翰林院编修袁家谷、郭则澐、林炳章，外务部员外郎曹汝霖，民政部左参议延鸿，民政部参事章宗祥，民政部郎中陆宗舆，银行正监督张允言，度支部右丞傅兰泰，度支部左参议曾习经，署度支部右参议程利川，度支部郎中宴安澜、管象颐，学部参事江瀚，农工商部郎中胡祥鏴，给事中朱显廷，四川成都府遗缺知府成昌，候补三院卿诚璋，署直隶清河道熙臣，候选道李熙，山西汾州府知府绍彝，河南保送知府胡鼎彝。他们需要按照名次先后，每天两人，依次等待召见。

到了 1908 年 10 月，熊范舆参加此次人才保荐活动的结果终于明确：

> 经派那桐等将第一期报到人员查验、询问，出具考语，兹已一律召见、引见完竣……湖南即用知县熊范舆，著以直隶州知州发往直隶补用。[②]

从 1908 年到 1910 年，人才保荐活动一共进行了 6 批，高级官员们共保荐了 140 余人，实际获准至北京报到、接受考察的仅有 66 人。东三省总督徐世昌保荐了谭延闿、李石曾等 15 人，算是保荐得比较多的，但也只有郭则澐、曹汝霖、陆宗舆、章宗祥等 8 人入选考察对象。郭、曹、陆、章与熊范舆同为第一期考察对象，经过这次保荐、考察，他们头衔变动如下：[③]

① 《荐举各员著那桐带领引见上谕》，《政书·吏部事类》戊申第7期，光绪三十四年七月，吏部第1—2页。

② 《上谕》，《申报》1908年10月4日。

③ 沈云龙：《徐世昌评传》，台北传记文学出版社1979年版，第110页。

郭则沄：原任翰林院编修，以道员记名简放；

曹汝霖：原任外务部员外郎，以本部参议候补；

章宗祥：原任民政部参事、记名参议，以本部参议候补；

陆宗舆：原任民政部郎中、记名参议，以四品京堂候补。

可见，这次全国性的人才保荐活动，一开始号称要"破格用人"，但最终效果并不明显。一则实施的范围较小，仅限于"省部级"官员个人所见所闻，而且许多督抚对这件事并不热心，只有百余人受到推荐，最终通过考察者还不到一半。二则最终通过考察者，职务大多没有实质性的变动，只是名义上的级别稍有提高而已。以致后来有学者认为，这次活动与1903年举办的经济特科一样，都只是清廷的一种玩弄手段，一开始号称要选拔人才，结果还是排斥人才，政府不讲诚信，使有才之士离心离德，从而加速了清王朝的覆灭。①

在此次人才保荐活动中，熊范舆的收获主要是又出了一次名，级别则从"即用知县"升为"补用直隶州知州"（大体相当于今天的省管县"一把手"候选人）。之后不久，他终于迎来了迟到已久的仕途机会，被派往天津任职。

二 迟到的仕途机会

1. 初署知县

熊范舆虽然被"发往直隶补用"，但不可能直接补上实缺。到了天津之后，熊范舆先被聘为直隶谘议局谘议员②，然后去一所学校工作，头衔从"教务长"变成了"监督"（校长），这所学校就是著名的北洋法政学堂。

北洋法政学堂从1906年8月开始筹建，次年6月招生，8月正式开学，首任监督为熊范舆的同乡、贵州遵义人黎渊。③1908年年末，黎渊去职。"宣

---

① 沈云龙：《徐世昌评传》，第111页。

② 《各省谘议局聘请宪政公会员》，《申报》1908年12月26日。

③ 齐植璐：《北洋法政学堂及其沿革》，天津市政协文史资料研究委员会编：《天津文史资料选辑》第44辑，天津人民出版社1988年版，第28页。

统元年（1909 年）正月，监督熊范舆奉杨宫保札委到差……宣统元年二月，熊监督去职。"①

作为立宪运动的产物，法政学堂监督一席，往往成为立宪派人士的晋身之阶，或暂时栖身之所，人事变动频繁。与其他几位监督一样，熊范舆在北洋法政学堂的任期也不长。不过，作为著名的立宪派人士，他们对于校内风气的养成颇有影响。据曾在该校学习过的李大钊回忆，校内的立宪民主空气，比天津其他中等、高等学堂浓厚得多。②熊范舆在短暂的任期内还开设别科一班，招生 100 人，专收举监贡生及候补人员，三年毕业，以期造就新政人才。③

离开北洋法政学堂之后，熊范舆转而署理天津知县。清末的州县官并不好当，管理的事务繁杂琐碎，有关词讼、盗案、学堂、教案、警察、财政、商业、民风、劝学、社会风气等诸多方面，都是考察其政绩的指标。④不过由于熊范舆署理天津知县的时间太短，加上有关档案文献的欠缺，我们无法得知他在这一职位上的具体经历。

初署知县，对于熊范舆而言算是开始走上稳定的轨道。他可能认为自己将在天津任职较久，故而安排家人北迁。在弟弟熊继瀛护送下，熊妻黄氏及孩子们"遍历平津沪汉诸地"，阔别 5 年之久的一家人终于在天津团聚。不过熊范舆的母亲严氏却不愿离开家乡，没有一同北上。⑤

此时，激烈的国会请愿运动暂时告一段落。工作之余，熊范舆也有时间与友人谦集酬酢，品茗谈心。黎渊即在一首诗里提到，1909 年秋，自己曾与熊范舆在河北植物园相聚。⑥熊范舆早年的老师张恧，此前在贵州密谋革命，失败后流亡他乡。得知自己的得意门生在天津任职，他也前来天津

---

① 北京大学图书馆、北京李大钊研究会编：《李大钊史事综录（1889—1927年）》，北京大学出版社1989年版，第29页。

② 刘民山：《李大钊与天津》，天津社会科学院出版社1989年版，第6页。

③ 齐植璐：《北洋法政学堂及其沿革》，第37页。

④ 《考核州县之功过表》，《政书·吏部事类》戊申第7期，光绪三十四年七月，吏部第16页。

⑤ 《熊母黄太夫人行述》，1946年。

⑥ 黎渊：《明致堂诗稿》，遵义市地方志编纂委员会办公室编：《黎氏家集续编》，第340页。

投奔熊范舆。①

　　世事多变，这种安逸的生活并未持续太长时间。熊范舆署理天津知县还不到半年，李经羲转任云贵总督，向朝廷奏调一批助手随行入滇。李经羲，字虑生，号仲仙，安徽合肥人，李鸿章三弟李鹤章之子，曾任云南布政使、云南巡抚和署理贵州巡抚，对熊范舆已经有所了解。熊范舆1907年回国开展请愿活动逗留天津时，曾将《请愿书》底稿呈给在天津的昔日恩师严修一阅。适在天津的李经羲也看了这份文稿，

熊范舆夫人黄德昭，摄于1908年

颇为欣赏，从此对熊范舆留下了深刻印象。这次李经羲即将再次入滇，主政云贵两省，故而向熊范舆发出了邀请。除了熊范舆之外，李经羲奏调的名单中还有江苏候补知府应德闳、山东补用知府魏家骅、江西候补知府夏翊宸、候选知府钟麟同、江苏候补知县洪寿彭、安徽补用知县朱学程，以及4名同为候补身份的武将。②

　　熊范舆接受了李经羲的邀请。一方面，母亲严氏此时仍居贵阳，熊范舆仍有"父母在，不远游"的思想。③另一方面，他也考虑到在天津势单力薄，知县一职责任烦琐，制掣颇多；而返回西南地区，在封疆大吏手下直接工作，可能更有利于实现自己的一些想法。为此，他不仅自己准备入滇，还向李经羲介绍戴戡和张忞两人。此外，熊范舆的同窗老友刘显治，也应邀赴滇担任李经羲的幕僚。④这样，一批贵州籍精英人士又将在昆明集结。

　　① 吴雪俦、张泇：《贵州辛亥革命先行者张忞事略》，《贵州文史资料选辑》第10辑，1981年，第153页。
　　② 《上谕》，《申报》1909年5月18日。
　　③ 《熊伟口述》，1993年。
　　④ 桂百铸：《清末民初几个政治事件的见闻》，《贵州文史资料选辑》第17辑，1984年，第109页。关于戴戡入滇，有说法称系蔡锷所荐，但也有知情者回忆："据我所知，戴戡到云南，系云贵总督李经羲的总文案熊范舆向李推荐，并非蔡锷援引。熊是梁启超党，又是贵州人，在日本留学时，就同戴交往甚密。"（邓汉祥：《对"戴戡驻川始末记"的补正》，《四川文史资料选辑》第11辑，1979年，第244页）

2. 滇督幕宾

随李经羲返回西南，是熊范舆一生中的又一重要转折点。自从1904年走出贵州参加甲辰末科会试，五年来他一直活跃于北京—东京—京津等地，这些地方可谓当时政治、文化的"中心舞台"。而此次返回西南，则意味着重新回归地方舞台。此后，除了民国元年曾作为参议员赴上海、南京外，熊范舆的足迹基本上没有跨出云贵两省。

熊范舆此时的身份已是朝廷命官，从直隶调往西南任职，需要征得吏部同意。经过李经羲奏请，1909年5月17日，清廷正式发出上谕予以批准：

> 直隶补用直隶州知州熊范舆，著发往云南，交李经羲差遣委用。①

由于各方交卸事宜，直至1909年年底，熊范舆才举家南迁，返黔赴滇。途经贵阳老家时，地方团体曾经为他举行过一次欢迎会。②正式入滇后，熊范舆担任了李经羲督署的总文案，级别仍为补用直隶州知州。

清末最后几年，"新政"已经成为检验各级官员政绩的最重要指标。不过对于何为新政、如何举办新政，许多官员仍然一知半解，甚至不知所云。作为既有传统学养、更懂时代新知的士人精英，熊范舆入滇后，襄助李经羲筹办云南各项新政，出力良多，因而颇得李经羲器重。1910年5月1日，李经羲再次奏请朝廷将熊范舆留在云南使用，并且再次得到批准。奏折里充满了对熊范舆的赞誉之词：

> 该员气度沉重，才识宏通，籍隶贵州，于滇省情形本所稔悉，筹办一切新政，深知体要，规划详明，尤能审察社会习惯，与夫人民程度，务期经权悉协，言行收效，弊害预防。盖由于平日蕴蓄义理既深，又能以精心深识，静细考验，故能洞彻本原，透参消息。求于新、旧

---

① 《云贵总督李经羲奏请以熊范舆补广西直牧折》，《政治官报》第1208号，宣统三年二月十四日，第14页。

② 《预备欢迎国会发起人》，《申报》1909年12月30日。

学中，此才均不易得。臣深倚为臂助，若允其造就所至，实足以为干济艰难，蔚为国器。查该员系由进士即用知县留学日本，学业列最优等，才品、誉望久为滇黔人士所推重，新、旧两家均无间言，尤为难得。于保荐人才案内，奉特旨以直隶州知州发往直隶补用，筹办新政、治理地方，最为得力。升任两广督臣袁树勋任东抚时，屡调未获如愿。臣此次诚求延揽，始力致之。相应仰恳天恩，俯念边省吏治需才，准将该员熊范舆，以直隶州知州留于云南，仍归补用班补用，俾得宣力地方，益资实践，实出鸿施。抑臣更有陈者，该员以真实之材，非近时号称新学浅尝涉猎者可比。朝廷正当求贤之际，边徼尤赖劝才之方，若不以臣言为欺饰，蒙予以存记，在该员固不敢望九重逾格之褒，在朝廷实足收激励真才之用。①

"新政"的最关键内容，自然还是政治体制改革问题。1910年，第三次国会请愿运动蓬勃兴起。与熊范舆等在野士人走在一线的1908年那场运动不同，此次运动当中，地方督抚们发出了一份联衔会奏，颇为引人注目。1910年9月22日，云贵总督李经羲向各地督抚发出通电，将当时督抚间对于借债筑路问题的讨论，引到了设立责任内阁和召开国会这一关键问题上来，并提出了督抚联衔上奏的倡议。之后，他向清廷呈递了一份长达4000余字的奏折，详细分析了速开内阁、国会的好处及缓开内阁、国会的危害，驳斥了顽固守旧分子对责任内阁和国会的攻击。以此奏折为底本，李经羲拟订了联衔奏稿，10月25日，由东三省总督锡良、湖广总督瑞澂领衔，两广督袁树勋、云贵总督李经羲、伊犁将军广福、察哈尔都统溥良、吉林巡抚陈昭常、黑龙江巡抚周树模、山西巡抚丁宝铨、河南巡抚宝棻、江苏巡抚程德全、皖安徽巡抚家宝、山东巡抚孙宝琦、浙江巡抚曾韫、江西巡抚冯汝骙、湖南巡抚杨文鼎、广西巡抚张鸣岐、贵州巡抚庞鸿书、新疆巡抚联魁，联名致电军机处代奏，请求"立即组织责任内阁"，"明年开设国

① 《又奏请将熊范舆留滇补用片》，《政治官报》第901号，宣统二年三月二十五日，第18页。着重号为本书作者所加。

会"①。督抚们的联衔会奏产生了巨大的政治和社会影响。立宪派称李经羲这篇奏稿"极明宪政原理","痛陈利害,立言极正,文笔亦佳"②,甚至称其为"中国立宪史第一宏文"③。

李经羲扮演了此次督抚联衔会奏行动实际组织者的角色。奏稿、奏折中显示的对于立宪的认识远远高出同侪,对此,作为他的主要幕僚,熊范舆、刘显治等留日归来的"新政人才"功不可没。后来有人评论说,李经羲"即有几篇奏章文告,为时流传诵,亦不过其幕僚中几辈文人,为之点缀门面,假装好官而已"④。评论者虽然对李经羲本人没有好感,却从侧面指出了熊范舆、刘显治作为李氏幕僚所起的重要作用,尽管他们此时已经远离了政治中心地带。

1911 年 3 月,李经羲保荐熊范舆补授云南省的广西直隶州知州一职。广西直隶州(今红河州泸西县一带)管辖师宗、邱北、弥勒 3 个县,与广西毗连,又有铁路通过,涉及边防事务,"地方烦剧,政务殷繁","非精明干练、学识俱优之员,不足以资治理"。当时,该直隶州知州一职正好出现空缺。熊范舆的级别是"存记补用直隶州知州",年龄 33 岁,而且没有任何被参劾、被处罚的经历。李经羲特别强调说:熊范舆"年强品粹,识卓才优",补用这一职位,"实属人地相宜,洵堪胜任",而且布政使、交涉司、学政、按察使、巡警道、劝业道会商,均无意见。李经羲还请求说,熊范舆的级别本来就是补用直隶州,请补直隶州知州,"衔缺相当,毋庸送部引见"⑤。也就是说,希望绕过繁冗的人事程序,免去夜长梦多的麻烦。

但是,朱批"吏部议奏",并没有径直予以批准。10 天之后,内阁奉上谕,要求将熊范舆改授某个知府职位。

① 李振武:《李经羲与国会请愿运动》,《学术研究》2003年第3期。
② 《时报》1910年10月31日。
③ 《中国立宪史第一宏文》,《帝国日报》1910年10月30日。转引自侯宜杰《二十世纪初中国政治改革风潮——清末立宪运动史》,第223页。
④ 孙种因:《重九战记》,中国史学会编:《中国近代史资料丛刊·辛亥革命》(六),上海人民出版社1957年版,第246页。
⑤ 《云贵总督李经羲奏请以熊范舆补广西直牧折》,《政治官报》第1208号,宣统三年二月十四日,第13页。

云南云南府知府员缺紧要，著该督于通省知府内拣员调补，所遗员缺著熊范舆补授，钦此。①

后来经过一番运作，熊范舆被授予署理云南府知府一职，但实际上继续在李经羲身边服务。李经羲还曾经想让他代表自己前往北京，参与中央政府关于外官制改革草案的审议工作。②

而此时，革命的暗流已逐渐在云南这个边远省份涌动起来。

① 《政治官报》第1214号，宣统三年二月二十日，第3页。
② 《与闻外官制之专员》，《申报》1911年8月25日。

第六章　昆明—贵阳：新旧鼎革

　　1911 年 10 月，武昌起义爆发，一场剧烈的政治革命随即在全国范围内展开。这场革命不同于中国历史上的历次改朝换代，它打破了维系 2000 多年的专制帝制，试图根据近代民主政治的原则来重构一种全新的国家体制。当然，新旧制度的转换远非一时之力即可完成。在剧烈而复杂的变革过程中，许多人都面临着如何做出选择的难题。作为末科进士、立宪先锋，熊范舆积极顺应时代趋势，暗中赞助革命，亲历共和肇基，参与民初政党政治。及至时局稍定之际，他终于选择了回归家乡，效力桑梓。

一　辛亥剧变前后的选择

1. 暗助云南革命

　　武昌起义 20 天后，云南即告光复，是西南各省中率先独立的省份。

　　云南的反清革命酝酿已久。早在 1904 年，昆明就出现了"誓与满清偕亡"的反清组织誓死会。[1] 1905 年，同盟会在东京成立，不少滇籍留学生，如唐继尧、李根源等都加入其中[2]，之后成立了同盟会云南支部，吕志伊任

---

① 邹鲁：《云南光复》，中国史学会编：《中国近代史资料丛刊·辛亥革命》（六），第220页。

② ［日］实藤惠秀：《中国人留学日本史》，第343—344页。

支部长。① 他们回国后在云南创办各类革命团体，还创立了《云南》杂志，结合云南实际，宣传反满革命，同时也揭露英、法等国的侵略行径。1908 年，为响应孙中山等人发动河口起义，云南留学生杨振鸿二次归国，联系同志发动保山起义，但因准备不周而事败。此后，同盟会的工作重心转向发动新军，云南同样如此。

清末新政期间，各省纷纷编练新军，云南也编成第十九镇。编练新军首先需要培养军官，云南讲武堂由此设立。李根源任监督②，他积极延揽在日本士官学校留学的同学，比如唐继尧、罗佩金、李烈钧、方声涛、沈汪度、庾恩旸、李鸿祥、顾品珍、刘存厚、谢汝翼等人，都在此时进入讲武堂任教官，他们几乎都是同盟会会员。受他们影响的讲武堂学生，毕业后又在云南新军及巡防营中任职。到后来，云南新军中从协统（旅长）到队官（连长），大部分都是曾经留学日本或者国内军事学校毕业的学生。③

1911 年初，李经羲疑惧总督署参议靳云鹏专权任私，遂召李根源、罗佩金入见，请其推荐军事人才。罗力荐蔡锷。蔡锷本来就是李经羲任广西巡抚时引进的人才，此时广西"驱蔡风潮"日甚，蔡锷遂决意赴滇，之后担任云南新军第三十七协协统。关于蔡锷的调任，后来有人认为熊范舆也曾参与其事。④

作为立宪派的先锋，此时在云南的熊范舆，对全国形势的变化也有所觉察。蔡锷是梁启超的学生，而熊范舆与梁启超也是具有共同立宪理想的同志。后来有人回忆说，"当时总督衙门的总文案熊范舆是梁党，他（蔡锷）有熊作内助，更可放手做事。"⑤对于蔡锷等人的革命谋划，熊范舆并不一定完全赞成，但也并不反对，而是在总督李经羲面前多方回护。云南讲武堂学生、后来曾任护国军第一军参谋的祝鸿基回忆：

① 杨维真：《唐继尧与西南政局》，台北学生书局1994年版，第20页。
② 李根源：《雪生年录》，台北文海出版社1966年版，第33页。
③ 禄国藩：《辛亥革命前后有关云南史实三则》，《云南文史资料》第1辑，1962年，第122页。
④ 邓汉祥：《对"戴戡驻川始末记"的补正》，《四川文史资料选辑》第11辑，1979年，第244页。
⑤ 邓汉祥：《护国讨袁前后的蔡锷》，引自全国政协等编《护国讨袁亲历记》，文史资料出版社1985年版，第114页。

蔡锷、李根源、罗佩金、李鸿祥、谢汝翼、唐继尧等，与其他讲武堂专任教官顾品珍、刘祖武等十余人，时集密议革命之策略。时靳（云鹏）、钟（麟同）、王（振畿）、曲（同丰）等倾陷革命党人，不遗余力，如罗佩金、谢汝翼、李鸿祥、唐继尧、韩凤楼、沈汪度、刘存厚等，皆被谮于李经羲，欲撤其职，既得总文案魏家骅及熊范舆、刘显治阴为维护，又经蔡锷力为解释，乃免。至于讲武堂，乃系团结西南革命力量之核心，不仅被靳、钟、王、曲等从中构谮，即提学使叶尔恺亦进谮于李，谓："讲武堂多革命党，虑大伤人。"当时盛传讲武堂将解散，幸得总办李根源任劳任怨，运用灵活手腕，多方维护，又顾得总文案魏家骅及熊范舆、刘显治等阴为维护，于是李经羲信而不疑。①

黄花岗起义失败后，同盟会会员夏思痛奉命来到云南，与讲武堂教官和学生取得联系，力求沟通云南各革命派系，以便统一行动。有人向李经羲告密，幸亏熟识的熊范舆、刘显治、戴戡等人"为他多方辩护弥缝"，李经羲才没有追究。②

随熊范舆一同入滇的张忞，经由熊范舆推荐，出任云南两级师范国文教员，更因熊范舆的介绍，与李经羲、蔡锷、李根源、唐继尧等人都建立了良好的关系，蔡锷还曾为他做媒。他在学校中鼓吹革命，提学使叶尔恺向李经羲举报其"叛逆"，幸而熊范舆为他回护，李经羲遂让张忞暂时离滇。张忞来到兴义，客居于王文华、窦居仁、何辑五等人家中。云南光复后，熊范舆发电报邀其来昆明。张忞到昆明后，被蔡锷聘为幕宾。③

就熊范舆个人而言，他与立宪、革命两派都保持着良好的关系。特别是在清廷愈加令人失望，自上而下的改革已不可得，革命风潮一天胜似一

① 祝鸿基：《陆军第十九镇及云南讲武堂》，全国政协文史资料研究委员会编：《辛亥革命回忆录》第3集，文史资料出版社1981年版，第390—391页。
② 殷选青：《冲寒破萼启春阳——记辛亥革命志士、爱国诗人夏思痛》，湖南省桃江县政协文史资料研究委员会编：《桃江文史资料》第1辑，1984年，第53页。
③ 吴雪俦、张泗：《贵州辛亥革命先行者张忞事略》，《贵州文史资料选辑》第10辑，1981年，第153—154页。

天之时，转向革命并非不可，也不违背其追求立宪国家的理想。这种情况，在清末民初鼎革之际的立宪派人士中所在多有。辛亥革命得以成功推翻清王朝的统治，革命派的冲锋陷阵、流血牺牲当然是主要原因，但立宪派的支持也起到了极为重要的作用。

辛亥昆明重九起义，据当代学者研究，"是除首义的湖北之外，独立各省革命党人组织的省城起义中，战斗最激烈，代价也最巨大的一次"①。但作为一场目标在于制度鼎革的政治革命，此次起义过程中成功者对待失败者的方式却并不决绝。提学使叶尔恺被俘，官兵们准备将其枪决，但李根源下令保护，送其从河口出境。顾品珍表示反对，李根源解释说："当此起义军初起，人心惶惑，宜不念旧恶，准其一体自新，方是军政府正大光明之态度，杀叶一人何益？"②

曾经参与重九起义的孙种因回忆说，起义发生时，李经羲的眷属躲藏在幕僚陆邦纯家，后来熊范舆和李经羲的长子李国筠，均被巡查者在陆宅搜获。③这种说法有一定的可能性，不过并不能表明熊范舆当时已成为被革命的对象。相反，他正是革命派努力保护的对象之一。

蔡锷对于革命可能导致的破坏性后果早有防备。熊范舆、刘显治等人都是难得的有用之才，而且是暗中赞助自己的朋友，但这些内情毕竟只有自己和少数革命首领所知。熊范舆并没有加入同盟会组织，公开身份依然是总督幕僚，革命爆发后，难免将被视为革命对象遭到冲击乃至遇害。即使对于总督李经羲本人，蔡锷也颇费踌躇，"论公他是清朝的封疆大吏，理属革命对象，论私他对自己确有知遇和保护之恩"。为此，蔡锷曾在起事之前陪同熊范舆、刘显治等人参观巫家坝新军营房，让他俩对起义即将爆发的形势有所思想准备。最后布置行动任务前，蔡锷亲自草拟一函，派人即刻送给熊范舆、刘显治，要他们"速为李督及其全眷准备临时移避办法"，并切实叮嘱各部队进攻总督署时务必"留意保护"。④熊范舆避于陆家，可

---

① 章开沅、林增平主编：《辛亥革命史》下册，人民出版社1981年版，第145页。

② 《记云南起义》，李根源著、李希泌编校：《新编曲石文录》，云南人民出版社1988年版，第236页。

③ 孙种因：《重九战记》，第241、246页。

④ 曾业英：《护国主将蔡锷》，朱信泉主编：《民国著名人物传》第1卷，中国青年出版社1997年版，第351—352页。

能正是受了蔡锷的嘱托去保护李经羲的眷属。蔡锷、李根源找到李经羲后，将其接至五华山临时军政府住了几天，之后根据其意愿礼送出境，派兵一路护送至河口。

熊范舆、刘显治等人虽然没有直接参与实际的革命行动，但作为督署中的重要人物，他们对革命派的支持和暗中掩护不能忽视。正因为此，以蔡锷为都督的云南军政府成立后，刘显治担任了参议院副院长兼临时议会特派议员，熊范舆则先任军政府秘书处秘书[①]，后来又兼任法制局局长。[②]

2. 亲历民国肇基

千年帝制既被推翻，国会、宪法、选举、政党政治等新的机制遂被引入，民主共和制度开始了步履蹒跚的成长过程。这是中国数千年文明史的重大转型。作为末科进士、立宪先锋，熊范舆亲历并参与了这一过程，在民国最初创建史上留下了自己的烙印。

武昌起义后不到一个月，全国大部分省份均宣告独立，组成中央政府和中央议事机构迫在眉睫。1911 年 11 月 9 日，湖北都督黎元洪通电各省，11 月 11 日，江苏都督程德全、浙江都督汤寿潜、上海都督陈其美亦通电各省，邀请各省派遣代表，共商建立中央政府之事。之后几经磋商，多方达成一致意见，11 月 30 日，在武汉召开了"各省都督府代表联合会"。12 月 2 日，会议通过了《中华民国临时政府组织大纲》，赋予各省都督府代表会议以临时立法机构的性质，并决议中华民国临时政府设于南京，各省都督府代表会议也迁往南京继续举行。12 月 29 日，17 省代表齐聚南京，选举孙中山为临时大总统。

贵州省在收到鄂、苏、浙各省都督电文后，曾经选出蔡岳、平刚、乐嘉藻为代表。[③]但蔡、乐二人"因事滞留"[④]，任可澄和刘显世遂以贵州军政府

① 周钟岳：《惺庵日记》，谢本书等编：《云南辛亥革命资料》，第224页。另见孙种因《重九战记》，第252页。

② 《致各省都督电》（1911年11月19日），曾业英编：《蔡松坡集》，上海人民出版社1984年版，第84页。

③ 韩义义：《民国初年贵州省的国会议员略述》，《贵州档案》1991年第4期。

④ 周素园：《贵州民党痛史》，《贵州文史资料选辑》第4辑，1980年，第48页。

名义电告蔡锷，请其在云南委派黔籍人士出任代表，军政府内主管行政的周素园对此亦无异议。①1911 年 11 月 19 日，蔡锷遂致电各省都督：

敝处迭接贵州军都督府枢密院来电，商派敝都督府法制局局长兼秘书官熊范舆、参议院副院长兼临时议会特派议员刘显治，充当贵州派赴沪、鄂会议全权委员，请代给委任状凭文等因，除给状启，并复由贵州军政府通电外，特此电闻，以便接洽。②

于是，熊范舆和刘显治离开昆明，先至武汉与黎元洪会面，后又前往上海、南京，以贵州代表的身份出席各省代表会议，亲历了共和肇基的部分过程。

上海《民立报》驻南京通讯员刘星楠根据自己当时的旁听记录，记载了各省代表会的出席情况。各省代表会议流转不定，杂乱无章。出席者的头衔最初是"各省都督府代表"，但尚未成立军政府省份的则由咨议局派出，比如河南、直隶。后来根据临时政府组织大纲，要求各省都督府派遣 3 名参议员，组成临时参议院；由各省咨议局派出者，仍称某省代表，可以列席参议院。但在临时参议院未成立前，仍由各省代表会代行其职权。③

1912 年 1 月 22 日，贵州代表刘显治、熊范舆抵达南京。当天出席会议的代表有 20 人：凌文渊（苏）、常恒芳（皖）、汤漪（赣）、王有兰（赣）、文群（赣）、赵士北（先代表赣后代表粤）、刘彦（湘）、张伯烈（鄂）、时功玖（鄂）、陈承泽（闽）、潘祖彝（闽）、张一鹏（滇）、段宇清（滇）、刘显治（黔）、熊范舆（黔）、周代本（川）、赵世钰（陕）、李磐（豫）、谷钟秀（直隶）、吴景濂（奉天）。临时大总统孙中山委托秘书长胡汉民紧急提交与北方议和的五项条款：（一）清帝退位，由袁世凯同时知照驻京各国公使，电知民国政府；（二）袁世凯须宣布政见，绝对赞成共和主义；（三）大总统接到外交团通知清帝退位布告后，即行辞职；（四）大总统辞职后，

① 邓汉祥：《对任可澄的点滴回忆》，《贵州文史天地》1996年第4期。
② 《致各省都督电》（1911年11月19日），曾业英编《蔡松坡集》，第84页。
③ 刘星楠：《辛亥各省代表会议日志》，全国政协文史资料研究委员会编：《辛亥革命回忆录》第6集，中华书局1963年版，第252—253、254页。

由参议院另举袁世凯为临时大总统；（五）袁世凯被举为大总统后，须誓守参议院所定之约法，乃能接受事权。胡汉民报告完毕，全体代表经过讨论一致通过。①

1月23日，出席会议的代表共20人：凌文渊、常恒芳、汤漪、王有兰、赵士北、刘彦、时功玖、陈承泽、潘祖彝、张一鹏、段宇清、刘显治、熊范舆、谷钟秀、周代本、赵世钰、李肇甫、吴景濂、林森（先赣后闽）、王正廷（鄂）。

1月24日，出席会议的代表共21人：凌文渊、常恒芳、汤漪、王有兰、文群、赵士北、刘彦、张伯烈、时功玖、潘祖彝、段宇清、刘显治、熊范舆、谷钟秀、周代本、赵世钰、杨廷栋、吴景濂、林森、彭允彝（湘）、景耀月（晋）。然而，由于贵州政坛的内部矛盾，熊范舆、刘显治陷入了一场尴尬。当天，会议主席报告：

> 贵州代表熊范舆、刘显治，前由云南都督蔡锷代给委任状，委派二人到院。刻贵州都督杨荩诚续委平刚、文崇高二人，本院应承认熊、刘二君出席，抑承认平、文二君出席，请公决。②

代表们表决的结果是，承认平刚、文崇高二人出席。于是，从1月25日开始，贵州代表换成了平刚、文崇高。1月28日，临时参议院正式成立。贵州代表依然是平刚、文崇高二人。当时报纸报道：

> 临时参议院于二十八日开成立会，由孙大总统及各部总长到院行开院式，观者甚众。惟议员每省定额三人，而贵州竟多派二人……因与定额不符，不得已就各员委任状审查其正当与否，以定去留。后经查觉，贵州议员中熊范舆及刘某之委任状，均系云南都督代印，无代表贵州权，二君亦愿退职，毫无异议。③

---

① 刘星楠：《辛亥各省代表会议日志》，第258页。
② 同上。
③ 《时报》1912年1月30日。

　　由此可见，熊范舆、刘显治亲历了共和肇基过程，不过只出席了三次会议，在临时参议院正式成立之前即已退出。

　　1912年4月，临时参议院从南京移至北京，每省参议员名额增至5人。4月22日，贵州省议会正式成立。4月29日，选出熊范舆、刘显治、陈国祥、陈廷策、姚华5人为临时参议员。5月18日至6月12日，姚华、刘显治、陈国祥、陈廷策相继抵达北京出席临时参议院会议，平刚、文崇高即退出，不再担任临时参议员。不过，贵州新选出的5名临时参议员中，唯独熊范舆没有出席过北京临时参议院的任何活动。[①]临时参议院第48次会议速记记录显示，1912年7月29日上午，"议长报告，贵州参议员熊范舆已过法定20日之期限，尚未到院，照院法，应咨请该省另行选派"[②]。

　　1913年4月8日，中华民国第一届国会正式开会，5月1日，贵州省议员陈国祥当选为众议院副议长，其他如塞念益、姚华、刘显治、牟琳、陈廷策等黔籍人士，此后也长期在北京担任国会议员。此时，熊范舆仍然与国会中的许多同乡、原立宪派同人保持着密切联系，不过已经退出了直接的议政活动。

3. 参与政党政治

　　熊范舆退出了临时参议院，但没有退出全国政治舞台。借助于早年经历所构筑的人际网络，他在较长时期内一直保持着与全国政坛的联系，积极参与了民初的一系列政党政治活动。

　　1912年1月16日，黎元洪、谭延闿等24人在武汉发起成立民社，后迁往上海，并在北京设立京津支社。熊范舆与汪荣宝、吴景濂、恒钧等人，均列名为京津民社社员。[③]大致与此同时，严修、籍忠寅等人组织成立国民协进会，会员有范源濂、吴鼎昌、塞念益等人。根据台湾学者张玉法先生

---

①　薛恒：《北京临时参议院参议员人数及变动考辨》，《江苏社会科学》2011年第1期。

②　《政府公报》第111号，1912年8月19日，第9页。

③　宗方小次郎：《关于中国的政党结社》（1912年报告），引自汤志钧编著《乘桴新获——从戊戌到辛亥》，江苏古籍出版社1990年版，第250—251页。

研究，熊范舆也参加了早年恩师发起的这一组织。①

1912 年 5 月 9 日，由民社、统一党、国民协进会、民国公会、国民党（由康有为的国民宪政会改组而来，非由同盟会改组而成的国民党）等组织合并而成的共和党在上海正式成立。到会者 1000 余人，张謇担任临时主席，选出理事 5 人，干事 54 人，重要成员包括张謇、章炳麟、伍廷芳、熊希龄、汤化龙、范源濂、孟森、蹇念益等人，以及黎元洪（任理事长）、蒋尊簋、朱瑞、程德全等地方都督。后来又设置交际员 126 人，作为该党重要干部，"其职掌为介绍党员，鼓吹党义，及本党与他党各社会之联络"。②此外，党内又设立政务研究会，任务是"研究各种政治问题，为共和党发展政见作预备"③。熊范舆在共和党内担任了交际员，同时也是政务研究会调查委员。④

1913 年 5 月，共和党、统一党、民主党合并组成进步党，黎元洪挂名理事长，实际领袖为梁启超，汤化龙、张謇、伍廷芳、蒲殿俊等人为理事。熊范舆、戴戡、任可澄、陈国祥、蹇念益、姚华、刘显治、陈廷策、张协陆等贵州人士也随之加入该党，熊范舆、戴戡、任可澄、张协陆担任参议，陈廷策则为教育科副主任。⑤通过这些名单可以发现，进步党与清末的立宪派实际上一脉相承。虽然中国已经通过一场革命实现了形式上的立宪，但真正的宪政并非一日之功即可奏效。正因为此，进入民国以后，梁启超等人依然在为宪政这一目标而持续努力。

4. 襄助蔡锷治滇

1912 年短暂的沪宁之行后，熊范舆返回昆明，继续在云南都督蔡锷手下服务。蔡锷所起草的著名的"五省军事联合计划"，熊范舆即曾经参与其

---

①　张玉法：《民初国会中的保守派政党》，"中华民国建国"文献编辑委员会编：《中华民国建国文献：民初时期文献》第二辑，史著一，台北"国史馆"2001年版，第421页。

②　饶怀民整理：《共和党资料选》，中南地区辛亥革命史研究会、武昌辛亥革命研究中心编：《辛亥革命史丛刊》第8辑，中华书局1991年版，第178页。

③　张玉法：《民初国会中的保守派政党》，第425页。

④　饶怀民整理：《共和党资料选》，第186—188页。

⑤　《进步党本部职员名单》，转引自别琳《保守政党与民初政治：进步党的政治参与及其与国民党的互动》，四川大学历史文化学院博士学位论文，2006年，第232—233页。

事。① 不过，他在云南所任职务更多的还是与财政有关。

云南军政府成立后，采取了一系列财政改革措施。历史上，云南财政长期以来都靠内地资助，各省上缴中央转拨受助省份的饷银，称为"协饷"。经过改革，云南没有产生赤字，反而向中央政府提供了20万元的资助。② 这与蔡锷的总体擘划和熊范舆等人的具体工作分不开。

1912年10月，北洋政府财政部正式设立财政调查委员会，"派员视察各省财政"。经过同属梁启超阵营的财政总长熊希龄推荐，熊范舆被任命为云南财政视察员。③ 熊希龄的推荐意见是："[熊范舆]留学东瀛，专习财政，学有根底，富于经验，堪以派往云南调查财政。"④

熊范舆作为财政视察员的工作成果之一，是帮助蔡锷厘清税制改革思路。1912年12月12日，蔡锷致电大总统袁世凯及各省都督，提出及早实施分税制的建议：

> 吾国财政，疲惫已极，长此因循，前途何恃！窃谓吾国非贫之为患，而整理非策之为患，非瘠之为患，而开发无术之为患。整理之道，一划分税则之意见，一统一收入之机关，二者并行，乃能交济。尔者部派视察员熊范舆到滇，陈述中央意见，并承副总统电征各省同意，均以先行分析国家税、地方税及设立国税厅为至当不易办法。敝省极表赞成。伏恳大总统毅然主持，迅交参议院议决实行，俾财政基础早得一日稳定，即早免一日动摇。百凡庶政，庶可进行无滞。⑤

根据这一思路，熊范舆参与了云南国税厅的筹备工作。1913年1月10日，袁世凯发布命令，任命各省国税厅筹备处处长，熊范舆为云南国税厅

---

① 曾业英编：《蔡锷集》，第928页。

② 谢本书：《讨袁名将——蔡锷》，兰州大学出版社1997年版，第81—82页。

③ 《财政部为派各省财政视察员名单呈暨大总统批》，引自中国第二历史档案馆编《中华民国史档案资料汇编·财政》，凤凰出版社1991年版，第1220—1221页。

④ 《派熊范舆调查财政令》，周秋光编：《熊希龄集》第2册，湖南人民出版社2008年版，第683页。

⑤ 《致袁世凯及各省都督电》，引自曾业英编《蔡锷集》，湖南人民出版社2008年版，第794页。

筹备处处长，张协陆为贵州国税厅筹备处处长。^①当年2月，云南国税厅筹备处正式成立。^②

国税厅是主管全省财政大权的政府机构，也是省内各方力量角逐的重点。熊范舆作为外省人担当此任，难免卷入复杂的地方利益纠葛。1913年4月，云南省议会公开致电北京的大总统、国务院、参议院和众议院，明确反对任命熊范舆为云南国税厅筹备处处长，并且指责熊范舆曾经在清朝末年串通滇省铁路公司经理吴琨，挪用铁路股银16万两投资个旧锡矿，一直没有归还，在辛亥云南光复过程中又假借军政府命令，从锡务公司勒取公款10490余两。^③云南籍国会议员孙光庭等人还在北京参议院向政府提出书面质问。孙光庭的质问书后由参议院咨送大总统，下发财政部核查。财政部于是电函云南都督兼省长蔡锷，要求确查此事。

经过一番调查，蔡锷分两次回复财政部：（1）熊范舆、戴戡等人确实以锡务公司相关资产作为抵押，从滇省铁路公司借贷16万元投资锡矿。铁路公司设有汇兑处，"原司放款生息"，也就是专门从事资本借贷业务。后来铁路公司催还贷款，熊范舆等人本已在贵州筹借了16万元，归集于贵州银行，正准备用于还款，但当时贵州军政府财政支绌，遂从贵州银行将这笔现款"借"去配发军饷，导致熊范舆所借滇省铁路公司的款项未能按时归还。在蔡锷看来，熊范舆等人的行为只是正常融资，不属于挪用，未能按时还款"系有特别可原之理"。（2）锡务公司公款一事的实际情形是，辛亥光复之际，熊范舆身兼锡务公司董事，当时革命党人龚到甫来云南"运动革命"，得知有熊范舆经手之款存放于该公司，于是"率兵挟熊到公司，将存款提出"。至1912年10月，熊范舆已将自己经手的矿务公款如数解缴云南省政府实业司。^④

蔡锷与熊范舆一样，对于云南人而言都是外省人。当时地方观念十分深厚，蔡锷以外省人主政云南，自然能够感受到本地力量对自己的牵制。

---

① 《中国大事记》，《东方杂志》第9卷第8号，1913年2月，第36页。
② 云南省地方志编纂委员会编：《云南省志·卷十二·财政志》，云南人民出版社1994年版，第14页。
③ 《滇议员吁恳撤销熊范舆》，《申报》1913年4月26日。
④ 《熊范舆免官原因》，《申报》1913年6月11日。

看来他对熊范舆很信任，也需要熊范舆这样的人才来支持自己的工作。但熊范舆为了表示清白，却选择主动辞去云南国税厅筹备处处长一职。[①] 不过，他并没有从云南财经事务中完全脱身，几个月之后，又被财政部派任为调查币制委员，负责云南地区的币制调查工作。[②]

二　并不安定的家乡

1913年年底，西南政局发生了很大变化。执掌云南军政大权的蔡锷，在复杂的国内、省内政治形势下选择了离滇入京，随后被大总统袁世凯授予一些闲职。跟熊范舆一同宦游于滇的那些贵州乡党，有的北上入京寻找新的个人机会，也有的选择返回贵州。而在贵州，与熊范舆关系密切的原立宪派同人，以及地方实力派刘显世等，已开始执掌省政大权。形势的变化，加上考虑到母亲年事已高，"不宜久游异乡"[③]，熊范舆最终决定回归家乡。不过，与他十年前离开时相比，此时贵州的政治生态已经发生了很大变化。这种环境，对他生命中最后八年的经历将产生决定性的影响。

1. 辛亥前夕贵州政坛的分野

辛亥前夕，贵州政治格局主要表现为自治学社和宪政预备会两大派系的分野。过去多认为自治学社为革命派，宪政预备会为立宪派，实则并非如此判然两分。[④] 两派的对立，与其说是立场之争，不如说是利益和权力之争。

清末立宪运动过程中，贵州立宪精英逐渐集结，形成了以唐尔镛、任可澄、华之鸿等人为首的一个圈子。该群体又被称为"贵族派"，属于这个圈子的，省内有陈廷棻、何麟书、徐天叙、黄禄贞等，留学日本的有蹇念

---

① 《命令》，《申报》1913年6月10日。
② 《专电》，《申报》1913年11月4日。
③ 《熊母黄太夫人行述》，1946年。
④ 参见刘毅翔《略论贵州自治学社与宪政预备会》，《辛亥革命与近代中国——纪念辛亥革命八十周年国际学术讨论会论文集》，中华书局1994年版。

益、陈国祥、姚华、熊范舆、刘显治等。[1]

唐尔镛（？—1912），字慰慈，举人出身，1904年授内阁中书，其祖父唐炯官至云南巡抚，曾经督办云南矿务十五年。任可澄（1879—1946），字志清，号匏叟[2]，出生于世宦之家，祖父为翰林，1903年中举，次年与唐尔镛同授内阁中书，供职期间曾赴日本考察教育，后丁忧回籍，1905年出任贵州学务参议。[3]任可澄为人雅量，连站在相反立场的人都不得不承认，他"对老幼贵贱一主于和"[4]。华之鸿（1871—1934），字延厘，其父曾助丁宝桢、唐炯整理盐政，其叔则任四川官运盐局总办。华之鸿在贵州管理家营盐业，成为贵州首富，人称"华百万"。民国年间"茅台"酒声名鹊起，也与他的善于经营有关。[5]其他如陈廷棻、黄禄贞、徐天叙、熊范舆、姚华、刘显治等人，或有功名，或是留学生，均是贵州社会的中上层人物。

清末贵州新式教育的发展，是该群体产生和壮大的重要契机。1905年，贵州巡抚林绍年让徐天叙办理公立师范传习所，徐认为自己资格不够，因而请由京返黔的唐尔镛出任贵州师范传习所监督。唐尔镛掌管了全省小学师资的培训，得以树立自己在全省小学中的影响。[6]1906年，唐、任、华三人呈请开办贵州通省公立中学堂，该校得到政府和上层士绅大力支持，经费充足，很快成为当时贵州最有影响力的学校。[7]1907年，学部令贵州新办一所优级师范选科学堂，巡抚庞鸿书又将此事委托给唐尔镛负责。

唐、任、华等人努力经营贵州新式教育事业，在省内的影响也日益提升。后来唐尔镛出任贵州教育总会会长，任可澄出任黔学会会长，华之鸿则成为贵州商务总会会长。以他们为核心，逐渐形成了后来贵州宪政预备

[1] 冯祖贻、顾大全：《贵州辛亥革命》，贵州人民出版社1981年版，第65—66页。
[2] 李双璧：《任可澄》，朱信泉、宗志文主编：《民国人物传》第7卷，中华书局1993年版。
[3] 何静梧：《世人难忘的任可澄先生》，《贵阳市文史资料选辑》第29—30辑，1990年，第38页。
[4] 万大章：《辛亥革命时期贵州人事之歌泣杂感》，贵州省独山县政协文史研究组编：《独山文史资料》第3—4辑，1985年，第72页。
[5] 刘毅翔编著：《贵州辛亥人物传稿》，第334页。
[6] 周春元主编：《贵州近代史》，贵州人民出版社1987年版，第109页。
[7] 张彭年：《辛亥以来四十年间贵州政局的演变》，《贵州文史资料选辑》第1辑，1979年，第77页。

会的雏形。1907年7月，思想上倾向于唐、任的农学会会长于德楷在贵阳创办《黔报》，这份报纸后来由任可澄等人主持，成为宪政预备会的舆论阵地。

在此过程中，唐尔镛等人还积极与在日本留学的贵州籍人士联系。1907年9月，唐尔镛直接致函姚华、熊范舆等人，希望他们返回贵州帮助办学：

> 前接重光惠函，猥以俗冗，久稽裁答。时从《中国新报》中，得读重、铁两兄近作。宏识伟抱，阐专门之学理，示政府以方针，吾国一线之希望，皆出诸君子之赐……"贵州者，贵州人之贵州也"……地理僻陋，不可不谋开通之；经济疲滞，不可不谋调和之。至于教育，关系前途死生存亡，尤不可不视为要务。
>
> 鄙人有要求于公等三事：
>
> 一、优级师范选科众意属西河（即毛邦伟——引者，下同）……
>
> 一、学务公所议长拟公举颍川（陈国祥）……
>
> 一、教育总会、地方自治研究会，重光（姚华）、铁岩（熊范舆）、季常（蹇念益）三君中必得二人返驾指导组织……
>
> 惟内地人才缺乏，颇有难于支柱之势。公等修学之暇，倘亦有欲贡献于父老，指陈于桑梓乎？敢希毋吝邮费，时惠弘篇，于大局不无裨益……①

不过，熊范舆等人此时正忙于在京津地区发动国会请愿运动，并未应邀立即返回贵州。

随着立宪运动的深入，清廷谕令设立各级民意机构，筹划地方自治。官立贵州法政学堂教员张百麟、张秉衡等所谓"寒士派"认为时机已经成熟，计划组织团体，参与政治，借此提高自己的社会地位。经过细密筹划，并得到贵州巡抚庞鸿书批准，1908年10月，自治学社召开正式成立大会，法政学堂教员张鸿藻任社长。该组织以"预备立宪、催促立宪"为宗旨，宣称"仰体国家预备立宪之苦心"，"赞助地方自治之实行，达国家自治之

---

① 周素园：《为唐慰慈致姚重光、熊铁岩、陈敬民、蹇季常、毛子龙函》（1907年），《周素园文集》，贵州人民出版社1994年版，第528—529页。

清末留学日本的贵州籍精英，其中有熊范舆的幼弟熊继成（前排右一）、亲家戴戡（前排左三），以及早年同窗陈廷策（前排左二）、徐天叙（后排左二）、张协陆（后排中）。

希望"，政府立宪则"赞襄之、协助之"，政府无意立宪则"启发之、请祷之"，"以缩短中国立宪之时期"。[①]1909 年 7 月，自治学社创办《西南日报》，作为自己的舆论阵地。[②]因为标榜"平民主义"，自治学社得到了广大"寒士"即中下层知识分子支持，发展较为迅速。

1908 年，经平刚等人介绍，自治学社整体加入同盟会，成为后者在贵州的分支机构。不少论者据此将自治学社定性为革命派的组织。不过，此举只是在自治学社与同盟会之间建立了某种联系，自治学社的宗旨并未改变。1908 年国会请愿运动期间，周素园为学社起草的请愿书这样说："革命之根株固未尝净绝也"，"如痈疽然，毒不尽不止"，"去毒之至计，莫如改善政治"，"实行代议制度，使人民参与其间"，"议院既开，宪法既布，改善政治之结果，不难应时而立见。革命虽家至户说，其谁听之？此所谓战胜于朝廷也"[③]。1910 年，立宪派发起第三次国会请愿运动，自治学社亦推举

① 侯宜杰：《二十世纪初中国政治改革风潮——清末立宪运动史》，第108—109页。

② 胡刚：《贵州辛亥革命的亲历和见闻》，《贵州文史资料选辑》第10辑，1981年，第27—28页。

③ 周素园：《贵州民党痛史》，《贵州文史资料选辑》第4辑，1980年，第33页。周素园此文亦收入《中国近代史资料丛刊·辛亥革命》（六），但这份请愿书则被有意删去。

请愿代表入京。1911 年，自治学社社长钟昌祚及主要成员张泽钧、彭述文前往北京，加入了宪友会、宪政实进会、辛亥俱乐部等立宪派组织。① 可见，自治学社虽然形式上加入了同盟会，但在很长一段时间内，其理念和行动都不脱离立宪派的轨道，并积极与全国立宪派保持联系。②

自治学社和宪政派之间虽然有矛盾，但最初表面上还是互相周旋，直到二者争夺教育基金时，双方终于公开决裂。③

当时唐、任、华等"贵族派"控制了全省的学田、学产，丁公祠、昭忠祠、雪涯洞等公地亦为其所有。唐尔镛作为教育总会会长，更是大权在握。他们主持的三所官办学校经费充足，其他私立学校则处境艰难，使广大中下层知识分子感到不平。为了打破这一垄断局面，自治学社于 1909 年召开会议，柬请唐尔镛出席，提出划分教育基金的议案。但唐尔镛表示拒绝，仅答应一次性拨给白银 1200 两，导致自治学社派大为不满。

两派之间展开了一系列斗争。围绕这一年发生的唐尔镛家族内部丑闻，各以《黔报》、《贵州公报》和《西南日报》为舆论阵地，针对对方成员的文字错误、名誉问题乃至私生活小节相互攻讦，最后唐尔镛被迫出走。④ 随后，贵州教育总会、商务总会、农务总会进行改组，自治学社均取得了实际控制权。贵州咨议局选举，自治学社又大获全胜，获得大多数议席。

宪政派为打击自治学社，在新任云贵总督李经羲面前构陷张百麟和周素园为革命党人。李经羲到贵阳后，贵州庞鸿书向其说明两派斗争的由来，李经羲遂不再追究。张百麟主动谒见李经羲，向李阐述自己的主张。李经羲颇为所动，嘱托庞鸿书酌量予以录用。张百麟由此厕身政界，甚至一人身兼七职。此后，自治学社其他重要人物亦多进入政坛任职。⑤

宪政派屡次失败，感到有必要加强组织。1909 年 10 月，宪政预备会在

① 侯宜杰：《二十世纪初中国政治改革风潮——清末立宪运动史》，第111页。
② 参见刘毅翔《略论贵州自治学社与同盟会贵州分会》，《辛亥革命史丛刊》第6辑，中华书局1986年版。
③ 丁尚固、刘友陶：《宪政派活动片段》，《贵阳文史资料选辑》第2辑，1981年，第73—74页。
④ 冯祖贻、顾大全：《贵州辛亥革命》，第75—76页。
⑤ 同上书，第79页。

贵阳成立，任可澄出任会长，陈廷菜任副会长。成立大会上，任可澄宣称该会"系政治团体"，"以预备立宪为范围"①。宪政预备会得到了贵州当局的支持，在省外的立宪派人士熊范舆等人也为之声援。②过去以唐、华、任为中心的精英群体，大多加入了这一组织。

宪政预备会成立之后，仍然不断与自治学社冲突。之前陷害张、周两人不成，遂迁怒于贵州巡抚庞鸿书和巡抚文案兼巡警道贺国昌，安排御史弹劾二人。结果庞鸿书开缺，贺国昌留职察看。③新任巡抚沈瑜庆有鉴于此，对宪政派多有拉拢，对自治学社则有所排斥。④

考察宪政预备会和自治学社两个组织，它们的政治诉求并无本质区别，都是以促请立宪为目标。两派的对立和斗争，与各自的社会地位有关。两派之外的赵德全注意到，"宪政多贵绅，自治多寒士，以此之故，意见日深，时有冲突"⑤。自治派领袖人物张百麟、黄泽霖又是外省人，无法打入贵州上层社会，故而与基层社会联系较多。不过，两派之间斗争虽然激烈，但也存在着互相联系的渠道。蔡岳、乐嘉藻、周恭寿、彭述文等人，"宗旨虽与自党相近，关系则与宪党较深"⑥。他们在双方之间调和斡旋，是贵州独立前后两派合作的桥梁。

2. 辛亥贵州光复及其乱象

自治学社成立后，素与哥老会人士有来往的张百麟积极与全省哥老会取得联络，进而通过哥老会分头联系新军、陆军小学堂、巡抚卫队和巡防营。辛亥革命前夕，贵州全省府、州、厅、县共64个行政单位中，自治学社已在47处设有分社，社员据称达14000余人，一说多达10万人。⑦几十个

---

① 《申报》1909年12月30日。

② 侯宜杰：《二十世纪初中国政治改革风潮——清末立宪运动史》，第112页。

③ 刘莘园：《辛亥革命老人刘莘园遗稿》，刘一鸣、龙先绪整理，贵州人民出版社2003年版，第257页。

④ 冯祖贻、顾大全：《贵州辛亥革命》，第79—80、85页。

⑤ 《赵德全复黎元洪电》，张国淦编著：《中国近代史资料丛编：辛亥革命史料》，香港大东图书公司1980年版，第225页。

⑥ 黄济舟：《辛亥贵州革命纪略》，《贵州文史资料选辑》第7辑，1981年，第27页。

⑦ 杨维真：《唐继尧与西南政局》，台北学生书局1994年版，第52页。

分社中，至少有19个分社负责人是哥老会成员。[①]以各地哥老会为基础的五路巡防营也已成立，由黄泽霖统一负责，成为自治学社掌握的重要武装力量。[②]自治学社拉拢哥老会，是因为哥老会在基层影响巨大，并且具有破坏威力；哥老会愿意与自治学社合作，则有借机提高社会地位的考量。这种功利性的结合，为贵州光复后的公口林立、社会失序埋下了伏笔。

辛亥革命前夕，贵州省内除了宪政派和自治学社，还有两种重要的政治力量，即清末旧官绅和地方团练。由于政治地位相近、人际网络相互交迭，他们与自治学社较为疏离，而与宪政预备会趋于联盟。

旧官绅集中于贵阳，代表人物有郭重光、钱登熙等人。郭重光（1856—1920），字子华[③]，举人出身，与张弨为连襟[④]，与陈国祥为姑表之亲。曾任常熟知县、安徽皖南道兼芜湖海关监督，1907年返回贵阳，与省内缙绅耆老结交，成立所谓"转转会"（轮流做东之意），与任可澄、何麟书、陈廷策、张协陆等人联系密切。宪政派在与自治学社派的斗争中处于劣势，需要以郭重光为代表的绅耆群体的支持。郭重光由此逐渐成为影响贵州政局的重要人物。[⑤]

地方团练的代表则是兴义刘氏。关于刘氏家族的崛起，本书第一章已有交代。刘官礼年迈，刘显世逐渐继承了其在兴义经营多年的地盘和势力，当上了兴义团防局局董[⑥]，后来又担任兴义劝学所总董。其弟弟刘显治与熊范舆、陈国祥、姚华关系密切，留日返国后成为云贵总督李经羲的幕僚。其堂兄弟刘显潜则追随广西巡抚沈秉坤，由边防军督带升为省防军统带。

① 朱崇演：《黔故札记》，贵州省史学会近现代史专业委员会，2004年，第64页。
② 周春元：《辛亥革命时期的贵州哥老会》，贵州省史学学会、贵州省社会科学院历史研究所、贵州省政协文史资料研究委员会等合编：《纪念辛亥革命七十周年学术讨论会文集》，贵州人民出版社1982年版，第101—105页。
③ 贵州省博物馆编：《贵州省墓志选集》，1986年，第211—212页。
④ 吴雪俦、张沺：《贵州辛亥革命先行者张弨事略》，《贵州文史资料选辑》第10辑，1981年，第156页。
⑤ 邓庆棠：《郭重光与贵阳耆老会》，《贵阳文史资料选辑》第8辑，1983年，第70—74、80页。
⑥ 熊宗仁：《刘显世》，谢本书主编：《西南十军阀》，上海人民出版社1993年版，第114—115页。

　　另外，刘显世又通过多方牵线，与唐尔镛结为儿女亲家。①以地方军事实力为后盾，刘氏家族逐渐建立起庞大的政治关系网，在西南地区的影响日益突出。1909 年李经羲赴任云贵总督途中，特意绕道兴义拜访刘官礼，并恭维说："不意贵州有统老其人，竟有如此韬略！"②

　　武昌起义爆发后，贵州当局极为惶恐。任可澄向巡抚沈瑜庆提出，贵州"常备军、征兵营皆不可恃，惟刘显世家世忠良，宗旨正大，宜速电兴义，俾募土著五百人，星夜来省，以资捍卫"③。他还建议由郭重光组织城防局，成立保安军一营。沈瑜庆采纳了这些建议。刘显世领命后，即率 500 人徒手赶赴贵阳。郭重光也获得政府所发枪械装备保安营，沈瑜庆还授意他组织一个"自保会"，以延缓贵州革命的爆发。④

　　革命还是爆发了，打响第一枪的是新军和陆军小学。沈瑜庆见大势已去，不得不交出巡抚印信。1911 年 11 月 4 日，贵阳光复，成立大汉贵州军政府，各界推定新军教官兼陆军小学总办杨荩诚为都督，新军队官赵德全为副都督；次日成立枢密院，张百麟任院长，周素园出任行政总理。

　　革命爆发前夕，自治、宪政两派已达成谅解。当时，宪政派控制最严的通省公立中学堂全体学生 200 人集体加入自治学社，任可澄等人大受打击。之后由蔡岳等人居中调和，两派主要人物及部分中间派于 11 月 1 日集会，达成妥协。军政府成立后，任可澄、陈廷棻、华之鸿等人亦在其中任职。⑤

　　与主要依靠新军起义实现独立光复的云南不同，贵州的独立光复由自治学社、新军合力完成，军政府成立时又有宪政派参与，各方之间的矛盾和冲突从一开始就难以避免。军政府内部，除了自治派与宪政派的暗中对立，杨荩诚为首的新军亦被自治学社所排斥。后来自治学社甚至"决心诛除杨氏"，杨荩诚不得已，将新军二、三标合编为一混成协，以援鄂北伐的

①　冯祖贻：《兴义刘氏家族与近代贵州政治》，《贵州文史丛刊》1984年第4期。
②　《贵州军阀刘显世发家史》，《贵州文史资料选辑》第3辑，1979年，第192页。
③　周素园：《贵州民党痛史》，《贵州文史资料选辑》第4辑，1980年，第62页。
④　冯祖贻、顾大全：《贵州辛亥革命》，第106页。
⑤　同上书，第98、104、112页。

名义率黔军出省。①一省都督被迫远离本省，这在辛亥光复各省中绝无仅有。杨荩诚出走后，都督一职由赵德全代理。

军政府内部纷争不断，宪政派的势力却在暗中发展。如前所述，刘显世带领徒手兵500人赶往贵阳，行至安顺时贵阳已然反正。刘显世进退失据，派王文华到贵阳活动。王文华过去在贵阳求学时，与自治学社中人交好，此时又有蔡岳等人协调，加上张百麟希望借助刘显世的力量压制新军，故而允许刘显世进城，并给其军政府枢密员和军事股主任的职位。刘显世的部队领到军械，被编为新军第四标，刘显世任标统，王文华、袁祖铭分别担任正、副管带，驻于贵阳城外九华宫。②

贵州迅速光复，郭重光先前筹备的"自保会"未及成立即流产。由于省内秩序混乱，他与任可澄商量，准备号召省内缙绅耆老组成"耆老会"，以民众代表自命，建立各种外围机构，大量吸收会员。③此外，他还呈请军政府接收自己创立的保安营。经过刘显世的运作，张百麟表示同意④，于是该营成为又一支受宪政派掌控的合法武装。

军政府内部权力纷争不休，贵州社会秩序也变得混乱。此前自治学社鼓励哥老会发展，宪政派和耆老会为了抗衡，也创设"斌汉公"、"大汉公"等公口，以帮会形式笼络人心。巡防营都统黄泽霖同样仿照哥老会办法，创设"光汉公"，自任大龙头，与所辖官兵结为兄弟。⑤一时间，贵州"省内公口开设凡数百处，汉刘势力，侈然伸张，一泻千里，有不可复遏之势……上自都督，下至微职，以及军队大小职官，无一非公会中人"⑥。哥老会分子在各地公开活动，"腰佩刀剑，招摇过市。弄得人心惶惶，居民不敢

① 范同寿：《试论贵州军政府中革命派的内部斗争》，贵州省史学学会、贵州省社会科学院历史研究所、贵州省政协文史资料研究委员会等合编：《纪念辛亥革命七十周年学术讨论会文集》，贵州人民出版社1982年版，第155页。
② 胡刚：《贵州辛亥革命的亲历和见闻》，《贵州文史资料选辑》第10辑，1981年，第43—44页。
③ 邓庆棠：《郭重光与贵阳耆老会》，《贵阳文史资料选辑》第8辑，1983年，第75页。
④ 周素园：《贵州民党痛史》，《贵州文史资料选辑》第4辑，1980年，第64页。
⑤ 欧阳恩良：《辛亥光复后的西南政局与袍哥兴衰》，《史学月刊》2011年第7期。
⑥ [日]平山周编著：《中国秘密社会史》，河北人民出版社1990年版，第174页。都督赵德全亦加入"光汉公"，级别反而在黄泽霖之下。

脱衣而睡，不知大祸几时临头"。① 对于这种情况，连同盟会人士也认为，张百麟"联络哥老，专擅跋扈，本宜加以制裁"。②

3. 民初贵州政坛的血腥开端

面对政坛纷争和社会失序，宪政派与耆老会密商所谓"弭乱安民之策"。他们针对张百麟、黄泽霖采取了暗杀行动，即"二·二"事件。由华之鸿出钱，王华裔出面，宪政派收买了黄泽霖部下谭德骧、唐灿章二人。1912年2月2日晨，被买通的巡防营数十人闯进黄泽霖住地，将其枪杀并肢解。③ 另有保安营一部围攻张百麟住宅，张乘隙逃走。④

因为自身实力不足，宪政派与耆老会决定借用外援。恰好此时与蔡锷关系密切的戴戡返回贵州，给他们提供了机会。戴戡随熊范舆入滇后，经其推荐，出任个旧锡业公司经理，贵州光复前后，因为父亲去世而返回家乡。他来到贵阳后，目睹混乱情形，颇感不满，遂与任可澄、刘显世等人在郭重光家会商。⑤ 他们最后决定，由戴戡以贵州父老之名义，效仿申包胥做"秦庭哭"，回昆明请求蔡锷派兵入黔平乱。⑥

戴戡、周沆抵达昆明时，云南军政府正拟派唐继尧率军出滇北伐，援助四川、湖北革命。对于戴戡的请求，蔡锷最初"以北伐为重，又以事涉嫌疑"，没有答应。⑦ 戴戡、周沆进而解释说，滇黔两省唇齿相依，贵州革命形势不稳，云南也难以安定，甚至临近的湖南、四川都会受到影响。此外，

---

① 张彭年：《辛亥以来四十年间贵州政局的演变》，《贵州文史资料选辑》第1辑，1979年，第84页。

② 漆运钧：《致同乡唐公柔书》（1912年4月11日），转引自刘毅翔编著《贵州辛亥人物传稿》，第50—54页。

③ 周素园：《贵州民党痛史》，《贵州文史资料选辑》第4辑，1980年，第69—70页。

④ 丁尚固、刘友陶：《宪政派活动片段》，《贵阳文史资料选辑》第2辑，1981年，第77—78页。

⑤ 张彭年：《辛亥以来四十年间贵州政局的演变》，《贵州文史资料选辑》第1辑，1979年，第85页。

⑥ 阮俊斋：《贵州辛亥革命前后的几点回忆》，《贵州文史资料选辑》第1辑，1979年，第112—113页。

⑦ 《援黔篇》，曾业英编：《蔡松坡集》，1984年，第180页。

正在上海的熊范舆、刘显治，听闻贵州光复后的乱象，也向蔡锷游说。① 经过贵州人士的陈请，加上蔡锷本身也有意掌控西南地区大局，最终同意唐继尧率军改道贵阳，帮助平定贵州政局。

1912 年 3 月初，唐继尧率军抵达贵阳。赵德全不做抵抗，微服出走。② 滇军、宪政派、耆老会以及刘显世为代表的地方实力派合作夺取了贵州政权，唐继尧被推举为贵州临时都督，戴戡、任可澄为都督府左右参赞，刘显世任军务部长，周沆任政务部长，郭重光任参议部长。③ 蔡锷以为贵州乱局已经初定，遂将此消息电告在上海的熊范舆和刘显治。④

然而，滇军入黔名为平乱，实则加剧了贵州政坛的血腥气息。新政权严厉镇压哥老会，自治学社派人士也纷纷遭到杀戮。赵德全自以为对方意在夺权，自己既已交出政权，大约即无性命之忧，于是"萧然物外，日从父老钓游"，但仍然被枪杀。⑤ 钟昌祚也被捕杀，脖子上砍了十余刀。对于不肯归附的新军、巡防营和地方武装，更是绝不手软，甚至在螺蛳山组织集体屠杀，一时间"尸积成丘，血流被道，至今民间号螺蛳山为万人坑云"⑥。还有人提议捕杀前政府要员周素园、乐嘉藻、彭述文、李泽民，被郭重光婉言劝阻。⑦

暂驻湘西的北伐黔军与逃散在外的自治派人士联合发动了"驱唐运动"，但在蔡锷的支持和在京贵州籍国会议员陈国祥、刘显治、蹇念益等人回护下，唐继尧不仅未被驱逐，反而在 1912 年 4 月被正式任命为署理贵州都督兼民政长。后来北伐黔军被滇军歼灭，流亡在京的自治派人士亦被袁世凯下令通缉，唐继尧的地位愈加巩固。⑧

1913 年 9 月，云南都督蔡锷被袁世凯调往北京，离开前推荐唐继尧回滇主政。袁世凯表示同意，下令唐继尧署理云南都督，同时将贵州都督降

① 李根源：《雪生年录》，第46页。
② 周素园：《贵州民党痛史》，《贵州文史资料选辑》第4辑，1980年，第74页。
③ 冯祖贻、顾大全：《贵州辛亥革命》，第163页。
④ 《致熊范舆刘显治电》，曾业英编：《蔡松坡集》，1984年版，第380页。
⑤ 周素园：《贵州陆军史述要》，《贵州文史资料选辑》第1辑，1979年，第76页。
⑥ 冯祖贻、顾大全：《贵州辛亥革命》，第166—168页。
⑦ 周素园：《贵州陆军史述要》，《贵州文史资料选辑》第1辑，1979年，第77页。
⑧ 杨维真：《唐继尧与西南政局》，台北：学生书局，1994年，第73—74页。

格为护军使，由刘显世接任；戴戡任民政长，后改称巡按使。①

民初以来贵州以刺杀、血洗为特征的军政权力转移，特别是1912年"二·二"事件和此后的一系列血腥事件，呈现了一种你死我活、斩尽杀绝的权力更迭模式。不同于中央层面和部分省区那种我上你下，下台即止，甚至礼送出境的温和模式，比如清帝退位仍享殊遇、云南光复时蔡锷礼送原总督李经羲出境，这种血腥模式更加彻底，同时也更加残酷。通过这一模式，以刘显世、戴戡、郭重光为代表，由地方实力派兴义刘氏、宪政派精英以及旧官绅结合而成的军政集团，在民初贵州政坛迅速崛起，夺取了全省的大权。

正是在这种血雨腥风的环境和多变的形势下，熊范舆回到了贵州。刘显世集团夺权崛起之时，熊范舆还在外省，没有直接参与贵州省内血腥的权力斗争。然而，自治学社一方在权力更迭中失败并且惨遭屠戮之后，当时就指责熊范舆与刘显世等人均为罪魁祸首，"逞强权蔑公理，直接间接以荼毒黔人"②。立场稍缓的同盟会人士，也认为新政府妄杀过甚，批评"唐、刘、熊之罪不可逭"③。也就是说，由于与刘显世军政集团有着密切的联系，熊范舆很难完全置身于家乡的政治旋涡之外。1913年回到贵州以后，他直接卷入地方政局，后来又长期担任刘显世的秘书长，成为贵州政坛重要人物，同时也更加难以摆脱当时贵州暴戾的政治生态的阴影。七年之后，熊范舆在新一轮血腥的权力斗争中最终丧生，实与这一原因有关。

---

① 贺梓侨：《北洋政府时期的贵州政局》，《贵州文史资料选辑》第6辑，1980年，第116、120页。

② 《贵州之血腥录》，《贵州文史丛刊》1981年第3期。

③ 漆运钧：《致同乡唐公柔书》（1912年4月11日），转引自刘毅翔编著《贵州辛亥人物传稿》，第50—54页。

第七章　贵阳（1）：政坛波谲

民国初期是一个风云变幻的时代，个人往往会不由自主地被时代潮流裹挟其中。袁世凯作为民国首任正式大总统，最终竟然复辟帝制，引发了一场护国运动。这场运动从滇黔首先发难，一度改变了西南地区的政治格局，但不久即无奈归于平寂。已经回归贵州的熊范舆同样经历了这次复杂的政治旋涡，他以后的人生命运，也因为这次运动的发展和收束而发生了转折。

一　反袁护国

反袁护国运动的力量，主要包括中华革命党、欧事研究会、原进步党和北洋派的离心将领。原进步党人的反袁护国斗争以梁启超为核心，以蔡锷、戴戡等人为骨干，以西南地区的云、贵两省为基地。熊范舆没有直接参加军事行动，但作为梁启超、蔡锷阵营的重要成员，同时也是贵州政坛上的重要人物，他也参加了这场斗争的策划、推动过程，并且出力甚多。

1. 云南首义

梁启超在民国初年曾经一度支持过袁世凯，据他自己的说法，是"想带着袁世凯上政治轨道，替国家做些建设事业"。① 然而袁世凯就任总统后，

---

① 丁文江、赵丰田编：《梁启超年谱长编》，第701页。

护国运动前后熊范舆的亲家戴戡（左）与蔡锷（中）、王伯群（右）合影

由于时代背景、个人野心以及个别政客的推波助澜，逐步走上了帝制自为之路。当年曾与梁启超、熊范舆积极鼓吹立宪的"亲密战友"杨度，此时也作出了迥异于早年的政治选择，不遗余力地为袁世凯称帝奔走呼号。1915年元旦，袁世凯正式登基践祚，改元"洪宪"，恢复帝制。这种态势，与原立宪派同人的宪政理想有着根本冲突。以时代先锋自任的梁启超，无论是出于一直以来所追求的政治理念，还是出于实际的政治利益，都必须率先起来反对袁世凯称帝。

1915年8月20日，梁启超发表《异哉所谓国体问题者》一文，公开表明了自己的立场。此后，进步党多位要人也表达了类似的态度。如参政院院长黎元洪坚辞副总统，拒绝出席参政会议；农商总长张謇辞职返回家乡南通；教育总长汤化龙辞职赴沪；熊希龄离京返湘。梁启超则暂留京津，策划反袁之策。

梁启超推动反袁斗争，对西南地区非常重视。1915年11月18日，他写信给籍忠寅、陈廷策、熊范舆、刘显治等云贵地区的政治同道，动员他们积极行动起来。他在信中强调：

> 吾侪自命稳健派者，失败之迹，历历可指也。曾无尺寸根据之地，惟张空拳以代人呐喊，故无往而不为人所劫持，无时而不为人所利用。今根基未覆尽者，只余此区区片土，而人方日觊觎于旁。当此普天同愤之时，我若不自树立，恐将有煽而用之假以张义声者。①

---

① 《致籍亮侪、陈幼苏、熊铁厓、刘希陶书》，梁启超：《盾鼻集》第一册，《函牍》第二，商务印书馆1917年版，第13页。

与此相应，曾任云南都督、在西南地区颇有声望的蔡锷，以及来自西南地区的许多同人，比如戴戡、王伯群、陈国祥、蹇念益等，都积极参与了梁启超反袁大计的谋划。

蔡锷奉调入京后，袁世凯先后委任他为陆军部编译处副总裁、经界局督办、陆海军大元帅统率办事处办事员、政治会议议员、参政院参政。这些职务虽然不如一省都督那样手握实权，但也算是袁世凯核心机关的成员。蔡锷原本对这些职务较为热心，但袁世凯的帝制自为和卖国行径终于使他猛醒。1915年8月以后，蔡锷频繁前往天津密会梁启超等人。他还与卸任即将来京的贵州巡按使戴戡联系，等待贵州方面来人商讨反袁计划。①戴戡接到蔡锷电文后，随即与刘显世亲信王伯群赶赴京津。临行前，戴戡曾约集刘显世、熊范舆、张协陆、张彭年等人到家密商，并编秋密电码一本，以备大局有变时蔡、戴与贵州之间通讯联络。②

1915年11月初，戴戡一行抵津，与蔡锷、梁启超等人举行秘密会商。这次天津密会，决定了反袁斗争的基本策略。梁启超回忆说：

> 后此种种军事计划，皆彼时数次会议之结果也。时决议，云南于袁氏下令称帝后即独立，贵州则越一月后响应，广西则越两月后响应。然后以云贵之力下四川，以广西之力下广东，约三四个月后可以会师湖北，底定中原，此余与蔡、戴两君之成算也。③

会上还决定，由蔡锷、戴戡潜回云南发动起义；梁启超、汤觉顿赴上海、两广，策动东南各省独立；陈国祥、蹇念益则留在京、津活动。

天津密会之后，王伯群携带蔡锷致唐继尧亲笔信，以及梁启超草拟的起义所需的一系列通电、檄文，先行南下，经香港、越南入滇，12月14日抵达昆明。④蔡锷则与唐继尧、刘显世等人密电往还，互通声气，派人赴西

① 冯祖贻：《护国战争爆发前的天津密会》，《贵州文史丛刊》1985年第4期。
② 张彭年：《辛亥以来四十年间贵州政局的演变（续一）》，《贵州文史资料选辑》第2辑，1979年，第42页。
③ 丁文江、赵丰田编：《梁启超年谱长编》，第729页。
④ 王守文：《王伯群与护国运动》，《贵州文史天地》1996年第2期。

南各省积极筹划，并将反袁计划函告黄兴。11月11日，蔡锷摆脱了袁世凯的严密监视，由北京乘火车赴天津。他与戴戡身穿礼服，在天津拍摄了一张合影，表示"失败就战死，绝对不亡命，成功就下野，绝对不争地盘"①。之后，戴戡径赴香港，蔡锷则以就医为名，绕道日本再至香港与戴戡会合，然后经由河内，最后于12月19日抵达昆明。②

此时，唐继尧在云南已经有所准备。他原本对袁世凯持两面态度，一方面虚与委蛇，另一方面与蔡锷保持密切联系，交换对时局的意见。③ 在一些中下级军官推动下，他的反袁态度逐渐明朗。1915年9月至11月间，唐继尧召集过3次秘密军事会议，制订了用兵计划，准备将滇军一、二两师合编为一军，分为三个梯团，以罗佩金为军长，率部出川；邓泰中、杨蓁担任第一梯团第一、第二支队长，借剿匪为名向川边移动。④

12月21—22日，蔡锷、唐继尧主持召开军事会议，到会者包括李烈钧、戴戡、熊克武、王伯群、任可澄、罗佩金等数十人，决议云南独立。⑤12月23日，唐继尧、任可澄联衔向袁世凯发出"漾电"，要求其取消帝制，惩办祸首，并且限时答复，否则将武力解决。⑥次日，蔡锷、戴戡又联名向袁世凯发出"敬电"，要求其"明令永除帝制"。⑦两份电报发出后均无答复，唐、蔡诸人遂于12月25日通电全国反对帝制，并宣布云南独立。

1916年元旦，护国军政府成立，唐继尧任都督，戴戡、任可澄分别担任左、右参赞，庾恩旸为军务厅长，陈廷策为政务厅长。⑧继而组成护国军，蔡锷任第一军总司令，率三个梯团攻向四川，目标分别是叙府、泸州、重

① 毛注青、李鳌、陈新宪编：《蔡锷集》，湖南人民出版社1983年版，第369页。

② 丁文江、赵丰田编：《梁启超年谱长编》，第727页。

③ 杨维真：《唐继尧与西南政局》，第104—106页。

④ 杨维真：《唐继尧与西南政局》，第113—114页；谢本书、冯祖贻、顾大全、孙代兴、高光汉：《护国运动史》，贵州人民出版社，1984年，第119—120页。

⑤ 顾大全：《试论云南护国起义》，载西南军阀史学会编《西南军阀史研究丛刊》第3辑，云南人民出版社1985年版，第310页。

⑥ 谢本书、冯祖贻、顾大全、孙代兴、高光汉：《护国运动史》，第148—149页。

⑦ 庾恩旸：《云南首义拥护共和始末记》上册，文海出版社1917年版，第23页。

⑧ 谢本书、冯祖贻、顾大全、孙代兴、高光汉：《护国运动史》，第152—153页。护国军政府之名称，在当时的文电中并不完全统一，有"云南都督府"、"中华民国护国军政府"、"云南护国军政府"等不同称谓。

庆；李烈钧为第二军总司令，率两个梯团攻向两广；唐继尧兼任第三军总司令，坐镇后方策应；挺进军一部，黄毓成为司令，相机行动。为促使贵州独立，另由戴戡率护国军一部，1月2日开拔，向贵州进发。

2. 贵州响应

贵州当局对于护国反袁斗争的爆发有一定思想准备。蔡锷离津南下之前，曾与戴戡同发密电一通，说明脱险过程和赴滇意图。贵州当局收到此电后，即在护军使署召开秘密会议，与会人员有刘显世、刘显治、熊范舆、张协陆、张彭年、李映雪、熊其勋、何麟书、王文华、蔡岳、陈廷棻、吴绪华等人。众人计议贵州军事力量薄弱，仅有步兵六团及护军使署警卫营，决定由张彭年至兴义，会同刘显潜招兵一团，加紧训练。①

然而，由于多方面的原因，刘显世集团的政治态度稍显微妙。首先，贵州与湘、川接壤，一旦独立，将立即面临两面夹攻。其次，贵州省内军队数量既少，武器装备也不精良，战斗力较弱。第三，省内部分中上层人士对护国反袁并不热心。② 最后，袁世凯派心腹龙建章接替戴戡任贵州巡按使，对刘显世构成了一定掣肘。作为地方领袖，从个人和地方利益出发，刘显世在做政治选择时都不得不格外谨慎。于是，他表面上对袁世凯持顺从态度。③ 云南首义后，王文华、吴传声等人力劝刘显世立即响应，他也未置可否。④ 他还摆出"双方调处，委曲求全"的姿态，鼓吹"滇军、北军，均不入黔"⑤。由于这种表面顺从态度，袁世凯封刘显世为一等子爵，封刘显潜为一等男爵，及至龙建章迫于反袁形势逃离贵州后，刘显潜又被任命为贵州巡按使，设行署于兴义。⑥

---

① 张彭年：《辛亥以来四十年间贵州政局的演变（续一）》，《贵州文史资料选辑》第2辑，1979年，第42—43页。

② 参见邹国彬《护国战争期间的贵阳社会动态》，《贵州文史资料选辑》第2辑，1979年，第141页。

③ 曾业英：《刘显世与护国战争》，《近代史研究》1988年第3期。

④ 不少学者认为刘显世与王文华对于是否反袁护国曾经大起冲突，而所用材料多来自周素园《贵州民党痛史》。贵州护国起义时，周并不在省内，其说法颇可商榷。

⑤ 李希泌、曾业英、徐辉琪编：《护国运动资料选编》，中华书局1984年版，第349页。

⑥ 曾业英：《刘显世与护国战争》，《近代史研究》1988年第3期。

随着民间反袁呼声的高涨，特别是戴戡率领护国军即将到来，促使刘显世最终下定了决心。当时龙建章已准备逃离贵州，要刘显世全权处理局势。刘显世遂召部属开会，会上有人建议刺杀戴戡①，但绝大多数人都主张欢迎戴戡入黔，最后商定由张彭年赶赴兴义迎接。②

1月24日，戴戡顺利抵达贵阳，次日在护军使署内梅园召开会议，与会者有戴戡、王伯群、刘显世、郭重光、熊范舆、张协陆、张彭年、何麟书、王文华、熊其勋等十余人。会议由刘显世主持，先由戴戡报告云南起义经过，并要求贵州出兵，否则由云南派兵接管贵州政府。之后王伯群发言，同意戴戡意见。郭重光随即发言，他认为袁世凯势力庞大，贵州人穷地僻，护国固属正义行为，反对北洋政府就要慎重。之后王文华发言，要求立即起兵反袁。郭、王两人言辞激烈，形成了面对面的交锋。会议最后决定，事机紧迫，必须立即宣布独立，独立日期及办法另行决定。③1月26日，又在贵州省议会举行欢迎戴戡等人大会，刘显世、王伯群、熊范舆、何麟书、李映雪等人出席。戴戡在会上发表了慷慨激昂的演说，听者不断鼓掌。④

1月27日，贵州正式宣布独立，"反对帝制，永护共和"，发布了《独立通令》、《安民告示》、《讨袁世凯檄文》等一系列文告。之后设立都督府，刘显世任都督，兼管军、民两政，委任熊范舆为都督府秘书长，何麟书为民政厅长（次年改设为政务厅），张协陆为财政厅长，胡曜为军法局长，李映雪为军警局长，王伯群、吴绪华、陈廷棻分别担任东、中、西三路刺史。

贵州独立，壮大了护国讨袁的声势。蔡锷将滇黔护国军改编为护国军滇黔联军（即护国第一军），自任总司令。1月28日，蔡锷、唐继尧、刘显世联名任命戴戡为护国第一军右翼总司令，下辖东路、北路黔军。戴戡率北路黔军出黔北，攻綦江；王文华将黔军第一、二、三团合编为护国黔军

---

① 周素园后来撰文称，劝刘显世刺杀戴戡者为熊范舆（《贵州民党痛史》，《贵州文史资料选辑》第4辑，1980年，第105页）。综合考察熊范舆的政治立场、与戴戡的密切关系及其在护国运动前后的表现，即知这种说法并不可靠。

② 吴雪俦：《贵州响应护国起义前的内部斗争》，《护国文集》编辑组：《护国文集：护国起义七十周年学术讨论会论文选集》，河北教育出版社1988年版，第224页。

③ 吴雪俦：《贵州响应护国起义前的内部斗争》，第225—226页。

④ 吴志兰：《"讨袁"中的黔中刺史吴绪华》，《贵州文史》2005年第2期。

东路支队，自任司令兼第一团团长，向湘西进军。①

在梁启超、岑春煊等人运作下，广西陆荣廷也于3月15日宣告独立，滇、黔、桂三省联为一气，形成反袁同盟。同时，列强不再支持袁世凯称帝，冯国璋、段祺瑞等北洋将领亦离心离德。内外交迫之下，袁世凯不得不宣布撤销帝制，复称总统。随后，护国运动演变为民国成立后的第一次南北分立。南方独立各省组成护国军军务院，唐继尧任抚军长，刘显世、陆荣廷、龙济光、岑春煊、戴戡等人为抚军，梁启超为抚军兼政务委员长。袁世凯连受打击，终于忧惧而亡，黎元洪宣誓继任大总统。7月14日，唐继尧宣布撤销军务院，南北统一，民国体制恢复，护国运动结束。

从现有的记载来看，作为梁启超阵营的重要成员，熊范舆部分参与了事前的谋划。云南首义后，他又积极推动贵州响应。刘显世集团举行的历次重要会议，熊范舆都参与其中。龙建章出走前夕，熊范舆建议刘显世以"出师攻滇"的名义向袁世凯要求军饷接济，结果袁世凯汇来30万元的第二天，贵州即宣布独立。②当时黔军第二团团长彭文治对于反袁护国态度暧昧，一面写信给王文华表示赞成讨袁，一面又写信给刘显世称拥护"中立"政策。熊范舆在与王文华闲聊时，提到了彭文治的为人。王文华随后在进军途中看到彭文治宣传"中立"的布告，又得知其与北方阵营有所接洽，遂果断将其撤职。③

二 西南乱象

经过护国运动，以梁启超为核心，以蔡锷、戴戡为骨干的全国性政治圈子在西南地区的势力大涨。然而，形势很快发生变化。蔡锷不久病逝，

---

① 顾大全：《贵州护国起义》，《贵州文史丛刊》1984年第4期。

② 贺梓侪：《北洋政府时期的贵州政局》，《贵州文史资料选辑》第6辑，1980年，第121页。

③ 贵州省政协文史资料研究委员会编：《卢焘将军》，贵州民族出版社1992年版，第41页。但据当时在北洋军中任职的刘莘园回忆，彭的文告和致北洋军的信都是"缓兵计"，王彭矛盾实为权力之争（刘莘园著，刘一鸣、龙先绪整理：《辛亥革命老人刘莘园遗稿》，贵州人民出版社2003年版，第253页）。彭文治离开东路黔军后，投往戴戡所率的北路黔军。

戴戡亦旋即败亡，这一圈子在西南地区的优势迅速丧失。形势的急剧变化，对身在贵州的熊范舆也有着重大影响。

1. 戴戡之死

梁启超原本试图以滇、黔为基础，向外扩展力量。他对蔡锷、戴戡评价颇高，认为此二人稳健，顾大局，是当时罕见的"封疆之才"。他积极运作，力争让蔡锷出任四川都督，让戴戡出任湖南都督；戴戡如果当不上湖南都督，至少也要争取出任贵州以外某省省长。梁启超还嘱咐蔡锷，一定要掌握住四川，即使中央有其他任命，也切勿轻易接受。①

1916 年 6 月底，北洋政府果然任命蔡锷为四川督军兼省长。但此时蔡锷的身体状况欠佳。早在离开京津前，他已患上喉疾。此后一路奔波，指挥护国战争，病情愈加严重。进入四川后，由于德国医生诊断用药错误，又染上了不规则的发烧。②得知蔡锷身体实在无法支持，梁启超在上海觅得著名医生，要他离川赴沪就诊。经北洋政府准假，蔡锷偕参谋长蒋百里等人离开成都，后经上海前往日本。11 月 8 日，蔡锷不幸英年病逝于日本福冈大学医院。

蔡锷既逝，梁启超在军事上的唯一期望就是戴戡。蔡锷病重时，梁启超曾让他保荐戴戡，③并亲自向段祺瑞推荐，称戴戡"才具开展而醇洁稳健，实当代有数人才"，要求北洋政府改任其为四川省长、暂署督军。④但北洋政府于 9 月 13 日下令，入川滇军将领罗佩金暂署四川督军，戴戡暂署四川省长兼会办军务。⑤梁启超的计划只得到了部分实现。

戴戡接获任命之后，本应立即赴成都就职，然而此时四川形势却很复杂。护国战争后期，唐继尧大肆扩军，意欲掌控西南地区。袁世凯死后，云南反而不断出兵入川。罗佩金作为入川滇军将领，为唐继尧整体图谋计，

---

① 李希泌、曾业英、徐辉琪编：《护国运动资料选编》，第700、702—703、717页。

② 李丕章：《护国军中见闻二三事》，《云南文史资料选辑》第10辑，1979年，第355—356页。

③ 李希泌、曾业英、徐辉琪编：《护国运动资料选编》，第721页。

④ 同上书，第724页。

⑤ 中国第二历史档案馆、云南省档案馆编：《中华民国史档案资料丛刊·护国运动》，江苏古籍出版社1988年版，第776页。

也为自己私利考虑，不希望戴戡来分割自己的权力。他掀起了"拒戴"风潮，先假借四川民意致电北洋政府，希望改变戴戡的任命；继而拉拢部分政客，挑唆川人反对戴戡；还收买报纸，制造拒戴舆论。戴戡无奈，只好先在重庆宣布就任四川省长。[①]

陆军上将戴戡戎装照

梁启超此前已派川籍同人黄大暹赴重庆，协助戴戡联络川中各界人士。黄大暹与戴戡密商后，先造访嘉陵道尹张澜，转告了梁启超的治川意图，要求四川的进步党同人支持戴戡。川军两名师长周道刚、钟体道都曾隶籍进步党，也希望借助戴戡来牵制罗佩金，表示愿意拥戴。戴戡又任命黄大暹为代理政务厅长，令其至成都试探罗佩金以及川军实力派刘存厚的态度，刘存厚表示欢迎，罗佩金最终交出了省长印信。在多方运筹之后，1917年1月，戴戡率黔军第一混成旅及省政府卫队两营抵达成都任职。[②]这样一来，成都城内罗佩金、戴戡、刘存厚三股力量交织，呈鼎峙之势。

然而，戴戡上任之后，与一度支持过自己的四川地方人士和川军将领发生了矛盾。当时四川各地天灾不断，匪乱猖獗，经济混乱，吏治不靖。为了稳定四川局势，戴戡一面向中央政府告急请款，一面筹立机构，准备彻查地方人士侵蚀铁路股款和盐税的旧账[③]，试图从中挤出款项。与此同时，川军将领熊克武向戴戡提出分割军权，也被戴戡拒绝。于是，四川地方人士和川军将领转而反对戴戡。

戴戡虽然面临困难，但还可以勉力维持。刘、罗之间却因为裁军问题，冲突渐趋尖锐。1917年4月，川军与驻川滇军之间展开了七天的成都巷战，

①　谢本书、冯祖贻主编：《西南军阀史》第1卷，贵州人民出版社1991年版，第207—208页。

②　石体元：《戴戡驻川始末记》，《四川文史资料选辑》第8辑，1963年，第3—5页。

③　李乐伦：《护国之役后四川的动乱局面》，四川省文史研究馆编：《四川军阀史料》第1辑，四川人民出版社1981年版，第97页。

给成都民众带来了巨大损失。省内绅商各界和英、法、日三国领事进行调
停，北京政府亦电令双方停战，并免去罗、刘二人职务。在梁启超等人游
说下，戴戡得以兼代四川督军。①至此，戴戡身兼四川督军、省长、军务会
办三职于一身。

刘存厚经此一战毫无所得，还被免去职务，失望之下决心复仇，并攘
夺戴戡的权力。适值张勋复辟帝制，任命刘存厚为"四川巡抚"。②刘存厚不
敢公然接受，但却受到鼓舞，准备趁政局混乱之机与戴戡一决雌雄。③此时，
驻川各军军饷无着的问题愈加严重，各军均向戴戡索饷。戴戡向中央请求
协助未果，各军遂据地为王，致使戴戡政令难出省府大门。面临如此困境，
戴戡只好与罗佩金联络。双方商定以讨伐叛逆为名，先由黔军解决刘存厚
部驻于成都市内的两个营，再合力进剿驻在凤凰山的刘存厚部队。④

1917年7月，川军、黔军之间的巷战爆发。刘存厚部兵力远超黔军，
双方激战多日，结果黔军伤亡过半，粮弹缺乏，被包围在皇城之内。梁启
超得知戴戡被围，频频发电，嘱其固守待援。但原本有约的罗佩金意图报
复，迟迟不予发兵支援。在各界调停下，双方最后宣布停战，戴戡交出督
军、省长、军务会办三颗印信给省议会，黔军于7月17日退出成都。

然而，当戴戡、熊其勋、黄大暹等人率领余部2000余人撤出成都后，
刘存厚却下令聚歼黔军，将其截为数段。7月21日，戴戡一行在仁寿附近
的秦皇寺遭到川军伏击，黄大暹被击毙，熊其勋化装成民夫，逃至简阳被
俘，押至成都后被斩首。戴戡与护卫逃至小陶家湾后被川军包围，自戕而
亡。⑤其所率一旅黔军几乎全军覆没，仅有数百人得以生还返黔。

成都的两次巷战，是护国战争之后西南军阀间的第一次混战，川、滇、
黔合作对抗北方的局面就此打破。戴戡作为护国功臣，却因权力之争客死

---

① 石体元：《戴戡驻川始末记》，《四川文史资料选辑》第8辑，1963年，第9页。
② 肖波、马宣伟：《四川军阀混战》，四川省社会科学院出版社1986年版，第15页。
③ 李中：《戴戡试评》，《贵州文史丛刊》2011年第3期。
④ 谢本书、冯祖贻主编：《西南军阀史》第1卷，第230—231页。
⑤ 关于戴戡之死，说法不一。有说被川军生擒后杀死，有说当场阵亡，有说自杀。据同行
的周恭寿回忆，戴戡确系自杀（邓汉祥：《川滇黔军阀争夺四川的片段回忆》，《贵州文史天地》
1996年第3期）。后来戴家向刘显世索要戴戡遗体，1918年春滇、黔军重入成都，刘显世即派人寻
找，却遍寻不见（刘莘园：《辛亥革命老人刘莘园遗稿》，第255页）。

异乡，不免令人唏嘘。梁启超、汤化龙等人在北京得到消息，要求严惩刘存厚。唐继尧、刘显世也发出通电，要求惩办刘存厚，否则将出兵会剿。但北京政府只是改派周骏为四川督军，并追授戴戡为陆军上将，拨给1万元治丧费。

戴戡去世后，熊范舆照顾起了他的家人。老友姚华则撰写如下诗文表达悼亡之情：

> 七年世事几霾尘，鬼录纷纷有故新。
> 一觉未酣都督梦，兼官长似广文贫。
> 岂容窃国逃诛伐，不数援黔见苦辛。
> 检点残笺增腹痛，东风瘦尽雀台春。①

这首诗以春秋笔法描绘戴戡弃文从军的形象、参与反袁护国的功绩，并追忆与亡友生前的交往，哀恸之情溢于字里行间。

2. 精英网络的衰微

戴戡的败亡，使梁启超为核心的政治圈子彻底失去了可以掌握的地方军事力量。而在中央层面，这个群体也遭受了挫折。

护国战争结束后，为在国会取得主导地位，贯彻自己的宪政理念，梁启超努力将各地同人组织起来。1916年7月，他电告熊范舆和刘显治称要组织"无形之党"，并嘱咐他们与蔡锷和刘显世协商，请其提供经费。②不久，他再次致电熊范舆和刘显治称："今决组强固无形之党，左提北洋系，右挈某党一部稳健分子，摧灭流氓草寇两派。"③

梁启超组织的这一"无形之党"，就是由"宪法同志研究会"与"宪法案研究会"合并而来的"宪法研究会"。此后，以梁启超、汤化龙为代表的

---

① 《戴循如戡既克葬，讣至哭之》，参见邓见宽选注《姚华诗选》，第74—75页。
② 李希泌、曾业英、徐辉琪编：《护国运动资料选编》，第730—731页。
③ 《致熊铁崖、刘希陶电》（1916年8月21日），转引自潘荣《北洋军阀史论稿》，中国文史出版社2007年版，第60页。电文中所说的"稳健分子"指谷钟秀、张耀曾、李根源等人；"流氓草寇"指中华革命党议员马君武、居正、田桐及孙洪伊为首的韬园系议员。

原进步党人又被称为研究系。

研究系与国民党政团组成的"宪法商榷会"即商榷系，在内阁、制宪、国会体制等问题上争论不休，在对德宣战问题上更是针锋相对。此后北洋政府内部发生"府院之争"，继而引发张勋复辟。在此过程中，梁启超率研究系同人追随段祺瑞反对复辟，张勋复辟失败后，冯国璋就任代理大总统，梁启超及研究系多人成为新任段祺瑞内阁阁员。

然而，皖系军阀不过是以研究系作为打击国民党的工具。梁启超出任段祺瑞内阁财政总长，虽欲实现自己的理财计划，却多方受到掣肘。此外，直系军阀冯国璋与段祺瑞之间又迭起冲突。1917 年 11 月，研究系同人占多数的段祺瑞内阁倒台。

历经政坛波谲，梁启超总算看透了政治的靠不住。心灰意冷之下，他决意退出政坛，并于 1918 年末前往欧洲远游。回国之后，晚年梁启超完全转向了学术研究，不再过问现实政治。研究系的另一名核心人物汤化龙（也是熊范舆的甲辰恩科同年），则于同年 9 月在加拿大温哥华被国民党刺客枪杀身亡。

纵观 1916—1917 年的两年间，以梁启超为核心、以原进步党——研究系为纽带的政治圈子曾经一度兴旺，但随着蔡锷、戴戡相继离世，他们失掉了在西南地区的"势力范围"和军事力量，在中央层面的议会政治中又历经挫折。在文武关系已经易位、法制宪政基础尚未牢固的民初政治格局中，文人精英既失去了传统政治体制下那种主导地位，也难以通过现代的专家治国模式影响国政。之后梁启超远游、汤化龙被刺，这一本就松散的政治圈子更是名存实亡，日渐衰微。

国内政局的这些变化，对远在贵州的熊范舆也有不可忽视的影响。以梁启超为核心的政治圈子的衰落，意味着熊范舆所属的全国层面精英网络的衰微，这将使他的外向进取道路变得更加困难。此后，他与全国层面的政治关联更加疏淡，乃至断绝。他或许已经意识到：自己将来的事业追求乃至人生命运，将更多地与地方军政集团和贵州政局联系在一起。不过在民国前期纷扰多变的形势下，地方环境是否能够为他提供可靠的保障，这一点确实难以准确预知。

第八章 贵阳（2）：实业兴省

经历了全国和地方政治舞台的风云嬗变，熊范舆的心态发生了微妙变化。尽管仍然身处贵州政坛中心，但他对政治的兴趣正在减弱，对"实业救国"道路愈加认同。他出掌中国银行贵州分行，大力提倡蚕桑事业，积极倡兴近代工业，试图改变贵州偏僻落后的面貌。这种"实业兴省"的努力，与当时全国范围内"实业救国"的潮流相互契合。但在民国前期政局动荡、社会失序的大环境下，无论"实业救国"还是"实业兴省"，都是一条异常艰难的道路。

一 发展金融

1. 出掌中国银行贵州分行

辛亥革命后，孙中山批准将大清银行更名为中国银行，这一决定后来又得到袁世凯追认。1912年2月，中国银行正式在上海成立，作为国家银行，受财政部和财政总长的严格监督和管理。[①]

1915年1月11日，中国银行贵州分行（后文简称黔行）正式开业，首任经理为唐瑞铜[②]，随后在安顺、三江设立支行，并在邻近的湖南洪江设立

---

① 中国银行行史编辑委员会编著：《中国银行行史》，中国金融出版社1995年版，第12—16、103页。

② 《贵州中国银行开幕》，《贵州公报》1915年1月11日。参见贵阳市志办《金筑丛书》编辑室编《民国贵阳经济》，贵州教育出版社1993年版，第17页。

"收税处"（后来设立支行）。①黔行得以建立，有一定的政治背景。其时进步党人在第四任内阁中担任重要职务，熊希龄任国务总理兼财政总长，梁启超任司法总长。设立中国银行贵州分行，有助于拓展进步党在贵州的力量。②此外，贵州籍国会议员陈国祥等人也在京积极运作，黔行终于得以开设。③

1915 年 7 月 7 日，由于中国银行重庆分行经理辞职，总行下令唐瑞铜前往重庆接任渝行经理，所遗黔行经理一职暂由营业员孙绍棠代理。考虑到营业员事务较繁，难以两头兼顾，7 月 12 日，总行下令改派黄元操兼代黔行经理。7 月 14 日，总行正式下令熊范舆接任黔行经理。④熊范舆从此一直担任这一职务，直至 1920 年遇刺身亡。

熊范舆长期以研究法政、鼓吹宪政而闻名，现在突然转而担当金融重任，可谓个人事业的一大转变。如前所述，他曾在留学期间参与翻译过日本东亚同文会编撰的经济学著作，亦曾在云南负责过财政方面的工作，不过从未涉足金融业。为何能有如此转变，而且一开始就担当一方重任？最显而易见的原因是，他作为贵州名人，了解地方情况，与当地军政高层关系密切。除此之外，还有两个重要原因。

一是主观因素。进入民国以后，熊范舆关注的重心已逐渐从政治转向经济领域。辛亥革命之后，政治乱象不断，作为一名文化精英，对此未免有些失望。尤其是贵州那种暴力血腥的权力更迭模式，对熊范舆这样的知识分子心理冲击颇大。当时"实业救国"思潮已经蔚为大观，士人领袖梁启超大声疾呼倡导实业，立宪派领袖张謇早已成为著名的"状元实业家"，连熊范舆早年的恩师严修也积极投身于这一潮流。熊范舆对此颇有感触，也希望在政治道路之外，尝试通过实业路径来实现自己的济世安民理想。

二是人际网络因素，特别是梁启超以及两位贵阳同乡唐瑞铜、袁永廉

---

① 贵州省地方志编纂委员会编：《贵州省志·金融志》，方志出版社1998年版，第189页。

② 朱梅六：《贵州金融机构与地方政治关系的回忆》，《贵州省政协文史资料存稿选编》第3卷，2006年，第38页。

③ 中国银行总行、中国第二历史档案馆合编：《中国银行行史资料汇编 上编：1912—1949》第1册，档案出版社1991年版，第701—702页。

④ 《行员进退汇录》（1915年6月16日至1915年7月15日），《中国银行业务会计通信录》第7期，第32、35、36页。

的影响。梁启超本身即具备较为丰富的经济思想，他支持振兴实业，对资本、货币也有较深入的研究。①这一时期，梁启超先后担任北洋政府司法总长、财政总长，并曾出任币制局总裁，对财政、金融事务更加重视。作为一直以来的立宪派—进步党同人，对于熊范舆接任黔行经理及其任上的工作，梁启超自然积极予以助力。

唐瑞铜，又名唐世珩，后人多记载为唐士行，1893 年考中举人，1903 年考中进士，之后入进士馆外班学习，1907 年实授户部员外郎，担任制用司副司长，1909 年派任为河南财政正监理官。②1912 年 6 月，唐瑞铜担任大清银行清理处总办，1912 年 9 月担任中国银行首任总行行长。③他与梁启超、蹇念益等人关系很好，后来亦曾主持中国银行贵州分行的创设并担任首任行长。

袁永廉，字履卿，与熊范舆既是同乡，又是甲辰科进士同年，还是法政大学同学，也曾一同为《法政讲义》丛书编译著作。他回国后历任度支部科员、山西财政监理官，进入民国先后任财政部佥事、山西国税厅筹备处处长、印花税处会办等职，1917 年 12 月任财政部赋税司司长，后曾任司法部次长。④

上述三人与熊范舆私交甚笃，又都曾负责财政工作。特别是唐、袁二人，长期在中央及地方掌理财政金融方面的事务。来自他们的影响，强化了熊范舆对实业、经济的兴趣，同时也为熊范舆转行金融提供了帮助和便利。

2. 中行贵州分行的迅速发展

民国成立后，贵州政局动荡，币制紊乱。军政当局为了筹集经费，发行了多种形式的变相纸币，诸如省长公署发行的"定期有利兑换券"，省财政厅筹饷局发行的"定期兑换券"，贵州银行兑换券、存款券、纳税流通

---

① 叶世昌：《梁启超的经济思想》，《贵阳师范学院学报》1980年第3期。

② 秦国经主编：《中国第一历史档案馆藏清代官员履历档案全编》第8册，华东师范大学出版社1997年版，第435页。

③ 中国银行行史编辑委员会编著：《中国银行行史》，第24—25页。

④ 李盛平主编：《中国近现代人名大辞典》，中国国际广播出版社1989年版，第543页。

券，以及"七天票"、"尾巴票"、"加章黔币"、"墨戳黔币"，等等。①作为军政当局筹措经费的手段，这些纸券其实相当于一种军票，其中后来大多成为废纸，受害的则是普通商民。

贵州银行发行的兑换券就是典型例子。1912年年初唐继尧督黔后，清末成立的"贵州官钱局"改为"贵州银行"，成为贵州省第一个以"银行"命名的专业金融机构，由华之鸿任总理，之后即发行所谓"黔币"。②该券面额分1角、2角、5角、1元、5元、10元六种，背面印着贵州都督唐继尧的谕文，以及五条简章，其中规定这些纸券与现银同价，缴纳丁粮厘金税收、发放官款军饷、商民交易一律通用，各方不得稍有留难，违者加以处罚。③1912年"黔币"发行总额100万元，1913年11月底增至220万元。截至1918年贵州银行停业时，尚在流通的"黔币"金额达260万元。"黔币"市值很不稳定，1913年10月唐继尧离开贵州后曾经降至票面额30%，贵州省财政当局采取平准措施，又多次收回注销一部分，使市值逐渐回升。然而随着贵州政局动荡，"黔币"市值再度下降，直至无法维持。截至1925年3月最终停止流通时，仍有200万元流散民间，一文不值。④

相比之下，中国银行贵州分行（黔行）的发展，显得既迅速又稳健。

黔行筹备时，向中国银行总行领运银元5万元、兑换券400万元，作为营运基金，独立核算，自负盈亏。为适应当时交通不便、运输困难等特殊情况，黔行实行区域管理，所发兑换券一律加盖"贵州"两个红字，限在本省流通。兑换券原有100元、50元、10元、5元、1元五种，由美国纽约钞票公司承印。当时贵州内外交通不便，商业不发达，金融市场容量较小，50元、100元券面值太大，因而没有实际发行使用。实际发行的兑换券（即纸币），票面分为1元、5元、10元三种。其中最常用的1元券，票面为轩辕黄帝肖像与禹王庙图案，背面为深绿色北京中南海图景。黔行严格控制纸币发行总量，规定用于作为兑换准备金的库存现银（包括白银、银元）

① 贵州省地方志编纂委员会编：《贵州省志·金融志》，第34—35页。
② 钱存浩：《民国时期贵州（省）银行的经营管理》，《贵州文史资料选辑》第31辑，1992年，第137—138页。
③ 钱存浩：《贵州的几种历史货币（上）》，《贵州地方志通讯》1984年第3期。
④ 贵州省地方志编纂委员会编：《贵州省志·金融志》，第33—34页。

必须留足 60%，专项保管。至 1915 年底，黔行实际发行纸币 30 万元，市值稳定，信誉良好，持券人可随时向该行及遵义、兴义、毕节、榕江等地代理机构按面额十足兑取银元。至 1920 年年底，黔行纸币发行额达 101 万元（见表 8—1），当时库存准备金现银 60 余万两，约为已发行纸币总额的85%，超过了规定的发行准备金比率。因此，黔行纸币颇受商民欢迎。有些商人及银钱兑换业者，愿以高出票面金额 3%—5% 的价格收换该行纸币转手牟利。[1]

表8—1　　　　　　　中国银行贵州分行1920年经营业绩表

纸币发行（万元）			存款余额（万元）		
黔行	全行	比例	黔行	全行	比例
101	6688	1.5%	130	19625	0.66%
贷款余额（万元）			盈余（万元）		
黔行	全行	比例	黔行	全行	比例
81	17842	0.45%	11.31	420.6	2.7%

资料来源：贵州省地方志编纂委员会编：《贵州省志·金融志》，方志出版社1998年版，第191页。

随着业务的顺利开展，黔行资金规模迅速增长。初始开办时，作为准备金的现银只有 5 万元，十余年后增长了四五十倍。[2]

黔行业务发展迅速，是因为抓住了三个有利条件。一是成立后不久，即取得了代理省金库的业务，使现金容易聚集起来，同时也确立了自己的官方地位，提升了信誉。省金库不是由本地银行即贵州银行代理，而由全国性银行的地方分行代理，这在当时较为罕见[3]，可能既与两家银行的实力有关，也与熊范舆在贵州政坛的影响力有关。当时的基本做法是：各征收机关先将所征税款解交财政厅，再由财政厅按税款性质，分别填写单据缴入省金库；各机关领款，须经财政厅填发支付证书或预付证书，才能赴省

① 贵州省地方志编纂委员会编：《贵州省志·金融志》，第38、190页。
② 赵惠民：《贵州货币流通史话》，《贵州文史资料选辑》第2辑，1979年，第235页。
③ 钱存浩：《民国时期贵州（省）银行的经营管理》，《贵州文史资料选辑》第31辑，1992年，第148页。

金库领取。不过，在军阀统治之下，政局紊乱，财政拮据，各征收机关所征的税款多有被军队截留，难以解到财政厅。能够解缴到财政厅的税款，有的也由财政厅直接配发各机关支领，而不通知省金库入账。[1]

二是服务于工商业的发展。民国初年，贵州工业落后，输出省外的主要是土药（鸦片）、木材及其他土特产，而食盐和工业用品则需要从外省输入。以省会贵阳为例，虽然街道纵横，店铺林立，贸易兴隆，商品经济比较发达，但是市面上与日常生活密切相关的棉纱、布匹等"洋货"，多从沪、粤、川、湘、鄂等省市运进来，本地产品不多。在这种形势下，贵阳部分官绅、商人，纷纷集股投资，兴办工商业。[2]当时贵州只有一些旧式钱庄，只能提供有限的金融服务。黔行成立以后，针对工商业的融资需求，大量开放贷款，获取利润。

三是利用全国各地分行网络，结合跨省大宗贸易的需要，开展商业票据贴现及国内汇兑业务。特别是1919年，第一次世界大战结束后，贵州的跨省贸易（主要为烟土贸易）颇为繁盛。黔行指派专职外勤人员与商户密切联系，与省外联行互通信息，开展汇兑及商业信用票据贴现业务，促进了省内外资金的横向融通。这一时期，黔行从贵阳汇款至上海的汇率为6%，至汉口的汇率为4%，至北京的汇率为5%，汇往省内安顺的汇率为2%。1920年，该行汇出汇款总额为237万余元。异地票据贴现利息与汇费收入，成为该行的重要盈利来源。[3]

3. 动荡环境下的经营困境

在动荡的环境下，作为全国性银行的地方分行，黔行的经营状况深受政治局势的影响。为了保证银行业务的正常运营和发展，分行负责人熊范舆不得不勉力与军政当局之间维持某种平衡。尤其是在政治变乱之时，这种平衡更显得微妙。

---

[1]　贵州省地方志编纂委员会编：《贵州省志·财政志》，贵州人民出版社1993年版，第165页。

[2]　金方隆：《略述解放前后股份公司在贵阳的兴起》，贵阳市南明区政协文史资料委员会编：《南明文史资料选辑》第11辑，1993年，第105页。

[3]　贵州省地方志编纂委员会编：《贵州省志·金融志》，第191页。

应刘显世当局之需，熊范舆执掌的黔行为维持"黔币"市值稳定提供了极大的帮助。在"黔币"市值急剧下滑的情况下，1915年11月，贵州省财政厅以全省屠宰税等收入作为抵押，与黔行签订借款现银150万元的合约，按月拨借给财政厅10万元，作为平衡"黔币"市值的专项基金。通过种种努力，"黔币"1元的市值逐渐提高到8角至9角。直至1918年3月，贵州省财政厅还委托黔行随市收买"黔币"，帮助稳定当地金融市场。[1]

护国战争对熊范舆和黔行是一次巨大的考验。云南宣布独立后，中国银行总行站在中央立场，多次密电黔行将库存现银设法买汇或存放商家，并将库存兑换券截角销毁，[2]还要求黔行不再拨借现银帮助贵州当局稳定地方金融形势。熊范舆既是中国银行系统的分行负责人，又兼任贵州政务厅长（后转任省政府秘书长），未免左右为难。他支持贵州反袁护国，又不愿与北京总行割断关系，于是将不合市场需要、原未实际发行的50元、100元大额面值兑换券截角销毁，对总行其他各项要求则虚与委蛇，未予执行。[3]

熊范舆这种做法用心良苦，但却两头不讨好。在北京方面看来，熊范舆太不听话，因而中国银行致财政部密函中将他视为"著名革党"。[4]而在当地某些人看来，他的动机又显得可疑。当时王文华等人扩充黔军，需要大量饷款。如前所述，贵州自民初以来，掌权者为了搜罗经费，即有不顾金融规律和百姓利益强行滥发各种纸券的先例。黔行库存很多大额兑换券，在地方军政强人看来，非常时期自可将这些现成的纸券拿来使用。不过，黔行发行纸币一贯稳健，此时如果迫于压力将这些原本没有实际发行的大额兑换券投入市场，势必加剧贵州金融形势的混乱，不仅普通商民受害，黔行自身信誉和业务也将遭到极大冲击。正是考虑到动荡时期的这种可能性，熊范舆将这些大额兑换券销毁，为黔行除去了一个隐患。不过，一方面是基于市场逻辑的经济理性行为，另一方面是基于权力逻辑的地方军政当局意志，两者之间难免出现分歧，进而体现在人际关系层面。有人认为，

①　贵州省地方志编纂委员会编：《贵州省志·金融志》，第190、607、608页。

②　中国银行总行、中国第二历史档案馆合编：《中国银行行史资料汇编 上编：1912—1949》第1册，第703页。

③　钱存浩：《贵州都督府接管中国银行贵州分行》，《贵阳文史》1996年第1期。

④　于彤：《刘显世接管贵州中国银行有关史料选》，《历史档案》1984年第2期。

熊范舆和王文华之间的矛盾，正是从这件事开始。[①]

贵州正式宣告独立后，黔行这种左右平衡的态度终于没法维持。贵州都督府一开始承认黔行纯系营业机关，可以按照中国银行总行系统照常办理业务，但要该行经营的国库业务与中央脱离关系，改由省财政厅主持，各项请示文件亦归都督府核办。熊范舆在给总行的函件中称，自己将与贵州当局磋商，尽力维持黔行正常运营，"以尽经理职责"。总行对贵州当局的要求和熊范舆的表现都不满意，继续要求黔行坚决站在中央立场，国库业务应听从总库命令，之前答应给贵州省财政厅的150万元现银借款应立即中止。但不久之后，贵州都督府即对黔行下令："该分行应办事件不免种种滞碍，自应仍由本省政府完全主管，脱离总管理处关系。"[②]由此，黔行完全为地方当局所控制，与北京总行断绝了关系。贵州当局可以方便地控制金融、提取款项，黔行则丧失了独立经营权。直至护国战争结束后，1916年10月，黔行才与总行恢复旧有的隶属关系。

在地方当局控制下，黔行付出的代价不低。戴戡、王文华率领的贵州护国军出黔之际，刘显世决定以黔行兑换券搭发四成军饷，同时饬令该行预拨4万银元作为准备金，在护国军即将经过的遵义、镇远、黄平3县设立"兵站兑换所"，以便就地收兑。1916年2月，贵州财政厅奉都督令，又向黔行借用现银30万元作为护国军军费。[③]黔行还拿出3万银元，慰劳云南护国军队。[④]据统计，整个护国战争期间，贵州都督府提用黔行款项达现银133万余元，而此一时期黔行经收的省库款、盐款仅有35万余元。[⑤]

黔行在护国战争中虽然遭到了冲击，但还可以说是有惊无险。假如贵州政局保持稳定的话，该行也许能够得到长期而稳定的发展。然而，熊范舆在1920年权力斗争的旋涡中丧生，黔行亦在地方政局动荡中遭遇厄运。

① 朱梅六：《贵州金融机构与地方政治关系的回忆》，《贵州省政协文史资料存稿选编》第3卷，2006年，第38—39页。
② 于彤：《刘显世接管贵州中国银行有关史料选》，《历史档案》1984年第2期。
③ 胡致祥：《贵州经济史探微》，贵州省史学学会近现代史研究会编，1996年，第230页。
④ 贵州省地方志编纂委员会编：《贵州省志·金融志》，第190页。
⑤ 中国银行总行、中国第二历史档案馆合编：《中国银行行史资料汇编 上编：1912—1949》第1册，第706—707页。

1916—1925 年间，黔行先后垫支地方军政费用借款 40 余次，总额达现银 160 万元，一直未能收回，其纸币发行总额也随之增至 261 万元，已有超发之虞。1924 年，滇军将领唐继虞支持刘显世重新掌握贵州政权，以不能兑现的"尾巴票"强行掉换黔行库存准备金 60 万两，以致黔行发行的纸币不能随时兑付现银，导致挤兑危机，市值下跌至票面的一半。1926 年 6 月，周西成主持贵州省政，取消黔行代理省金库之权，对于历任贵州军政当局拖欠黔行的借款也不予承认，后来又规定省内财政、税务收入一律只收其自铸的"赤水银币"。黔行发行的纸币既不能顺利流通，省方积欠的款项又无法收回，以致丧失信用，被迫停业清理。①

二　倡导实业

熊范舆在贵阳顺城街（今护国路）有一所大宅院，大门上贴着这样一副对联："农商为本，孝友为家"；横匾上则写着" 尊重朴实"。院内庭前挂有一副姚华手书的木制对联，上面刻着八个斗大的隶体字："种德牧福，含谟吐忠。"② 这两副对联文意浅显，特别是前一联，与熊范舆当时的状况十分契合。"孝友为家"自不必说，"农商为本"四字，则反映了他从政治到实业的兴趣转移。讨袁护国运动结束后，他更"急流勇退"，向刘显世提出辞去秘书长一职，打算全心投入实业领域。刘显世没有答应他的辞职请求，只同意他少管一些具体事务。③

熊范舆所提倡的实业涉及许多领域，如蚕桑、缫丝、制革、火柴、采矿、电灯等等，尤以蚕桑为大端。

1. 力兴全省蚕桑事业

贵州的蚕丝业兴起于清代乾隆年间。通过外省入黔官员的提倡，桑蚕、

①　贵州省地方志编纂委员会编：《贵州省志·金融志》，第38、191页。
②　杜竹松编著：《贵州英杰：熊毅与熊伟》，第3—4页。
③　参见《熊母黄太夫人行述》，1946年。

柞蚕开始引入贵州。[①]此后直至清末,地方官员对蚕桑事业多有推广,但贵州多山,地形不利,蚕桑业的成效不是特别明显,产品竞争力也不敌川丝。[②]近代以后,鸦片在贵州广泛种植,又给原本并不深厚的栽桑养蚕传统带来严重冲击,不少农户因为饲蚕织丝不如种植鸦片获利丰厚、迅速,遂弃而不顾。[③]

清末新政期间,贵州当局继续鼓励和支持贵州蚕桑业,先后兴办贵州官立蚕桑学堂、贵州官立农林学堂,成立贵州省立农事试验场,从事蚕桑、园艺试验研究,引进江浙一带的蚕桑技术和蚕种。遵义、安顺、兴义、思州、独山等地也办起了蚕桑学堂或短期蚕桑讲习所。[④]民国建立后,地方贤达发起创办官督民办性质的贵阳蚕桑学堂,后与贵阳官立农林学堂合并,改名为贵州省立农林学堂,1916年又更名为省立贵阳甲种农业学校。[⑤]贵州都督府创设了劝工局,1917年改组为省立模范工场,既负责实践培训,同时也生产和推销产品。此外,贵州当局还设立了第一女工厂、模范缫丝厂,收购蚕茧,加工缫丝。[⑥]

熊范舆的兴趣转向实业领域之后,蚕桑事业引起了他的极大关注。在他的积极擘划下,贵州蚕桑总局于1916年成立,推动全省蚕桑事业步入了一个跨越式发展阶段。

熊范舆致力于振兴贵州蚕桑事业,乃是抓住了一个有利时机。清末民初,在国内外潮流的推动下,清政府和北洋政府连续开展了大规模的禁烟运动。1907年中英两国曾经签订条约,规定中国在禁止英属印度鸦片进口的同时,也必须在十年内禁绝国内鸦片种植,十年后中英两国会勘,如果中国境内发现烟苗,则须赔偿英国禁运期内的损失。1916年,北京政府为

① 谢彬如:《清代贵州的蚕丝业》,《贵州文史丛刊》1981年第4期。

② 罗文、陈国生、郑家福:《明清云贵少数民族地区农业开发与生态变迁研究》,中国科学文化出版社2003年版,第199页。

③ 《贵州六百年经济史》,贵州人民出版社1998年版,第262页。

④ 孔令中主编:《贵州教育史》,贵州教育出版社2004年版,第159页。

⑤ 卢玮:《贵州省贵阳农校创办及发展史略》,《贵阳文史资料选辑》第14辑,1984年,第104—106页。

⑥ 周天慈、胡曼霞:《贵阳近代工业的出现和产业工人的产生》,《贵阳工运史资料》1989年第9—10期。

　　熊范舆全家合影，1918年。第一排八位成人，左一、右一分别为熊范舆四弟熊继成夫妇，左二、右二分别为熊范舆三弟熊继瀛夫妇，左三、右三分别为熊范舆及其夫人黄德昭，左四为熊母严氏。

了准备次年的中英会勘，下令有关各省严厉查禁烟土种植。[①]作为鸦片种植大省，云、贵首当其冲。刘显世不得不采取严厉措施，发起一场铲除烟苗运动。[②]这样一来，以鸦片为支柱的贵州财政收入当然大受影响。当时熊范舆广泛搜罗日本相关资料，经过潜心研究，提出了发展蚕桑、提振经济的宏大设想，拟在全省普遍推广栽桑养蚕，大规模出茧成丝，"期于二十年后使贵州丝业足与江浙抗衡"。[③]熊范舆的计划与刘显世开辟利源的需要正好吻合，于是得到了他的大力支持。

　　在各方面的支持下，贵州蚕桑总局于1916年7月30日成立。[④]其《简章》规定，该局全名为筹办贵州全省蚕桑总局，属于贵州省长公署直辖机构，"以推广本省蚕桑并谋改良发达为主旨"。该局办公地址暂设于农业学校隔壁，设局长一名，由省长委任，负责管理全局事务，并监督全省各属蚕桑管理员。《简章》中要求各县知事就近督查协助各县蚕桑管理员，还对

　　①　《内务部咨各省请认真禁烟文》，《大公报》1916年9月24日。
　　②　丁位松、黄先本：《1917年中英会勘贵州禁烟见闻》，《贵州文史资料选辑》第3辑，1979年，第159—168页。
　　③　《熊母黄太夫人行述》，1946年。
　　④　贵州省地方志编纂委员会编：《贵州省志·大事记》，第276页。

各县蚕桑管理员和县知事提出了具体的工作要求和奖惩原则。①

　　1916 年 11 月 1 日，蚕桑总局开局视事，熊范舆幼弟熊继成就任局长。②熊继成曾与妻子姚兰一同赴日，在日本农科大学学习农业、蚕桑，毕业后于 1911 年归国，任教于贵阳甲种农业学校，后成为该校校长，先后主持贵州垦殖局、农事试验场，担任贵州省农会负责人。③据当时的《贵州公报》报道，他还创设过山蚕讲习所、女子蚕桑传习所，培养了一批蚕桑人才。④当然，他最重要的职务还是贵州蚕桑总局局长。如果说熊范舆是推广贵州蚕桑计划的制订者，熊继成就是这一计划的具体实施者。

　　蚕桑总局成立后，向每县派驻蚕桑管理员一名，在当地另雇长、短工几十名至几百名不等。贵阳率先办起了两块桑区，即第一贵阳桑区和第一模范桑区，计划栽桑各 30 万株。⑤当时，贵阳六广门至红边门一带均种植了桑树，南明河畔两岸的水关、官菜园和讲武堂等地，都有成片桑园。⑥外县的蚕桑业也发展迅速，"盛时每户产鲜茧约 5 公斤，全省产茧 5000 余吨"。⑦这样的成绩，与贵州省政府和蚕桑总局的倾力推动分不开。

　　其一，通过行政体系全面推行发展蚕桑的计划。蚕桑总局制定、省政府颁布了《课桑章程》，确立了蚕桑推广计划的步骤和细则。⑧刘显世下令，全省各地要在五年内栽桑 1000 万株，每年平均栽种 200 万株。⑨省会所在地贵阳县被划为特别区域，5 年内须另栽桑 1000 万株。⑩蚕桑总局对其寄予厚望：

　　①　《筹办贵州全省蚕桑总局简章》，《筹办贵州全省蚕桑总局文件汇编》第1期，贵阳文通书局印行，1917年。

　　②　《通令各县启用关防开局日期由》，《筹办贵州全省蚕桑总局文件汇编》第1期，1917年。

　　③　杜竹松编著：《贵州英杰：熊毅与熊伟》，第3页。

　　④　《民国贵阳经济》，第26、29—30页。

　　⑤　《各桑区民国五年十一月至六年元月概况一览表》，《筹办贵州全省蚕桑总局文件汇编》第7期，贵阳文通书局印行，1918年。

　　⑥　舟帆：《贵州柞蚕的起源与创业》，《贵阳文史资料选辑》第11辑，1984年。

　　⑦　王庄穆主编：《民国丝绸史》（1912—1949），中国纺织出版社1995年版，第27页。

　　⑧　《贵州省公署课桑章程》，《筹办贵州全省蚕桑总局文件汇编》第8期，贵阳文通书局印行，1918年。

　　⑨　《贵阳县知事遵拟县属推广蚕桑计划书》，《筹办贵州全省蚕桑总局文件汇编》第7期，1918年。

　　⑩　《训令第一、第二模范区将贵阳县拟订所需桑叶桑秧计划查照议复以凭核定饬遵由》，《贵州全省蚕桑总局文件汇编》第8期，1918年。

贵阳县为首善之区，不特官家所种应较外县为多，即民间自栽者亦应特别提倡，务使于最近数十年间，桑阴遍地，蚕茧产额足以成为市场。[1]

为此，贵阳县知事王其光专门拟定了推广蚕桑计划书，准备设立蚕桑实习所，制定相关奖励、督课原则，筹备桑秧计划，设法筹措经费。[2]

其二，多方筹措经费，保障蚕桑计划顺利推行。贵阳县被要求一年之内栽桑 60 万株，县知事呈报称经费短缺，仅能承担 6 万株，经蚕桑总局代为请示，省政府答应承担该县模范桑区的经费。[3]基层政府则多采用加征或者新开捐税的办法。贵阳屠宰捐原本每猪只收"黔币"7 角，为了筹集桑区各年经常、临时经费暨各项要政，改为每猪加征 3 角，城乡一律照办。遵义在已有的屠宰捐上，每猪加征地方捐 1400 文，折合银元 1 元左右。[4]余庆县为了筹措桑区第三年以后的经费，向省政府呈准开办碾房捐，分甲、乙、丙三等，每年分别抽收 3 元、1 元、1 元。[5]

其三，选用一批专业人才。各县的蚕桑管理员均为农业学校或者蚕桑讲习所毕业生，由蚕桑总局在全省范围内择优选用。[6]如贵阳县第一桑区管理员唐大文，毕业于蚕桑讲习所，"办事认真，热心公益……为各县之冠军"[7]。又如定番县（今惠水县）第一桑区管理员龙永飞，熟悉种桑、采桑、养蚕以及蚕茧加工等一系列工序，将桑区管理得井井有条，后来又主持该县第二桑区工作，苦心经营四年，为该县蚕桑业的发展奠定了坚实基础。[8]

　　① 蚕桑总局指令贵阳县，1917年10月15日，参见《贵阳关于蚕桑人员任免、桑区调查及蚕桑管理情况的来往文书（一）》，贵州省档案馆藏，贵州省蚕桑总局全宗，全宗号M67，案卷号1（以下征引同一卷档案时，仅标明全宗号和案卷号）。

　　② 《贵阳县知事遵拟县属推广蚕桑计划书》，《筹办贵州全省蚕桑总局文件汇编》第7期，1918年。

　　③ 蚕桑总局呈省长，1916年11月13日；贵州省长公署指令，1916年11月15日。均见贵州省档案馆，全宗号M67，案卷号1。

　　④ 贵阳县呈蚕桑总局，1918年3月2日，参见贵州省档案馆，全宗号M67，案卷号1。

　　⑤ 《案据余庆县知事余树声呈拟援案请查核立案由》，《贵州全省蚕桑总局文件汇编》第8期，1918年。

　　⑥ 贵阳县呈蚕桑总局，1916年11月8日，参见贵州省档案馆，全宗号M67，案卷号1。

　　⑦ 蚕桑总局指令贵阳县，1918年6月14日，参见贵州省档案馆，全宗号M67，案卷号1。

　　⑧ 陈昌贵：《喜作诗词的蚕桑专家——龙永飞》，李远主编：《彪炳史册的黔南人》，贵州人民出版社1992年版，第202—204页。

熊范舆也在省外延揽人才。姚华长子姚鋆，字天沃，1915年入东京高等蚕丝学校学习，三年后归国。[①] 熊范舆对这位世侄颇为重视，很可能向他发出过邀请，姚华亦鼓励他以其所学造福桑梓。姚鋆回到贵阳后，担任甲种农业学校蚕科主任，兼任贵州蚕种制造所所长，后来又接替熊继成担任蚕桑总局局长。[②] 姚鋆的同学黄国华，台湾新竹人，据说应赴日考察实业的熊范舆之聘，也来到贵州工作，在甲种农业学校任教，兼任贵州垦殖局顾问。[③]

其四，积极进行宣传，多方调动民间栽桑养蚕的积极性。省政府发出文意浅白的布告，说明种桑养蚕的好处，详细解说具体操作办法：

> 世间得利最快，又容易举办的事情，你们大家晓得么？除种鸦片烟而外，只有种桑养蚕。

> 现在江苏、浙江、四川那些省份，每年百姓们的利益，为数不少；公家的收入，也就多了。追求由来，都是种桑养蚕的款项要占多数。他们几省能够如此，你们大家何不学学，也等我们贵州富足呢？

> 况且贵州原来是个著名贫瘠的地方，从前还有点烟利可图。如今烟已禁种，已无钱收入了，岂不是贫上加贫吗？……要能补偿禁烟后的利益，全在你们大家努力种桑……

> 养蚕之事，极其容易。不论男女老幼，均做得的。只消三几十天功夫，便可收成……栽桑本非难事，又不择地方，不选土质。田边土坎，只要能生草的地方，都可栽桑……

> 但是种桑须先得桑秧。养成桑秧的法子，也有几种……至于将养成的桑秧，移栽他处，暖和的地方，本年冬腊月就可移栽；若是天气寒冷的地方，要在第二年正月间移栽，才可保无他碍……

---

① 艾黄叶：《蚕桑教育家姚鋆》，《贵阳市文史资料选辑》第29—30辑，1990年，第126—128页。

② 蚕桑总局呈省长，1921年2月14日，参见《贵阳关于蚕桑人员任免、桑区调查及蚕桑管理情况的来往文书（三）》，贵州省档案馆藏，贵州省蚕桑总局全宗，全宗号M67，案卷号3。

③ 黄威廉：《近代最早来大陆贵州任教的台湾籍人士：记黄国华教授》，《台声》2008年第12期。此文称"贵州省财政厅长熊铁岩（号述之、贵州工学院熊其仁教授之父）在日本考察实业，并看望姚天沃，知此情况后即聘先生来贵州工作"。熊范舆未担任过贵州省财政厅长；"述之"则是熊继成的字。文中所说赴日考察实业的是熊范舆还是熊继成，不能肯定。

照这两种法子栽定后，每年蓐他两三回，第二年就可摘叶养蚕，等到第五年便成林了。比较栽种别样树木，得利还要早些。

这是最容易最有利的事，你们大家切不可怕他难做，切不可说他无利，不肯去栽。合行剀切布告，为此仰阖省人民一体知照。

你们有荒土熟土，快快将他栽桑！若等到他人得利，方才去栽，彼时就不免自悔栽迟了！①

作为推广蚕桑业的总机关，蚕桑总局发布的文告最多。蚕桑总局成立不久，即在《贵州公报》刊登布告称：

总之振兴桑业，原为国裕民足。

罂粟禁绝以后，救贫原恃此术。

谕尔全省人民，重视勿得玩忽。②

后来又以浅显的语言，在《铎报》发布劝人养蚕卖茧的广告：

人在世间，最可怕的就是一个"穷"字。要想救穷，自然要去找钱。但是找钱的方法很多，不知道方法，或方法有些繁难，缓不济急，还是不能救得这个"穷"字。今本局给你们大家说个找钱最容易的法子，不单是容易，并且得利又多又快。这个法子就是喂蚕子卖茧子两种。现在省城各条街上，你们大家不见张贴了许多收买蚕茧从优给价的广告么？这个蚕茧就由喂蚕得来的。说起喂蚕的法子，最为简便的……③

除了在报纸上进行宣传，蚕桑总局也制作白话布告，通令各县张贴，

---

① 《布告阖省人民种桑养蚕由》，《筹办贵州全省蚕桑总局文件汇编》第8期，1918年。
② 《蚕桑总局布告照抄》，《贵州公报》1916年12月27日。转见《民国贵阳经济》，第20页。
③ 《布告喂蚕卖茧两法》，《铎报》1918年5月29日。转见《民国贵阳经济》，第39页。

并由总局在贵阳城内张贴，"晓谕民、苗人等，一体知照"①。这些宣传工作产生了一定的影响。特别是在贵阳，"乡间人民，迭经谆谆劝谕，亦恍然于蚕桑之利较之洋烟尤为易行。"②

对于举办蚕桑事业积极认真、成绩显著的地区和个人，当局均予以表彰鼓励。黔东南的剑河、黄平两县，栽桑10余万株，省政府在《贵州公报》予以公开表彰。③贵阳有4家富裕农户，栽桑均在1万株以上，蚕桑总局分别给他们颁发匾额一面，以示奖励。④工作不力者予以处罚。沿河县蚕桑管理员杨树声强征民地引发民怨，且办事懈怠，桑区只有400余株桑树成林，其余桑株短小瘦弱，杂草蓬蒿反而长得更好，蚕桑总局下令将其记大过一次，并立即撤换。⑤

最后，尝试拓展产业链，由蚕桑走向工业，以工业带动蚕桑进一步发展。为了解除老百姓栽桑养蚕的后顾之忧，蚕桑总局成立时曾经承诺："各县种桑满三年后，由本局别筹普及饲蚕方法，并组设购茧、缫丝及贩运各机关，以拓销路。"⑥实际上未及三年，总局即通令收买蚕茧，并且计划次年设立专门的收茧机构。⑦春夏之际，正是蚕茧收成之时，贵阳县根据总局的指示，在县城南北两门委托铺户收茧，并发布简明告示，广而告之。⑧

1918年9月，熊范舆创办了当时贵州规模最大的民营缫丝企业——启源丝厂，由其弟弟熊继瀛担任经理。该厂位于贵阳大南门外南明河左岸（今西湖路），占地广大，仅缫丝车间就有两层楼、几十个房间。⑨厂内雇用

① 蚕桑总局训令贵阳县，1917年4月16日；贵阳县呈蚕桑总局文，1918年6月15日。均见贵州省档案馆，全宗号M67，案卷号1。
② 贵阳县呈蚕桑总局文，1918年2月26日，见贵州省档案馆，全宗号M67，案卷号1。
③ 黔东南苗族侗族自治州地方志编纂委员会编：《黔东南州志·农业志》，贵州人民出版社1993年版，第217—218页。
④ 贵州省长公署指令，1919年7月2日，参见《贵阳关于蚕桑人员任免、桑区调查及蚕桑管理情况的来往文书（二）》，贵州省档案馆藏，贵州省蚕桑总局全宗，全宗号M67，案卷号2。
⑤ 《呈请将卸任沿河县知事周学钧记过一次以为办事颟顸者戒》，《筹办贵州全省蚕桑总局文件汇编》第8期，1918年。
⑥ 《筹办贵州全省蚕桑总局简章》，《筹办贵州全省蚕桑总局文件汇编》第1期，1917年。
⑦ 贵阳县呈蚕桑总局，1918年2月26日，见贵州省档案馆，全宗号M67，案卷号1。
⑧ 照抄示稿，1918年4月30日，见贵州省档案馆，全宗号M67，案卷号1。
⑨ 《熊温礼、熊易水访谈记录》，2011年。

工人数十人至百余人不等，多为女工，所产"牡丹牌"蚕丝颇负盛名。① 熊范舆原本设想通过蚕桑总局在全省所设桑区获得大批蚕茧，而以启源丝厂"总全省丝业之成"。不过因为阻力太多，该厂范围不得不缩小，但收集蚕茧的范围还能兼及贵阳邻近各县。② 随着本省蚕丝业的发展，贵州省立模范工场开始采买本省丝料，制成各种丝织品出售。省政府为了鼓励蚕丝加工，下令免征其厘税。③

熊范舆似乎抱定了"以蚕桑终身传世"④ 的决心。在他的影响和鼓励下，熊家多人投身于蚕桑事业。1918 年，长子熊其锐完婚后即与堂兄其儁（熊继昌长子）被送往日本，就读于东京高等蚕丝学校⑤，之后不久，其携妻子夏毓琛、其锐妻子郎淑贞，以及次女熊桂英，也都前往日本学习蚕桑。⑥ 他们大概于 1923 年回国，此时熊范舆已经身故。熊桂英和郎淑贞出国前即在丝厂做工，回国后继续管理丝厂。后来郎氏被传染肺结核，不到半年即病逝，丝厂也因为缺乏资金而关闭。⑦

借助政府权力，以运动式手段在全省推广蚕桑事业，抱负不可谓不宏大，也取得了明显的成就。不过，这种路径的不足也很明显。

首先，整个计划涉及面过宽，操之过急，忽视各地具体情况的差异，以至于难免形式主义、基层敷衍应付之弊。比如，蚕桑总局旧历十月初六才正式开局视事，随即要求全省桑区在本月之内一律成立，为此通令各县，文件到达 3 天之内，必须将桑地征拨、经费筹措及人员安排等详细情况具文呈报，并保荐县内曾经学过农学、蚕桑者前来总局听候选用。通令特别强调："事关全省实业要政，各县均须一致切实进行，如或稍有迟延，即须耽误一年，而各县不能同时并举，又复牵动全局。局章规定，惩罚极严，万

①　贵阳市南明区地方志编纂委员会编：《贵阳市南明区志》上册，贵州人民出版社2008年版，第249页。

②　《黔游纪略》，参见《民国贵阳经济》，第51页。

③　《丝织品陆续出品》，《贵州公报》1918年11月1日。转引自《民国贵阳经济》，第30页。

④　《熊母黄太夫人行述》，1946年。

⑤　蒋国生主编：《贵州省农业改进所》，贵州人民出版社2006年版，第862页。

⑥　《熊母黄太夫人行述》，1946年。

⑦　《熊温礼、熊易水访谈记录》，2011年。

勿延误，合行令仰遵照，按期呈复。切切。"①且不论各地实际条件有别、是否适宜栽桑养蚕还有待调查，即便条件适合之地，3日内能否完成筹备计划，想必通令的发布者也心知肚明。主事者急于推动这项事业的迫切心情可以理解，但实际效果如何则是另一回事。果然，这份通令下发之后，铜仁、兴义、都匀、普安、仁怀、威宁、沿河、册亨、下江、婺川、凤泉、大塘等县，迟迟未能向总局切实报告桑务筹备情况。为此，蚕桑总局只好呈请省长公署，将这些县的县知事记过一次，并且"限文到五日内"呈文具报，"如再玩延，定行从严议处"。②

其次，自上而下的推行方式，也给基层政府和经办人员提供了新的扰民机会。各地以举办蚕桑之名加征或者新开捐税，虽有省政府"妥慎进行，勿稍苛扰"③的告诫，但扰民之举在所难免。开辟桑园过程中，也出现过经办人员强征民地的事情。沿河县蚕桑管理员杨树声强征民地，群众前去申诉，他却说这是上面的规定，十年之后土地可以归还原主，现在谁敢抗阻，立即枪毙。群众先后向县知事、道尹举报均无结果，于是聚集县政府门前请愿。④有的地方"借人土地栽植桑株，而开挖直抵业主坟墓"，连蚕桑总局都承认此举"不行恕道"。⑤

再次，也是最重要的，以军政权力为后盾来推行实业计划，容易受到当权者意志和兴趣流转的影响。发展蚕桑事业需时较长，开始几年以投入为主，但收益却不明显，难免让主政者心生失望。刘显世当局原本财政拮据，对于这种远水不解近渴的发展模式兴趣渐低。出于现实财政需求的考虑，1917年的会勘禁烟高潮过去之后，贵州当局很快重开烟禁，给熊范舆极力提倡的蚕桑事业带来很大冲击。主政者对蚕桑的兴趣减低，态度变得

---

① 《通令各县启用关防开局日期由》，《筹办贵州全省蚕桑总局文件汇编》第1期，1917年。

② 《据蚕桑局长呈请惩戒筹办蚕桑逾期各县知事由》，《筹办贵州全省蚕桑总局文件汇编》第1期，1917年。

③ 《案据余庆县知事余树声呈拟援案请查核立案由》，《贵州全省蚕桑总局文件汇编》第8期，1918年。

④ 《呈请将卸任沿河县知事周学钧记过一次以为办事颟顸者戒》，《贵州全省蚕桑总局文件汇编》第8期，1918年。

⑤ 蚕桑总局训令贵阳县，1918年1月16日，见贵州省档案馆，全宗号M67，案卷号1。

"疲玩"①，蚕桑总局的事业也逐渐趋于困难。蚕桑总局成立之初，曾要求各县在第一年将未来五年所需蚕桑经费完全筹定，列入专款。然而到了第二年垦殖期间，各县蚕桑管理员却纷纷报告说"款无着落"、"领款迟延"，基层政府则诉苦说"属县经费早已罗掘罄尽"。②

在这种情况下，先前已经铺开的大规模栽桑计划不得不收缩，乃至停顿。贵阳县作为"首善之区"，1919 年委托省立农事试验场和第二模范桑区代为培育桑苗合计 121 万株，本应在 1920 年春及时领取发给民间栽植。然而，适合移栽的时间已经过半，贵阳县却只领走 27 万株，还剩 94 万株没有领走。③面对这种情况，蚕桑总局不断督催，并请省政府出面施加压力，但依然没有效果；征询其余各县，也都表示无法消化。无奈之下，省政府只好让原来的育苗机构就地栽植这些秧苗，原本应该进行的新一轮育苗，则因此暂停下来。④半年之后，"民九事变"发生，熊范舆遇刺身亡，刘显世黯然下台，这项宏大的蚕桑振兴计划逐渐熄灭下来。

有意思的是，责任单位对于亟待移栽的桑苗不感兴趣，民间却有人感兴趣。贵阳县在第一模范桑区同样有大批桑苗，直至栽桑时节即将过去，仍然剩余数万株没有领走。1920 年 4 月 23 日夜，桑区发生盗窃案，近万株桑苗被盗走。管理员叶文章事后评论说："此种窃贼，不盗他物，而盗桑秧，想系欲栽不得、欲购无资者所为。其行虽可恨，其心实可爱。"⑤窃贼果真为欲栽不得、欲购无资者，那么确实"可爱"；即便为真正的窃贼，也说明桑蚕事业的民间基础仍在，只是责任单位的工作没有到位而已。

2. 电力照明和其他实业

民初的贵阳，人口近 10 万，在当时的贵州而言，已是一个商品经济

---

① 贵州省长公署指令，1920年4月20日，见贵州省档案馆，全宗号M67，案卷号2。

② 贵阳县呈蚕桑总局，1918年3月2日，见贵州省档案馆，全宗号M67，案卷号1。

③ 贵阳县呈蚕桑总局；第二模范桑区管理员申烈呈蚕桑总局局长文，1920年4月5日。均见贵州省档案馆，全宗号M67，案卷号2。

④ 贵州省长公署指令，1920年4月12日，见贵州省档案馆，全宗号M67，案卷号2。

⑤ 第一模范桑区管理员叶文章致蚕桑总局局长熊，1920年4月24日，见贵州省档案馆，全宗号M67，案卷号2。

较为发达的中型城市。但该城一直没有完善的近代电力设施。与邻省相比，贵州的电灯业起步既晚，初始发展规模也较小。比如邻省湖南，早在 1909年即设立了湖南电灯股份有限公司，初始股本 20 万元，预备供应亮度为 16烛光的路灯 1 万盏。[①]

贵州电灯事业的兴办，竟是源于一场火灾。由于没有电灯，到了晚上，贵阳城内的店铺都用"洋油"（即煤油）灯照明，一般民众则多用菜油灯。1916 年 8 月 8 日，三牌坊（今中华南路一段）发生火灾。由于该地段大部分店铺都囤积了洋油，结果引起连锁反应，酿成特大火灾，数百家店铺被毁，造成极大损失。[②]这次火灾终于促使主政者采取行动，他们决定集股创建贵州商办电灯股份有限公司。

贵州商办电灯股份有限公司的发起人为熊范舆、熊继瀛、华之鸿、蔡岳、王文华、谷正伦等 33 人，赞成人则有刘显世、郭重光、何麟书、张协陆、张彭年、王伯群等 12 人。[③]1917 年 3 月 23 日，公司发起人召开会议，选举熊范舆、黄莳夫等人为筹备员。3 月 31 日，公司经批准正式成立，筹办处设于顺城街黄宅。[④]

筹办处制定了两份文件，一为《贵州商办电灯股份有限公司章程》，一为《贵州商办电灯股份有限公司招股章程》。文件规定，该公司营业方向为"供给贵阳全市电灯电力"，营业年限为 20 年，在此期间他人不得在贵阳设立与该公司同一性质的企业。[⑤]公司计划招集商股 11 万元，20 元为一股，共5500 股，股息为年利 7 厘。发起人及赞成人合计认购 2000 股，其余向外招股，以熊范舆主持的中国银行贵州分行为收股处。[⑥]根据筹办处预测，以 16

①　湖南省地方志编纂委员会编：《湖南省志·第九卷·工业矿产志·电力工业》，湖南出版社1993年版，第427—429页。

②　何静梧：《民国时期的贵阳电厂》，《贵州水利志通讯》1986年第1期。

③　《贵州商办电灯股份有限公司发起人》，《贵州公报》1917年5月11、12日。参见《民国贵阳经济》，第26页。

④　贵阳市志编纂委员会办公室编：《贵阳百年》，第24页。

⑤　《贵州商办电灯股份有限公司章程》，《贵州公报》1917年4月18—30日。转引自《民国贵阳经济》，第22页。

⑥　《贵州商办电灯股份有限公司募股广告》，《贵州公报》1917年3月31日。转引自《民国贵阳经济》，第21页。

烛光为标准，公司正式设立，正常营业后，可供给贵阳城 4000 盏路灯的照明，收支相抵后，每年可盈余红利 13700 元。①

由于得到了贵州当局及部分大商家的支持，该公司很快招集到 8 万元股金。之后，公司筹办处委托当时在上海的王文华和蔡岳，向美国慎昌洋行订购两套发电设备。②当时进出贵州的大宗货物运输较为困难。这两套设备经由水路，先从上海沿长江进洞庭湖，再溯沅江而上，直至 1919 年才辗转运至铜仁，后又运到镇远。就在此时，"民九事变"发生，熊范舆被杀，贵州局势骤变，加上公司股金也未完全筹集，贵州电灯业尚未真正展开即遭中断。直到 1927 年周西成主政时，这两套设备才被运至贵阳。该年 9 月 10 日，中秋节那天，贵阳终于亮起电灯。尽管当时仅供给机关用电，电灯尚未进入普通百姓家庭，但这件新事物仍然导致全城轰动，人们争相观看。③不过，作为贵阳电力照明事业最初发起人的熊范舆，此时已经无缘目睹家乡灯火辉煌的盛景。

熊范舆倡导实业，他的两个弟弟熊继瀛和熊继成助力颇大。两个弟弟一掌农，一经商，熊范舆居中筹谋，三人在贵州实业领域的影响力逐步增强。熊继成的事迹前已述及，在此对熊继瀛的活动稍做介绍。

熊继瀛在民国初年即已涉足实业领域。熊范舆出掌中国银行贵州分行之后的第二年，下属的安顺支行成立，熊继瀛出任该支行行长。④借助于这种有利条件，熊继瀛大量贷款，开办各种企业，在不长的时间内构筑起了庞大的商业网络。他涉足的产业很多，主要有以下几项。

其一为制革。1912 年，熊继瀛、华之鸿、周筱圃等人合资创办贵阳制革公司，熊继瀛为总经理。⑤公司成立初期，由于器械缺乏，社会秩序不稳定，产量不多，大约一年以后，产量逐渐增加。据该公司在《贵州公报》

① 何静梧：《民国时期的贵阳电厂》，《贵州水利志通讯》1986 年第 1 期。

② 《黔垣电灯公司筹办处广告》，《铎报》1917 年 11 月 24 日。转引自《民国贵阳经济》，第 37—38 页。

③ 李金顺编著：《贵州企业史话》，贵州人民出版社 2005 年版，第 33—34 页。

④ 贵州省地方志编纂委员会编：《贵州省志·金融志》，第 221 页。

⑤ 金方隆：《略述解放前后股份公司在贵阳的兴起》，《南明文史资料选辑》第 11 辑，1993 年，第 106 页。

上刊登的广告，其产品种类丰富，如靴鞋、皮革包、马鞍、衣箱，及一切军用革品等等，一应俱全。[①]1915 年 12 月 23 日，该公司遭受火灾，两大间厂房被烧毁，加上机器、设备、成品、材料等，合计损失近 1 万元。但该公司随即在《贵州公报》刊登广告称，决定继续购买机器，修建厂房。[②]很可能是受到此次意外事故的影响，该公司此后发展并不顺利，1918 年 4 月改为官办，由熊继瀛最后经手，全部设备包括机器、厂房在内，一并移交给陆军制革厂。

其二为绸缎。熊家有一名亲戚徐亮臣，清末时曾为军队缝制军装，兼做小百货生意。熊范舆担任中国银行贵州分行经理后，熊继瀛与徐亮臣商量，准备做大生意。徐亮臣出售了祖传田产，又拿出积存的 300 两白银，加上熊继瀛从银行所贷款项，两人合股开设了实践社。该社是当时贵阳城内规模较大的绸缎铺，坐落在小井坎，共有 8 个铺面，雇用店员 50 多人，主营绸缎，兼营食盐、百货、布匹等。实践社除了在贵阳营业，还在上海、汉口、重庆以及湖南洪江设立办事处。但"民九事变"之后，熊继瀛的资金链遭到冲击，实践社的生意也每况愈下，最后于 1926 年倒闭。[③]

其三为硝磺。硝磺在清代不许民间私自采运，进入民国以后，贵州允许民间运贩，但只能通行本省，不可外运。[④]后来当局通令准许外运，硝磺的需求量大增。熊继瀛认为这一行业竞争者少，发展空间较好，遂于 1917 年 3 月创立了贵州广益硝磺公司，自任总经理，设总店于贵阳，在全省各地设立分店。[⑤]当时贵州省财政厅将全省硝磺采运业务划分为 10 个区，该公司承揽了其中 1 个区，包括贵阳、贵定、修文、息烽等 11 县，区内硝磺皆由其

①　《贵州制革公司广告》，《贵州公报》1913年5月8日。转引自《民国贵阳经济》，第13页。
②　《制革公司继续动工》，《贵州公报》1916年1月8日。转引自《民国贵阳经济》，第18页。
③　徐皖秋口述、邓时研整理：《记徐亮臣创办的贵阳实践社》，《南明文史资料选辑》第 10辑，1992年，第157—158页。
④　《贵州广益硝磺公司布告照录》，《铎报》1917年3月2日。转引自《民国贵阳经济》，第36页。
⑤　贵阳市志编纂委员会办公室编：《贵阳百年》，第24页。

采运。^①公司拟招股 3 万元，分两期招集，由于前景良好，入股者极为踊跃。^②

最后还有火柴。1915 年，贵阳人董鑫铨等筹集 2000 元成立惠川火柴公司，以作坊形式生产硫化磷火柴。熊继瀛发现火柴销路很广，需求量大，遂筹集 1 万元，于 1918 年 11 月组织成立协昌火柴公司，生产飞马牌、舞龙牌硫化磷火柴。^③

通过兴办这些实业，加上作为熊范舆弟弟，熊继瀛在贵州省内的地位和声望日益提升。他曾出任中国红十字会贵阳分会会长^④，担任了贵阳绸缎业公会主席。^⑤1915 年，北洋政府颁布《商会法》。次年 6 月，贵州商务总会改组为贵州省城总商会，推举前清遗老钱登熙为会长，冯介丞为副会长，熊继瀛为特别会董。1918 年 6 月改选，3 人分别连任。1920 年 6 月再次改选，冯介丞任会长，熊继瀛任副会长。"民九事变"发生，熊继瀛一度逃离贵州，返回后曾在 1926 年、1928 年两次当选为总商会会长。^⑥熊继瀛实业生涯中的这些成就，某种意义上也是熊范舆当年"实业兴省"这一未竟之梦的延续。

---

① 《广益公司之组织》，《铎报》1917年2月20日；《贵州广益硝磺公司布告照录》，《铎报》1917年3月2日。转引自《民国贵阳经济》，第36页。

② 《广益公司照章续招第二期股份广告》，《铎报》1917年10月5日。转引自《民国贵阳经济》，第27页。

③ 《又一火柴公司出现》，《贵州公报》1918年11月21日。转引自《民国贵阳经济》，第30—31页。

④ 《中国红十字年鉴：2004/2005创刊号》，台海出版社2006年版，第704页。

⑤ 王羊勺：《民国贵阳商会之沿革与同业公会之组织》，《贵州文史丛刊》1998年第1期。

⑥ 王羊勺：《贵阳商会沿革概述》，《贵阳志资料研究》1986年第9期。

第九章　贵阳（3）：遇刺身亡

回归桑梓之后，熊范舆虽然逐渐淡漠政治，但他与兴义刘氏的关系太深，想脱离而不可得。民国时期的地方军政集团，表面上实力强大，实际上往往极其脆弱和不稳定。这种集团受到外部威胁或者自身分裂之时，卷入其中的人难免陷入危险境地。生命中的最后几年，熊范舆不幸即处于这种环境之中，直至最后遇刺身亡。

一　"兴义系"的嬗变

1. "兴义系"的新与旧

所谓"兴义系"，是指 1913 年开始统治贵州，以刘显世、王文华等人为核心的军阀集团。该集团于贵州辛亥革命时入据贵阳；以刘显世接任唐继尧成为贵州护军使为开端，正式开始其对贵州的统治；以王文华组建黔军为标志，极力发展其军事力量。兴义系初入贵阳，即与唐尔镛、华之鸿、任可澄等立宪派"三巨头"密切合作。经过民初的护国、护法等政治变动，该集团在贵州的统治愈加巩固：军事方面有王文华的黔军和刘显潜的游击军，政治方面逐渐形成了以熊范舆、何麟书、张协陆、郭重光为首的所谓"四大台柱"，在北京还有刘显治、陈国祥、蹇念益等国会议员遥相声援。

关于郭重光，本书第六章已经述及。他一度随唐继尧赴滇，不久返回贵阳。他虽然并不担任实际职务，但作为贵阳绅商耆老的代表，历来为刘显世所看重，被当作重要的决策顾问。

何麟书，字季刚，号鸰叟，贵阳人，是李端棻的表弟。他与熊范舆是1903年乡试同年，并一同参加甲辰科会试，考中副榜，授拣选知县，后来一度弃儒从商，但由于志不在此，又投身教育，在贵州通省公立中学堂、宪群法政学堂、贵州陆军小学堂等学校任教。由于参与了刘显世、郭重光、任可澄等人策划的"二·二政变"和乞请滇军入黔的计划，唐继尧督黔后，何麟书即被委派为都督府政务部学政司司长、贵州东路巡阅副使、教育司长等职务。从1914年7月起，他长期担任贵州政务厅长（护国运动期间称为民政厅），1919年初被委任为黔中道尹，请辞而未被批准。后来由于熊范舆疏于政务，刘显世遂拉其为幕宾，时称何秘书长。① 刘、何两家也是儿女亲家，何麟书的女儿嫁给了刘显治的次子刘君卓。

张协陆，原名寿龄，贵阳人，与熊范舆、何麟书均为经世学堂同窗，后来又一同中举，也曾先后赴兴义襄赞刘氏家族办学。他在贵阳创办了时敏、达德两所学堂，1908年被官费选送赴日留学，次年又函命胞弟张彭年赴日，两人均入读于早稻田大学政治经济科。回国后，他曾在河南法政学堂任教，民国以后被任命为贵州国税厅筹备处处长，兼任贵州省教育总会会长，1914年以后长期担任贵州省财政厅长。②

在财政厅长任上，张协陆着手进行财政改革，开展全省税务调查，拟定各种税制章程和缴税办法，制订《贵州省各机关办理每月预算及全年决算并支付经费手续暂行规则》。经过此番改革，贵州财政渐入轨道，收入渐增，基本达到收支平衡。③ 他与熊范舆两人一掌财政，一控金融，是刘显世集团维持贵州财政经济大局的得力助手。1917年北洋政府召开全国财政会议，张协陆在会上汇报贵州财政情况，与会者一致认为黔省财政颇有成绩。④

熊范舆自不必多说。他是刘显治长子刘公亮的岳父，护国运动之后担任了刘显世的秘书长，又是中国银行贵州分行行长。虽然主观上与政治日

① 刘毅翔编著：《贵州辛亥人物传稿》，第356—359页。
② 张汝弼：《张协陆生平史实纪略》，《贵州省政协文史资料存稿选编》第2卷，2006年，第383页。
③ 孙德灏：《军阀统治时期贵州财政发展概述》，《贵州大学学报》1993年第1期。
④ 张汝弼：《张协陆与"民八"事件》，《贵阳文史资料选辑》第8辑，1983年，第61页。

渐疏离，但他与刘家的亲缘关系和政治关联实在密切，不自觉地成为兴义系重要人物。

对于他们四人，反对派周素园曾有这样的评价：

> 卖官鬻爵，郭、何为政；聚敛财富，操纵金融，熊、张司之。显世高拱而收其美余。①

虽然语带臧否，但也扼要描绘了他们四人在兴义系这一地方军阀统治集团中的支柱角色。民国时期的各个军阀集团，内部大多都以同乡、同学、师生、姻亲等复杂的人际关系联结而成、相互维系，兴义系正是其中的典型代表。

这样的地方军政集团，在其上升发展期间，为了共同的目标，成员间尚能团结一致；而在已经大权在握时，则将面临权力再分配的难题。兴义系也概莫能外。随着该集团势力的壮大，其内部渐生裂痕，最终演化为势不两立的新、旧两派。以刘显世为核心的一批人被称为"旧派"、"耆老派"或"文治派"，以黔军领袖王文华为核心的另一批人则被称为"新派"、"少壮派"或"军事派"。

新派的产生，与黔军的创设和发展密不可分。1914 年，袁世凯委派心腹龙建章担任贵州巡按使，有权指挥该省的巡防营，遂与护军使刘显世产生冲突。刘显世听从王文华建议，着手扩充军队，编成黔军六个团，王文华、熊其勋等人分任团长，王文华还兼任护军使署副官长。②由于人才不足，刘显世又邀请卢焘、李雁宾等云南讲武堂毕业生来黔协助编练部队。护国运动前后，刘显世创办模范营，抽调军官士兵加强训练。③护国战争中，王文华率领的东路黔军在湘西战绩突出，事后北洋政府陆军部任命其为黔军暂编第一师师长。④1917 年 3 月，王文华正式组建贵州陆军第一师，标志着

① 周素园：《贵州陆军史述要》，《贵州文史资料选辑》第1辑，1979年，第18页。

② 贵州军阀史研究会、贵州省社会科学院历史研究所：《贵州军阀史》，贵州人民出版社1987年版，第113页。

③ 范同寿：《民国前期的贵州军事与黔军之兴衰》，《贵州大学学报》1987年第2期。

④ 贺梓侨：《北洋政府时期的贵州政局》，《贵州文史资料选辑》第6辑，1980年，第124页。

兴义系"新派"正式形成。

王文华崛起之时，正值何应钦、朱绍良、谷正伦等一批留学日本陆军士官学校的学生毕业归国，于是延揽他们加入黔军。[1]加上卢焘、窦居仁、李雁宾、袁祖铭等人，王文华周围形成了一个以日本士官学生为主、保定系和云南讲武堂毕业生为辅的年轻军人集团，"得人之盛，前后皆望尘莫及"。[2]除了这些军人，王文华之兄王伯群，在京国会议员牟琳、符经甫，省内的李仲公、张步先，以及黔军驻沪代表双清等人，都成为新派的智囊。1917年8月，王文华就任黔军总司令，新派进一步掌握了贵州军权。

新派和旧派之间交叉纠缠，关系复杂。与旧派一样，新派内部同样利用同乡、同学、师生、姻亲等关系加强向心力。血缘和亲谊更是他们的重要维系纽带。比如王伯群、王文华是亲兄弟，都是刘显世的外甥，王文华还是刘显世的侄女婿。王文华为了网罗何应钦，将小妹王文湘嫁给了他，[3]何应钦亦由此进入兴义系这一庞大的网络之中。后来"民九事变"的实际执行人孙剑锋（孙勤梁）也是兴义人，与王文华是姑表兄弟。

在思想倾向方面，新旧两派确实有所不同。王文华少年时即与张忞等人结识，并参加了历史研究会。[4]何应钦、谷正伦等人在日本留学，大多也是同盟会员。这批人接受过较为先进的科学文化教育，较能适应辛亥之后的种种新思想。[5]王文华曾有言："乱极思治"，"国家根本摧残已尽，四国强力压迫而来，我不自觉悟而求解决，则必迫我解决之者。"[6]

熊范舆虽属旧派，但他并不保守。这可以通过一个细节得到证明。1919年2月，胡适正式出版了一部开风气之先的学术著作《中国哲学史大纲》上卷。不久之后，熊范舆就购藏了这部著作，[7]表明他对于正在崛起的学术文化

① 何应钦等人之赴黔，也与当时在日本的刘显世之子刘刚吾、刘建吾有关，详见熊宗仁《何应钦传》，贵州人民出版社1991年版，第32页。
② 周素园：《贵州陆军史述要》，《贵州文史资料选辑》第1辑，1979年，第24页。
③ 熊宗仁：《何应钦传》，第38—40页。
④ 徐宏慧：《孙中山与王文华》，何长凤、顾大全主编：《孙中山与贵州民主革命》，贵州人民出版社1987年版，第79—80页。
⑤ 谢本书、冯祖贻主编：《西南军阀史》第1卷，第395页。
⑥ 贵州军阀史研究会、贵州省社会科学院历史研究所：《贵州军阀史》，第117页。
⑦ 熊伟：《熊伟自传》，《自由的真谛：熊伟文选》，中央编译出版社1997年版，第376页。

"新星"胡适有所了解。由此可见，熊范舆虽然身处西南一隅，置身于繁杂的政治、经济事务之中，但依然保持着对新潮流的敏感。

不过，旧派中人多由清末立宪派和地方实力派演变而来，总体而言保守有余，进步不足。旧派核心人物刘显世更有这样的言论："孰云方面不易为，吾视之犹兴义团务之放大耳。"① 兴义刘氏由地主团练发展而来，虽然它所经办的"团务"已不仅仅是发展地主武装、雄踞一方，同时也包括兴学、"新政"等新内容，但在何应钦等士官学生、新派人物看来，刘显世等旧派人物好比日本明治维新以前德川幕府中的守旧封建领主集团，自己则与日本倒幕运动时期以中、下级武士为主体的新兴势力相似。②

2. 新旧两派的矛盾和冲突

新旧两派之间的矛盾萌发很早。戴戡任贵州巡按使时，一方面为了节省财政开支，一方面也希望掌握军权，曾向刘显世表示希望其放弃护军使职位，转任全省警备司令，但被其拒绝。戴戡与刘显世既生嫌隙，见王文华年轻有为，遂与其结交，两人过从甚密。在戴戡影响下，王文华对刘显世不再像以往那样尊重，甥舅之间渐生嫌隙。③

护国运动期间，新旧两派的矛盾开始变得明显。刘显世以地方利益为主要考量，决策时颇为谨慎；王文华掌握军队，亟望响应护国，领兵出征，双方意见不能完全一致。围绕是否响应云南宣布反袁独立，王文华与郭重光激烈相争。④ 实际上，郭重光不一定真心拥袁，而只是奉行其一贯的中立自保立场。但此次争吵让双方结下了怨气，埋下了新派后来刺杀郭重光的种子。王文华率领东路黔军在湘西作战期间，多次向省内提出饷械要求，但都没有得到满足，于是接连发电表示要辞职。刘显世、刘显治、熊范舆、张彭年、何麟书等人开会商议，讨论王文华的去留问题，决定派韩凤楼赴

---

① 周素园：《贵州陆军史述要》，《贵州文史资料选辑》第1辑，1979年，第17页。

② 熊宗仁：《何应钦传》，第37页。

③ 张彭年：《辛亥以来四十年间贵州政局的演变（续一）》，《贵州文史资料选辑》第2辑，1979年，第40—41页。

④ 罗焕奎口述、周杏村整理：《贵州护国前夕的梅园会议》，《贵州文史资料选辑》第25辑，1987年，第12—13页。

前线观察形势，如有可能则代替王文华为指挥官。[1] 王文华电请辞职，不过是变相要求刘显世的支援，但刘显世竟然真的派人去接替他的职位，双方的嫌隙因此加深。

1917 年护法运动爆发后，兴义系新旧两派之间因为权位私欲，加上全国政治舞台上的南北关系、段（祺瑞）孙（中山）关系，发生了一场更大的政治分裂。[2] 王文华加入中华革命党，支持孙中山的护法运动，被委任为黔军总司令，率军入川"护法"。[3] 但刘显治却向报界声明，贵州出兵四川，并未拥孙反段，只为报戴戡之仇。刘显世一面表示支持护法军政府，同时又通电北京表示"拥护中央"，以换取北洋政府每年多拨 20 万元经费给贵州，并另拨 100 万元办理善后。[4] 对于唐继尧为首的滇系，刘显世的依附性较强，新派则不满滇系称霸西南的野心，随着黔军实力的增长，希求"自树一帜"，继而与习惯于依附滇系的旧派也产生矛盾。

1917 年 7 月，贵州陆军讲武学校正式成立，王文华为监督，何应钦任校长。该校毕业学生三期近 500 人，成为黔军中下级军官的培养基地。[5] 旧派刘显潜掌握的游击军人才不足，军纪不佳。为培养人才，刘显潜保送学生报考讲武学校，却未被录取。刘显潜认为这是王文华有意刁难，遂自行创立随营学校。但据曾在该校就读的人回忆，随营学校教学手段落后，教官水平低下，结果只办了一期即停止。[6]

旧派中的任可澄对组织政团颇为热心，与熊范舆、刘显治、何麟书等人密商，希望通过组织政党来掌握贵州社会力量，主导地方政治。熊范舆此时对政治日渐淡漠，原本并不热心，在刘显治等人催促下，开始筹组一

① 张彭年：《辛亥以来四十年间贵州政局的演变（续一）》，《贵州文史资料选辑》第2辑，1979年，第46—47页。

② 桂百铸：《刘显世集团内部斗争散记》，《贵州文史资料选辑》第1辑，1979年，第120页。

③ 林子贤：《贵州护法之役亲历及见闻录》，《贵州文史资料选辑》第25辑，1987年，第108—109页。

④ 贵州军阀史研究会、贵州省社会科学院历史研究所：《贵州军阀史》，第119—120页。

⑤ 同上书，第116—117页。

⑥ 贵州省政协文史资料委员会、黔西南州政协文史资料委员会编：《兴义刘、王、何三大家族》，第35—39页。

个以创办实业、发展贵州经济为宗旨的群益社。选举过程中，熊范舆组织贵阳"忠孝团"农民投票，其弟熊继瀛也发动商界投票。王伯群得到消息，通知手下军人更换便衣，分批轮流投票。1917年3月，群益社选出60多名理事和干事，新派阵营有30多名，熊、何一派仅有20多名。①群益社没有细致的纲领和计划，只是组织聚会，打牌聚餐，不到半年即解散，但新旧两派之间的矛盾却由此加深。

新文化运动中，兴义系内部的矛盾更为突出。1918年11月，贵州成立了以"适应世界潮流、刷新贵州政治"为宗旨的少年贵州会。该组织由新旧两派合作发起，主要发起人为何应钦、谷正伦等留日学生，特别赞成人共53人，既有王氏兄弟、黔军诸将领，也有刘显世、熊范舆、任可澄、何麟书、张协陆等人。后来新派逐渐掌握了该组织，积极办讲座、演话剧，发行《少年贵州日报》，影响力渐增。至1911年10月，该会已在全省81县中成立77个支部，仅贵阳本部在籍会员即达2800余人。②旧派为了对抗，发起成立了"大中华民国贵州学生爱国会"，但影响力远逊于前者。

十月革命之后马列主义传入中国，在贵州也产生了影响，《贵州公报》、《铎报》等报纸都刊载了相关情况。据称刘显世曾与熊范舆讨论："贵州历来主张渐进，辛亥反正时，两党携手，共建军政府，可作楷模。万不可学俄国过激党，动辄暴动、捣乱，听说还搞什么'妇人国有'？"熊范舆称："据说马克思的社会主义同国际主义是一致的。它也主张基于四海同胞之精神，欲为各独立国间的国际关系圆满统一。"刘显世不懂装懂，颔首点头说："但愿如此，不过，过激党既然是为那些做工的人撑腰的，要打倒有财产、有土地的人，我看并不是好东西。贵州万万不可有过激主义和过激党的市场！"熊范舆只好附和说未雨绸缪方为稳妥。③

五四运动期间，贵州的群众运动基本由少年贵州会和省议会、省教育会所控制。新旧两派都牵涉其中，不过旧派对群众运动的容忍较为有限，

① 萧子有：《贵州群益社政党组织》，《贵州省政协文史资料存稿选编》第1卷，2006年，第35—40页。
② 熊宗仁：《"五四"时期的少年贵州会》，《贵州文史丛刊》1988年第3期。
③ 熊宗仁：《五四运动在贵州》，贵州人民出版社1986年版，第21—22页。

相比之下新派更加支持学生参加运动，王文华、何应钦还积极到学校进行鼓动。双方都试图将这些运动纳入自己同北洋军阀争权夺利的轨道。①

新旧两派冲突不断，矛盾日渐升级，究其原因，主要有以下几点。

其一，思想倾向方面的差异。一方保守，一方趋新，在与孙中山关系、对滇系军阀和北洋政府的态度上，都有不同意见。彼以此为年少轻狂，此则以彼为老成守旧，双方互不欣赏。

其二，军事权力问题。1912年刘显世进入贵阳时，所凭借的不过是区区500名徒手士兵。然而不过数年，黔军已由不足建制的6个团发展到5个混成旅，共10个团加1个警卫营，总兵力达2万多人。②其他省份多以督军总揽军政大权，但贵州陆军自从组建起，军权即落入王文华之手。作为督军的刘显世无可奈何，虽然试图以韩凤楼、袁祖铭等人替代或者分化其兵权，但均以失败告终，只好依靠刘显潜组织全省游击军作为牵制。在文武易位的民初政治格局中，兵权无疑是军阀统治的核心。王文华长期掌军，不免拥兵自重；刘显世名为督军，却无法有效控制军队。两人之间的矛盾爆发，可谓势所难免。

其三，代际冲突问题。把持省政的旧派形成于辛亥革命前后，在省内外的地位和声望均非新派所能比拟，"给王文华及其亲信一种压抑感"。③新派多为旧派的子侄辈。据旧派其他人物回忆，郭重光"向以前辈自居，对人傲慢"，"申斥［后辈］不留余地"。④何麟书为贵州望族，过去在贵阳教书，王文华等诸多新派将领都曾经是他的学生，见面时均执弟子礼，酒酣之际，何麟书往往不留情面地加以训斥。⑤熊范舆也曾经是王文华兄弟的老师。一向对王文华不满的刘显治曾密电熊范舆，称王文华不易约束，嘱咐熊范舆以老师和秘书长的身份遇事裁抑。⑥以王文华为代表的新派早已不再是当年的学

① 贵州军阀史研究会、贵州省社会科学院历史研究所：《贵州军阀史》，第123页。
② 范同寿：《民国前期的贵州军事与黔军之兴衰》，《贵州大学学报》1987年第2期。
③ 贵州军阀史研究会、贵州省社会科学院历史研究所：《贵州军阀史》，第112页。
④ 桂百铸：《刘显世集团内部斗争散记》，《贵州文史资料选辑》第1辑，1979年，第127页。
⑤ 何克勤：《何氏家族与贵州"民九"政变》，《文史天地》2006年第12期。
⑥ 张彭年：《辛亥以来四十年间贵州政局的演变（续一）》，《贵州文史资料选辑》第2辑，1979年，第61页。据说这份电报不巧被王伯群看到，由此埋下了后来"民九事变"中熊范舆被刺杀的直接根由（萧子有：《贵州群益社政党组织》，《贵州省政协文史资料存稿选编》第1卷，2006年，第36—37页）。

生，而是已经手握军权，旧派在他们面前摆老资格，自然会引发他们的不满。

最后，还有家庭纠纷的影响。王伯群、王文华为刘显世大姐刘显屏所生，后来刘显世又将侄女刘从淑嫁给王文华，两家亲上加亲。但护国运动之后，王文华意欲纳妾，刘从淑失意之下吞食鸦片自杀。[①] 后来事情虽然得到平稳解决，但刘显世与王文华之间的亲情未免趋淡。

二 贵州政坛的血雨腥风

"兴义系"新旧两派之间的矛盾，最后导致了两次流血事件，即"民八事变"和"民九事变"。这两次事变不仅夺去了一些人的生命，更加剧了贵州政治生态的血雨腥风。此后十余年里，贵州政坛一直摆脱不了血腥的权力交替模式，在这种模式下，一时的成功者转瞬间又可能成为下场惨烈的失败者。

1. "民八事变"幸免一劫

民八事变的起因是所谓"渝柳铁路借款案"。1918 年 11 月，王伯群被任命为贵州省长公署代表，赴广州护法军政府工作，次年 1 月又被委任为南方议和代表及贵州全权代表。他在广州时结识了华侨实业公司主任赵士觐。该公司以外国资本为后台，在加拿大渥太华设有总公司，在广州设有分公司。王伯群认为贵州交通不便，商旅阻滞，实业发展受限，希望借助外资修筑铁路，推动贵州实业发展。经刘显世同意后，1919 年 3 月 30 日，王伯群、赵士觐二人在上海签订了由华侨实业公司承筑渝柳铁路（由重庆经贵阳到柳州）的草约，并以"振兴实业，开辟交通及办理善后"为由，签署了向该公司借款的草约，作为路约的附件。

筑路草约共 16 条，除了规定筑路时限、缴纳保证金及其他技术性条款外，主要内容有：铁路筑成后，由承筑人管理 40 年，每年以溢利 5% 酬报

---

①　熊宗仁：《何应钦传》，第91—92页。

贵州政府，时限到期后，铁路交还贵州当局；与川、桂两省相关事宜，由贵州负责交涉；准许承筑人购买铁路沿线之煤炭和木材；在贵州境内铁路沿线30华里内，承筑人有权与贵州合办或独力举办矿业、林业。①

借款草约共9条，主要内容有：借款金额为500万美元，每100美元实收96美元；依实收数按年付息6厘，20年内还清；以铜仁地区全部矿山做抵押；逾期不能偿还，承筑人有权对抵押品自由处置；如抵押品不敷赔偿，则以贵州其他矿山为补充；华侨实业公司有在贵州及贵州通商口岸建设电车、自来水、电灯之优先权；贵州政府今后欲开商埠，修筑码头，兴办航运，华侨实业公司有投资优先权。②

两份草约如果能够成功签订，铁路能够修成，将成为贵州史上的创举，将对贵州乃至整个西南地区的经济发展起到极大的推动作用。自然，也可以提高王伯群和新派的威望。两份草约中有不少掠夺性的苛刻条款，但与当时从中央到地方签订的同类条款相比，并无太大差异。刘显世本已同意签约，熊范舆也表示赞成，甚至亲自抄写借款条约和中国银行贵州分行对于此笔款项的分配用途表，请刘显世核准。③省议会多次讨论路约，均无异议。

6月9日，省议会再次开会，对借款草约进行审议。对于借款用途，与会者意见不一，或主张修路，或主张整治河道，或主张开发矿产。借款利息每年将近30万美元，折合华洋60万元，对于贵州财政而言是一笔沉重的负担，如何偿还，众人认为必须认真讨论。对此，王文华提出"拉本作利"，即从实收的借款中拿出一部分来支付利息。他又声称，驻川黔军历年欠饷很多，为了补发军饷，还需要从借款中提取100万美元归其支配。然而，王文华不久前从重庆返回贵阳时，曾对财政厅长张协陆说川省的协饷足够其用。④王文华此议一出，会议几乎停顿，刘显世只好宣布改日再议。⑤

① 熊宗仁：《评贵州"民八事变"》，《贵州文史丛刊》1984年第4期。
② 《贵州公报》1919年7月22日，转见《民国贵阳经济》，第31—32页。
③ 桂百铸：《刘显世集团内部斗争散记》，《贵州文史资料选辑》第1辑，1979年，第121页。
④ 张汝弼：《张协陆与"民八"事件》，《贵阳文史资料选辑》第8辑，1983年，第64—65页。
⑤ 张彭年：《辛亥以来四十年间贵州政局的演变（续一）》，《贵州文史资料选辑》第2辑，1979年，第53页。该文中提到的借款数额为1000万美元，可能是作者记忆有误。

张协陆本来就不同意签约，遂与政务厅长陈廷策、省议会议长张彭年相商，一方面表示同意筑路，另一方面则认为借款草约对贵州十分不利。张协陆随后另拟办法上书刘显世，并将自己的意见刊登于《贵州公报》，还铅印多份广为散发。意见书中指出：借款事前未定用途，年息太高，未来偿还困难；即使借款，也应专款专用，不可挪用；借款金额当以200万华洋为限。这份意见书的字面条款均极在理，省内外由此掀起了一场反对王文华兄弟"卖省营私"的轩然大波，本来赞同借款的刘显世和熊范舆，此时也转而反对。[①]吵嚷半年之后，签约期限已过，草约遂成废纸。

签约未成，新派向旧派发起了猛烈攻击，矛头直指张协陆、熊范舆等人。他们在《少年贵州日报》、《勤报》上刊登广告，扬言将刊载《贵州财政厅黑幕大观》，指出贵州物价暴涨、捐税苛重、人民生活疾苦等诸多问题，都是"因为省长的昏聩，长财厅的腐败，司政务的黑暗，管银行的狡诈，主议会的不顾民意"[②]。他们还在黔军官兵中散布对于反对借款诸人的不满，发动数百名黔军伤兵集体到财政厅前索要欠饷和抚恤金。伤兵三五成群，手持棍棒闯入张协陆宅邸吵闹。张协陆提出辞职，刘显世不批准。新派又提出"军民分治"，策动省议会通过了任王伯群为贵州省长的议案，并要求广州的护法军政府发布委任命令。时值省教育会会长任满改选，新派推出彭象贤竞选，结果属于旧派的原会长张彭年落选。

刘显世企图隐忍退让，以求局势缓和，然而新派步步紧逼。11月26日，王文华在家请客，邀请陈廷策赴宴，刘显世、张协陆、熊范舆、郭重光一同出席。席间，王文华、何应钦、谷正伦表示将捐弃前嫌，重归于好。然而深夜回家路上，陈廷策遭遇枪击，幸而未中要害，免于一死。次日，贵阳城内风传新派组织了"暗杀团"，将要刺杀反对借款诸人。

11月28日，省议会审议历年决算案，发现财政支出与收入不相吻合，遂正式提出查办财政厅案。刘显世迫于压力，决定舍车保帅，几天之后咨复省议会，同意从严查办张协陆。新派认为暗杀政敌不够光明正大，决定将库存旧军服沿街散发给乞丐、流氓，派军官化装指挥，召开"贫民大

① 《本省新闻》，《贵州公报》1919年8月27日。
② 熊宗仁：《评贵州"民八事变"》，《贵州文史丛刊》1984年第4期。

会"，然后至张协陆、熊范舆家中，朋分其家产，再将两人押至省议会参加公审，之后立即将两人枪毙在省议会门外。处于黔军警卫营便衣监视下的张协陆得知这一消息，即秘密写信给其弟张彭年，让他立即逃走。张彭年遂逃离贵阳，经云南转道越南前往上海。①

内外交困、走投无路之下，张协陆服毒自杀，并留下遗书四封，分别致刘显世、王文华、财政厅同人及妻子罗氏，要求刘显世退位让贤，希望王文华维持地方大局，向财政厅同人表明清白，嘱咐妻子养育子女。②张协陆过去在兴义襄赞学务时，与王文华私交很好，后来组织群益社时双方也有过合作。但在你死我活的权力斗争中，当个人私谊与实际利益发生冲突时，前者必将会被毫不犹豫地舍弃。另外，黔军兵力迅速壮大，军费亦随之激增，已大大超出贵州这个贫瘠的内陆省份的财政承受能力。张协陆与王文华的对立也从一个侧面表明，贵州的财政基础与军事导向之间的内在矛盾，已经变得不可调和。

熊范舆原本内定将被一同"处死"，却因为张协陆的自杀而幸存下来。陈廷策遭受枪击后不敢复出任职，政务厅长遂由新派的周鸿宾代理。财政厅长由王文华的妻兄段家榕接任，不久何应钦出任警察厅长。加上此前履新的省议会议长张士仁、教育会长彭象贤，刘显世周围已多是新派人物。

2. "民九事变" 最终丧生

民九事变是民八事变的继续，也是新派向旧派夺权的最后一击。在此之前，双方各有动作。

1919 年年底，王文华、何应钦、谷正伦等人发起成立"贵州政治委员会"，以"刷新政治"为宗旨，要求"审议贵州政治上一切应兴应革事宜"。③王、何推举此时正在主持贵州通志局事务的任可澄为会长，以"废督留省、废道设厅"为议题召开会议，意在胁迫刘显世让出督军或省长职位。会议

① 张彭年：《辛亥以来四十年间贵州政局的演变（续一）》，《贵州文史资料选辑》第2辑，1979年，第57—60页。
② 张汝弼：《张协陆与"民八"事件》，《贵阳文史资料选辑》第8辑，1983年，第68—69页。
③ 熊宗仁：《贵州军阀统治形态走向成熟的三部曲》，《贵州社会科学》2001年第3期。

熊范舆夫人黄德昭晚年照片

一再请刘出席，刘显世则推脱应酬未归，当面邀请也避而不至。后来刘显世对人说："废督就是逼我死。"[1]王文华不想落下逼死亲舅舅的恶名，只得暂缓从事。但刘显世环顾左右已无心腹，为暂时缓和矛盾计，私下允诺南北统一后，以王伯群为省长，王文华为督军。

1920年5月，刘显世被广州军政府补选为政务总裁。6月17日，他通电宣布自废黔督，以靖国联军副总司令名义收束军事，仍然握有黔军的最高统率权。他决定孤注一掷，倾尽全力"倒王"。

刘显世支持薛尚铭组成了反对王文华的秘密组织——靖难军。薛尚铭曾参与1917年川军、黔军在成都的火并，幸免一死，返回贵州后长期得不到王文华重用，与袁祖铭较为亲近。他在四川安岳设立靖难军总司令部，号称掌握10余营兵力。之后他公开登报声明反王拥刘，与四川各军恢复友善关系，号召黔军官兵脱离王氏体系。[2]靖难军还广为印发一系列传单、文告，历数王文华的罪恶，其中有的确有其事，有的则颠倒黑白、无中生有。

其二，由于原驻湘西的卢焘混成旅被王文华调往重庆，刘显世遂令游击军第三路司令王华裔入驻湘西。王华裔自称清乡司令，公开打出了反对王文华的旗号。刘显世电召刘显治由京返黔，参与策划倒王。刘显治草拟了王文华"十大罪状"的通电，派人携至湖南洪江，由王华裔署名发表。此外，刘显潜的游击军多部，也在向贵阳暗自移动。

不过，刘显世的倒王活动气势虽盛，但由于王文华在黔军中根基深厚，牢牢控制黔军主力，所以收效不大，反而加速了新派全面夺权的步伐。至1920年9月底，川军联合驱逐滇、黔军的战事已进行到后期，黔军的势力

① 桂百铸：《刘显世集团内部斗争散记》，《贵州文史资料选辑》第1辑，1979年，第124—125页。

② 贵州军阀史研究会、贵州省社会科学院历史研究所：《贵州军阀史》，第133页。

范围只剩重庆一隅。为避免被川军包围聚歼，王文华决定将黔军撤回省内。由此，新旧两派的决战一触即发。

1920年10月初，王文华在重庆召集谷正伦、朱绍良、卢焘、胡瑛等高级将领会商，决定以卢焘代理总司令，胡瑛为总指挥，谷正伦为副总指挥兼参谋长，率领黔军"回黔就饷"，配合在贵阳的警察厅长何应钦发动政变。他自己则以养病为借口前往上海，以免被人指责"以甥逐舅"、"以下犯上"。据"民九事变"的实际参与者回忆，王文华曾经嘱咐部下重在夺权，不要伤及刘显世：

> 刘显世名虽督军兼省长，实际无异傀儡，被郭（重光）、熊（范舆）、何（麟书）等人所包围，一切都听他们发纵指挥。黔军回省，主要在"肃清君侧"，仍拥刘为领导，而另组适当人选分别负责政务。①

10月下旬，离川黔军陆续退回贵州省内。刘显世派人赴遵义"宣抚"，探听虚实，结果发现黔军装备整齐，并无败军之象。为做预先防范，刘显世急调刘显潜所部游击军张三元、凌国先、王梅村3个营以及王华裔部1个连赶往贵阳，并连日与熊范舆、何麟书、郭重光、丁宜中等人筹划应对之策，准备等游击军集结完毕后，先消灭何应钦在贵阳的武装，再做其他打算。

然而刘显世的准备情况被亲侄子刘璧璋探知，并告诉了何应钦。何应钦于是密电谷正伦、卢焘等人，嘱其派孙剑锋率领警卫营尽速赶回贵阳。为免除刘显世的疑心，何应钦告诉他说，卢焘将于近日率领黔军返回贵阳请示，为此派警卫营先来安排。刘显世明知警卫营是王文华的精锐部队，人员素质和装备在黔军中都最好，但营长孙剑锋是自己长子刘建吾的妻兄，副营长林子贤是自己次子刘刚吾的妻兄，故而对该营的到来未加特别防范。②

10月26日，黔军警卫营到达贵阳。孙剑锋与何应钦联系，所部官兵轮流放假，在城中逍遥浪荡，"不成体统"。何应钦、孙剑锋、林子贤则走亲

---

① 林子贤：《贵州"民九事变"亲历记》，《贵州文史资料选辑》第1辑，1979年，第137页。
② 熊宗仁：《何应钦传》，第107页。

访友，拜会省内要人，暗中侦察地形和路径，了解游击军的驻防情况。刘显世本来对警卫营的回来颇感不安，见到这些情形，便放松了警惕。①

11月10日，何应钦与孙剑锋在警察厅商讨行动计划，最终确定捕杀郭重光、熊范舆、何麟书三人，并由孙剑锋具体负责执行。② 当晚，孙剑锋召集连、排长分配任务：第一连连长贺永顺率军两排解决凌国先部；第二连连长陈子清率兵两排解决张三元部；第三连连长张文藻率兵一排捕杀郭重光；华云先等两个排长各率兵一排，分别逮捕熊范舆、何麟书；林子贤率机关枪连向督军署警戒，负责老东门到大西门一带；孙剑锋坐镇营部指挥。③

当天晚上，郭重光等耆老会成员聚会，众人劝其躲避，郭重光不听，结果夜里即被士兵绑走，从虎门巷郭家湾押至北门桥头（今喷水池桥附近）。据目击者称，警卫营士兵"把郭放平在卖肉的案桌上，几人按住，一刀剁下郭的脑壳，提起脑壳就走了"。④郭重光的幼子郭虞彩、次女郭润彩一同被戕害。⑤

熊范舆遇刺那天晚上，长媳郎氏之兄前来报信，劝他躲避，但他坚持不走。⑥旧派成员、熊范舆同窗老友桂百铸回忆说：

　　　事变当晚，熊范舆被杀前不久，我适在他家，谈到当时险恶局势，劝他出走。他以老母为念，并认为祸不致死。事后，据熊家人谈，我走后，消息愈来愈坏，熊念"一人出走，丢下全家，心殊不合，全家出走，势已不能"。终于在院内花台旁为王部来兵杀死，割头而去。⑦

---

①　林子贤：《贵州"民九事变"亲历记》，《贵州文史资料选辑》第1辑，1979年，第134—135页。

②　邓庆棠：《郭重光与贵阳耆老会》，《贵阳文史资料选辑》第8辑，1983年，第87页。

③　林子贤：《贵州"民九事变"亲历记》，《贵州文史资料选辑》第1辑，1979年，第135页。

④　李兆杰：《从北门桥"宰人"看旧贵州》，参见贵州省史学会近现代史研究会编《二十世纪二十年代的贵州论文集》，2001年，第113页。

⑤　《民国郭重光墓碑》，贵州省博物馆编：《贵州省墓志选集》，1986年，第211页。

⑥　《熊温礼、熊易水访谈记录》，2011年。

⑦　桂百铸：《刘显世集团内部斗争散记》，《贵州文史资料选辑》第1辑，1979年，第129—130页。

这也就是本书开篇所描述的那一幕。熊范舆遇刺之后，过了5天才发还首级。家人请皮匠缝合头颅后，将其葬在城外云关坡山洼里。

何麟书的境遇有所不同。警卫营士兵闯入何家，先是打死了马夫。紧接着，何麟书子侄三人或被砍头，或被射杀。何的幼女刚满周岁，被士兵一刀刺中大腿，幸而保姆舍身扑救，称其是女孩，才捡回一条命。据何家后人回忆，当时何麟书听到扰攘声音，拿出佩枪欲做一搏，被夫人劝住，后来从二楼窗户跳至隔壁朱氏人家的花园，从而得以逃脱。①

据参与执行当晚刺杀行动的警卫营副营长林子贤回忆，丁宜中并不在刺杀名单之列，但进行时有人到丁家搜查。②丁宜中当晚躲在祠堂后楼，未被搜查的士兵发现，第二天得以逃往外地。③

至此，刘显世所倚靠的"四大台柱"已然坍塌。行动当晚，凌国先、张三元两营游击军未放一枪即被缴械，之后警卫营合并包围了督军署。次日清晨，警卫营又迫使守卫督军署的部队缴械。刘显世完全失去反抗能力，只能交出权力。

事变发生之后，贵州省议会、教育会、农会、商会、工会、军事后援会、红十字会、少年贵州会、民生社、八十一县同乡联合会联名向全国发出一份通电，宣告贵州政坛发生了权力更迭，并且试图为这次血腥事件做出貌似正当的解释。

> 各报馆均鉴：游击军统带王华裔倡乱祸黔，系熊范舆、郭重光、何麟书等从中主使，竟敢不奉刘帅命令，擅调王华裔所部入省，并于本月十号在中道署秘密会议，图谋起事。事为陆军侦悉，当即围攻游击营，迫令缴械解散。熊、郭两逆，即时擒获正法。半日之间，救平剧变。现在地方安静，秩序如常。惟刘副帅以精力就衰，决意辞去省长。当以省议会、各团体开会，公推前云南省长任可澄担任临时贵州

---

① 何克勤：《何氏家族与贵州"民九"政变》，《文史天地》2006年第12期。
② 林子贤：《贵州"民九事变"亲历记》，《贵州文史资料选辑》第1辑，1979年，第139页。
③ 丁宜中：《我所知道的袁祖铭》，《贵州省政协文史资料存稿选编》第2卷，2006年，第438页。

省长，维持治安。恐远道传闻，或失真相，谨此电达。①

　　经过"民八"、"民九"两次血腥事件，兴义系旧派的统治终告结束。然而，贵州政局并未从此平静下来，反而陷入了不断的权力斗争和政治动荡。1921年3月，王文华被黔军另一名首领袁祖铭派人刺杀于上海。此后，暗杀、刺杀成为贵州政坛派系斗争的一大特色，黔军内部各派之间的权力斗争也日趋白热化。1922年年初，手握贵州重权的何应钦在黔军内讧中被逐，避至昆明后依然遭到政治对手刺杀，深受重伤，差点性命难保。随后不久，谷正伦也在权力斗争中失势，黯然离开贵州。② 在赶尽杀绝的权力竞争模式下，很难存在真正的胜者，无论是失败方还是一时的成功方，都可能面临同样惨烈的命运。

---

①　《贵州各公团通电》，《申报》1920年11月27日。
②　熊宗仁：《何应钦传》，第120—122、134—138页。

尾　声

　　熊范舆出生于地处西南一隅的贵州，通过科举正途跻身于末科进士之列，见证了帝制时代科举制度的最后荣光；而后赴日留学，为立宪运动奔走，亲历了20世纪初期中国人对于宪政的热烈追求。后来他又返回西南，在云、贵两省担任重要职务，致力于家乡的实业发展，最终却在共和时代惨烈地丧生于地方舞台上的权力斗争，时年仅42岁。可以说，无论是在晚清的科举史、立宪运动史还是西南地方史上，他都是一个绕不过去的人物。由于种种原因，以往学术界对于熊范舆其人缺乏专门的研究，偶尔提及时也大多以讹传讹。行文至此，我们才将其一生的大致轨迹梳理清楚。

　　无论是个人的喜剧还是悲剧，都是时代风云的缩影。熊范舆一生的跌宕起伏、辉煌和惨烈，并不仅仅属于他个人，也属于一个特殊的时代。熊范舆的一生，从时间上来看，主要跨越了清末立宪、辛亥革命、民初护国运动等多个重大历史节点；从空间上来看，辗转于西南、京津、日本等多个场域。就其身份来说，有末科进士、留日英杰、立宪先锋、中国最早的行政法学家、西南政经枢纽人物等多个不同面相。在一个剧烈变化的时代，个体命运与时代、社会的关系显得更加紧密。可以说，个体参与创造了这个时代，而时代也将他们裹挟其中。

　　透过熊范舆纷繁复杂的生平经历，后人可以发现四个鲜明的主题，它们不仅可以解释熊范舆本人惨烈的人生结局，也有助于更深刻地理解清末民初的变革历程。

首先，是时代潮流的变幻。

熊范舆赶上了一场 2000 多年来未有的时代巨变。这场变革的核心主题，是从传统专制王朝走向近代宪政国家。进入 19 世纪末 20 世纪初，古老的政治制度已经显得苍白无力，越来越难以适应国际竞争的大势。在家国存亡的严峻形势面前，一场大规模的新政、立宪潮流勃然兴起。在此过程中，延续了上千年的科举选官制度被最终废除，国民教育体系逐渐建立起来，学习西方的民主制度，推动中国制定宪法、召开国会、走向宪政，为越来越多的先进人士所接受。与此同时，一股革命潮流也在涌动，与立宪潮流互为激荡。在各方力量的推动下，古老的专制帝制轰然坍塌，新的民主共和制度破壳而出。

作为这场纷繁复杂的世纪变革的亲历者，熊范舆的个人命运与国家和社会变革的洪流紧密相连，也具体而微地折射了这场变革的艰难曲折。来自西南边陲的熊范舆，青年时代起即眼光向外，从贵阳到北京，从北京到东京，再从东京返回北京，他追随着时代潮流一路前行。出身寒微的他有幸追随名师严修问学，结交了一批同窗好友，头脑中播下了立宪救国理想的种子。此后，他 26 岁考中举人，27 岁高中进士，体验了传统时代无数读书人梦寐以求的辉煌时刻。

站在科举道路的顶峰，他又决然选择自费出国留学，汲取域外新知，同时积极融入追求宪政改革的新潮流，几年内便完成了从传统士人精英到近代立宪先锋的华丽转身。回国后，面对新旧制度急剧转换的趋势，厕身于旧体制的他并未拘执于原有的政治观点，而是顺应共和革命的潮流，有幸在历史性的民国肇基过程中留下自己的烙印。政治革命的浪潮稍微平静下来之后，他又经历了从京津到昆明再到贵阳家乡的舞台变换，尝试了从"立宪救国"到"实业兴省"的路径转折。

当然，时代潮流的变迁并不全是"阳光明媚"，也有"乌云蔽日"的一面。宪政共和制度毕竟是从西方移植过来的，在中国的初始生长过程异常艰难曲折。短暂的议会政治之后，又陷入了帝制复辟、国家分裂、武人擅权、军阀混战的乱局。以历史学家的后见之明来看，这种乱局仍将持续十几年方能结束，宪政制度在中国的扎根成长则需经历更长的时间。

制度转型过程中的断裂和失序，特别是科举制度废止导致的文、武关系逐渐异位，对于文化人而言尤为不利，连熊范舆这样兼具旧学新知的文士精英也难免受到影响。科举取士时代，熊范舆那样"正途"出身的士大夫群体在中央和地方舞台上扮演着主角。但科举制度停废之后的十几二十年里，中国逐渐进入了一个"武人当国"的动荡时代，掌握军队才是权力的保障。甚至是士林领袖梁启超，也需要蔡锷、戴戡这样手握军队的实权人物，方有在政治上发挥作用的可能和基础。文官、文士既然难以摆脱对中央或者地方军政集团的依附，在军阀混战、权力斗争的背景下，也就难免被形势所裹挟，直至成为失败者乃至牺牲品。熊范舆后来正是遭遇了这样的经历，与贵州地方军政集团"兴义系"纠缠太深，最后在新旧军阀代际冲突之中丧生。

其次，是人际网络的消长。

一个人是在具体的人际网络中展开社会行为的，又通过持续的社会行为而建构、巩固或者削弱、损毁自己所属的人际网络。结果，个体成为诸多网络中的一个节点，通过其所属的人际网络和在该网络中的地位来自我认定和被认定，其社会身份乃至个体命运也由此而被确定。美国学者萧邦奇曾经探究过清末民初风云变幻中的沈定一被杀之谜，向读者展示了人际网络与个体身份转换之间的微妙互动关系，以及这种互动如何最终演变为生命惨剧的过程。[①] 无独有偶，沈定一这样的人生道路乃至生命结局，在比他年长五岁的熊范舆那里也有着类似的上演。

综观熊范舆一生的轨迹，在他周围呈现了两层不同的人际网络。一层是地方性的网络，主要由贵州本地人组成；另一层是全国性的网络，以少数走在时代前沿的士人领袖为中心。这两个层次的人际网络既明显区别开来，相互之间又密切交叉。不管是涉足政治还是投身实业，熊范舆都要依托这些层次不同的人际圈子，游刃于复杂的权力格局当中。

早年在贵州本省的求学、任教生涯中，他结交了一批同窗好友以及兴

---

① 参见[美]萧邦奇《血路——革命中国中的沈定一（玄庐）传奇》，江苏人民出版社1999年版。

义刘氏这样的地方豪族，初步构筑了将来在贵州政坛的人际网络基础。他在贵阳学古书院求学时结识的诸多同学，民国初期大多成为贵州政治、文化舞台上的重要人物，与熊范舆一起自然结成了一个省内精英圈子。而他与兴义刘氏的关系，则因为一段在笔山书院教书的经历而更趋密切。特别是兴义刘氏中的刘显治，跟熊范舆既是贵阳学古书院、日本东京法政大学的同学，又一同在辛亥革命中的云南军政府出任要职并共赴南京亲历民国肇基过程，双方更有一层姻亲关系。这些经历，帮助构筑了熊范舆深厚的地方人际网络。

熊范舆走出贵州省之后，在科举、留学和立宪运动中所结识的同年、同学、同道，则构成了其全国性人际网络的主体部分。尤其是在追求"立宪救国"的道路上，他与梁启超、杨度、沈钧儒这样的士人领袖、时代精英同为立宪而呐喊奔走，成为志同道合的伙伴，逐渐形成了一个松散却又生气相通的文人精英圈子，使自己汇入了全国性的精英网络当中。同时，他亦与陈国祥、蹇念益、戴戡、唐瑞铜、袁永廉等贵州籍同乡建立起了深厚的情谊，这些贵州精英除戴戡外，后来也主要活动于全国性的政治舞台上。

但在新旧转型的大环境下，精英圈子、人际网络的构成流转不定，权力博弈的游戏更加诡谲。特别是进入民国以后，新生的共和国基础不牢，军事强人纷纷崛起，文人精英退居配角，政治形势紊乱多变。熊范舆最重要的同人当中，杨度走上了完全相反的政治道路，投身军旅的蔡锷和戴戡先后在动荡的时局中身故败亡，雄心勃勃的思想领袖梁启超最终黯然退出政坛。在此过程中，熊范舆所属的全国性精英网络趋于萎缩。

由于全国层面人际网络的断裂，加上个人情感因素的影响，熊范舆后来更多地依托于地方性的人际网络。他与执掌贵州大权的刘显世军政集团保持密切关系，这为他后来的"实业兴省"之梦提供了强大的人际网络支撑。不过，这个地方性的人际网络，与他此前所熟悉的全国性士人精英圈子差异较大。君子之交淡如水，士人精英圈子更多依靠相似的理念聚合在一起；民国前期的这种地方军政集团，则更多地依靠共同利益来维系。理念产生分歧，可以彬彬有礼地分道扬镳；利益出现分化，则势必走向矛盾乃至激烈的冲突。这种人际环境，对于空怀救国济世抱负的文士精英而言并不那么有利，甚至可能变得暗藏危机。

再次，是区域环境的影响。

熊范舆是由贵州出发走向全国舞台的。贵州僻处西南边陲，远离传统的政治、文化中心，在明清时期中国的文化版图上长期处于相对落后的地位。不过到了清末，贵州因为一些特殊的因缘，既有李端棻这样的黔籍维新名臣，又有严修这样思想先进的教育家主持一省教育，与梁启超等维新派也有千丝万缕的联系，因而一度较早地引入了维新立宪思潮，也使熊范舆等一批贵州英才较早接受了立宪思想。

熊范舆走出贵州之后，相当长一段时期内都在华北、京津乃至日本东京一带活动。日本东京在当时无疑是东亚地区新思想、新理论的集中地，中国的许多有志青年莫不心向往之，那里汇集了不少来自中国的知识精英。而华北、京津作为中国政治文化的中心，乃是种种新思想、新理论的最佳试验场，更是诸多精英人才的最佳活动舞台。熊范舆身处这种环境，既可以求得先进的理论知识，也能够结识一大批理念一致的同学、同志。他们一起办报组党，大力鼓吹国会请愿，走在了时代的前沿，完成了从传统士人精英到近代立宪先锋的华丽转身。

然而回到贵州家乡以后，熊范舆所面临的已是一种大为不同的区域环境。贵州虽然地处偏僻，但却并非世外桃源。民国建立之后，贵州在相当长一段时期内政局动荡不已，沦为大小新旧军阀的角力场，自然无法为实干家提供发展经济的良好空间和环境。有人甚至以一句形象的话来描绘当时贵州环境的恶劣："贵州一条虫，出去便成龙；外面一条龙，回来便成虫。"[①] 受社会环境、政治格局等多方面的掣肘，熊范舆虽然致力于发展金融，倡导实业，希望走出一条"实业兴省"之路，但收效并不甚大。

尤为值得注意的，是民初以来贵州地区残酷的军政权力更迭模式。与贵州相邻的云南，辛亥革命期间战斗极为激烈，但流血革命之后，成功者对失败者的态度较为温和，没有发生更多不必要的流血事件。相比之下，

---

① 朱崇演：《浅议20世纪20年代的贵州社会》，载贵州省史学会近现代史研究会编：《二十世纪二十年代的贵州论文集》，2001年，第43—44页。

贵州在政权鼎革之时没有发生激烈战斗，而所谓"革命"完成之后，权力斗争却愈演愈烈。刘显世军政集团在民初贵州政治舞台的迅速崛起，借助了血腥的刺杀、政变和屠杀，以及外省军事力量的干预。在此过程中，贵州的政治生态日益呈现暴戾的特征。权力的交接转移不再以和平方式完成，而是必置对方于死地。这种血腥暴力的权力更迭模式在民国前期的贵州政坛上延续了很长一段时间。回归家乡的熊范舆虽然后来不愿过多涉入政治，但他在贵州政坛上的地位及与兴义刘氏复杂的关系，决定了他根本无法置身于这种暴戾的政治生态之外。变幻莫测的政坛风云，使熊范舆后期的人生道路愈加显得艰难。贵州新旧军阀间血腥的权力斗争，最终吞没了这位末科进士的生命。

最后，是个人的选择。

自由意志与决定论，或者说偶然性与必然性这样一对范畴，是一个永无答案却又一直引人思考的哲学话题。如果承认自由意志的作用，那么就熊范舆个人而言，他的三次选择对自己的人生走向有着重要影响。第一次是1909年接受李经羲的邀请去了云南，第二次是1913年返回贵州，第三次是在1920年"民九事变"风雨欲来之时选择面对而不是出逃。

熊范舆的第一次选择，是出于一个偶然性的机会，即新任云贵总督李经羲的邀请。担任李经羲这样的封疆大臣的幕僚，对于熊范舆来说似乎是一个不错的选择。晚清时期，不少杰出人物都出身于高级官僚的幕府，如辜鸿铭、盛宣怀等人。就连晚清名臣李鸿章，早年也曾经在曾国藩幕府中襄办营务。然而清朝很快覆亡，读书人由幕僚而主官乃至大吏的常规仕宦轨迹戛然而止。但由于这次选择，熊范舆的人生轨迹却发生了明显的转折，活动重心从全国性的舞台更多地转向了地方性的舞台，并开始更多地介入和回归地方性的人际网络。

熊范舆的第二次选择，即返回阔别多年的桑梓之地经营自己的事业，可能有着个人和团体两方面的原因，既有回归家乡，以实业报国的个人动机，也有作为进步党人为派系谋发展的客观要求。个人方面，与当初随李经羲赴滇一样，他一直重视家庭，时时以奉伺身在家乡的老母为念。并且当时中国已经兴起了实业救国的潮流，连孙中山这样的革命领袖都一度决定全力投身于铁路建设。熊范舆的兴趣也从政治逐渐转向了实业，在中央可能当议员"立言"，回到地方则可能有"立功"发展实业的空间。团体方面，作为进步党的重要成员，熊范舆拥有一些特殊的优势。他既在全国舞台，也在云贵地区拥有良好的人际网络；既在原立宪派同人中享有盛誉，为进步党领袖梁启超所重视，也跟地方实力派刘显世保持密切联系。梁启超为了图谋进步党的事业，希望利用这种良好的条件，因而需要熊范舆这样的人在地方层面进行努力。与兴义刘氏的密切关系，使熊范舆回到贵州后得以担任省内要职，执掌一方金融，并致力于振兴地方实业。然而正是这种微妙的关系，使他卷入了复杂的地方权力斗争旋涡，危险也在一步步向他逼近。

第三次选择，在严峻的形势面前却不愿出逃，一方面是出于对家庭的保全之心，另一方面也许是还没有认识到权力斗争会如此血腥。然而，最终的结果却是如此惨烈，远远超出他的预料。

熊范舆做出这三次选择，有一个重要的缘由就是家庭因素。母亲严氏守寡二十多年，艰难将四名子女抚养成人。无论是从伦理上，还是从情感上，熊范舆都有理由奉行孝道。"父母在，不远游"，母亲不愿意跟随子女外出生活，熊范舆便希望留在家乡侍亲。纵使面临在政变中被杀的危险，他也不愿离家出逃。

熊范舆遇刺身亡时，长子正在日本留学，两个大女儿已经出嫁，此外还有 6 名子女尚未成年。或许正是出于熊范舆的血腥教训，其遗孀黄德昭（1875—1946）"悲先君株守老母以死，平生最患子女之不志在四方"①。在她的鼓励下，子女们少年时期即纷纷走出贵州家乡，后来大多接受了高等教育，从事专门性的学术、教育工作。长子熊其锐（1900—1968），曾在日本学习农业、蚕桑，回国后在镇江、无锡、贵阳等地从事蚕桑事业，曾任全国经济委员会蚕桑改良场总务主任、贵州省立蚕业实验所所长等职，中华人民共和国成立后担任过四川蚕丝公司总工程师。他作为长子，为了减轻

---

① 《熊母黄太夫人行述》，1946年。

寡母的负担，一度将自己的部分收入用于资助 4 个弟妹在北京读书。次子熊伟（1911—1994），1933 年毕业于北京大学哲学系，曾经留学德国，师从著名哲学家海德格尔，后在波恩大学、柏林大学、中央大学、同济大学等校任教，中华人民共和国成立后长期担任北京大学哲学系教授，是国际知名的哲学家。三子熊其杰（1913—2007），1933 年考入南开大学物理系，1938 年毕业于西南联大，曾在晋东南地方工作委员会和中国工业合作协会任职，中华人民共和国成立后长期任教于兰州医学院、兰州大学。幼子熊其仁（1915—1988），北京大学物理系毕业，曾在都匀师范学校、西南联大、贵州大学执教，中华人民共和国成立后长期担任贵州工学院教授。三女熊南英（1910—1989），西南联大生物系毕业，后来任教于偏僻的黔北小县务川县，扎根山区教育事业四十年如一日。在他们生活的年代，一个现代国家正在古老帝国瓦解后的废墟上蹒跚成长，现代教育体制逐步建立起来，传统士人逐渐被专业型知识分子所取代，后者开始摆脱只能与政治权力相互依存的传统命运，有了更加多样化的职业空间和社会舞台。子女们走出了与父辈不同的人生道路，既是个人努力的结果，亦是中国社会艰难进步的体现。

附录一　熊范舆年谱简编

1878 年　1 岁（本附录岁数均为虚岁。）

出生于贵州省贵阳府贵筑县（今贵阳市）。本名继先，字承之，号铁岩。

1897 年　20 岁

入读贵阳学古书院，师从严修、雷廷珍。

与黄德昭成婚。

1899 年　22 岁

长女熊菊英出生。

1900 年　23 岁

长子熊其锐出生。

1902 年　25 岁

任教于兴义笔山书院。

1903 年　26 岁

参加癸卯贵州乡试，考中举人。

次女熊桂英出生。

1904 年　27 岁

3 月至 7 月，参加甲辰恩科会试，考中进士，授湖南即用知县。

9 月，自费前往日本东京留学，就读于法政大学中国速成科第 2 期。

1906 年　29 岁

6 月，法政大学速成科结业，入早稻田大学专门部政法理财科深造。

参与编译的早稻田大学《政法理财科讲义》由早稻田大学出版部出版。

1907 年 30 岁

1月，与杨度等人在东京创办《中国新报》，为该刊撰写多篇文章，积极倡议速开国会。

6月，与杨度等人在东京发起成立宪政讲习会，当选为会长。

9月，返回北京，与雷光宇、沈钧儒、恒钧领衔向都察院呈递《民选议院请愿书》。

编译的著作《国法学》、《行政法总论》，参与编译的著作《战时国际公约》，均由天津丙午社出版。

1908 年 31 岁

3月，出任河南法政学堂教务长兼法政教习。

3月至6月，发动河南国会请愿运动，参与成立宪政公会，当选为总事务员。

接受清廷的人才考察，10月以直隶州知州发往直隶补用。

1909 年 32 岁

出任北洋法政学堂监督。

署理天津知县。

1910 年 33 岁

随云贵总督李经羲入滇，担任其总文案。

三女熊南英出生。

1911 年 34 岁

3月，列名发起创办《法政杂志》。

10月，昆明重九起义，出任云南都督蔡锷秘书、军政府法制局局长。

11月，作为贵州全权代表，前往南京出席各省代表会。

次子熊其伟（熊伟）出生。

1912 年 35 岁

4月，当选为贵州5名临时参议员之一。

10月，由财政部派任为云南财政视察员。

列名民社、国民协进会、共和党，后改组为进步党，成为梁启超政治圈子的重要成员。

1913 年 36 岁

1 月，由大总统任命为云南国税厅筹备处处长。

10 月，辞职返回贵阳定居。

三子熊其杰出生。

1915 年 38 岁

7 月，出任中国银行贵州分行经理。

10—12 月参与推动贵州响应反袁护国斗争。

幼子熊其仁出生。

1916 年 39 岁

1 月，出任贵州都督府秘书长。

7 月，发起成立贵州全省蚕桑总局，筹划、实施全省蚕桑振兴计划。

四女熊琴英出生。

1917 年 40 岁

3 月，发起筹建贵州商办电灯股份有限公司。

1918 年 41 岁

9 月，创办贵州最大的民营缫丝企业启源丝厂。

1920 年 43 岁

11 月，在贵州政变中遇刺身亡。

附录二　熊范舆著述选编

说明：熊范舆的手稿、书信，由于种种原因未能保留下来。目前能够见到的其个人著述，主要有刊载于《中国新报》的6篇论文、3篇时评，独立编译出版的《国法学》、《行政法总论》，以及参与编译的《政法理财科讲义》、《战时国际公约》这4部著作。此处选录其3篇论文、1篇时评。《民选议院请愿书》虽非熊范舆个人著述，但他是最主要的起草人和领衔者，因而此处一并收入。这5篇文章均选自《中国新报》，原文部分段落过长，且没有标点，选编时加上了标点符号，部分长段落重新做了分段。《国法学》一书直接由日本学者的讲义编译而成，对于了解近代中国公宪法、行政法的早期发展有着重要参考价值。国家图书馆现藏有该书原版及缩微胶片，此处收录该书凡例、目录，以方便读者得见其大概内容。

1. 新官制评论

自五大臣出洋，声言考查政治，谋中国政体之改良，吾国人士欣然望之。其既归也，主张施行宪政，内而枢臣、外而疆吏，率多赞同者，吾国人士又欣然望之。及七月十三日豫备立宪之上谕下，国内外欢欣鼓舞，所至祝贺，前此之欣欣然望者，大遂于心，安坐以待。一若十数年后，宪法发布，吾辈即可昂然跻于立宪国民之列者。

顾吾睹此，吾愈栗栗然危。何危乎尔？非危乎立宪上谕之不能实施也，危乎吾国民之不知所望何人、所待何人也。夫立宪国民之地位，岂望焉、待焉者之所能取得者乎？吾人欲立于此地位，自谋之而自取之可耳。何所于望？何所于待？世界之立宪国，当其由专制政体而改为立宪也，皆其国民有以造成之。故其立宪国民之地位，非离乎国民而别有人焉授与之者也。今不闻我国民谋自建设立宪政体，而立宪之说反自政府倡之，世界安有人民不自谋立宪，一切任政府之所为，而立宪国家可以成立者乎？

彼政府者，微论其不必果欲立宪也，即其欲之，殆亦不耕而求获耳。矧现政府之立宪议，固不必果有是心乎，微特无是心也。彼又将藉此以坚一般人民望之、待之之心，而因以假改革之名为所欲为，攫夺吾人民一切之权利，不唯不触人民之怒，而愈以博人民之欢心焉。是故政府主倡立宪之结果，适足愈巩固其专制势力耳。人民不知自谋，彼亦何乐而不为此者？而顾欣欣然望之，望之不已而又待之。呜呼！此吾之所以栗栗然危也。

抑吾所谓现政府之主倡立宪，乃藉此以巩固其专制势力者，非故甚其说以诬之，而因以欺吾一般国民也。观于新官制之改革，固彰彰然足以显示其谋而不可掩耳。

夫立宪之神髓，在人民皆得参与国政而已。国会者，人民参政之机关也。故各立宪国皆使国会与政府对立。今中国豫备立宪，仅亟亟于改革官制。官制者，不过编制政府之组织及权限耳。其所改革勿论有合于立宪政体之编制与否，无与政府对立之国会以监督之，仍可肆行无忌，人民莫由起而诘问也。

而其所谓豫备者，乃仅亟亟于此，人民之参政机关，置而不问。观七月十三日之上谕云，亟应先将官制分别议定，次第更张，而其下胪记诸端，无一语言及国会者。然则政府之主倡立宪，其果意在立宪乎？抑不必意在立宪而别有作用乎？夫就改革官制而论，宁得谓其非豫备立宪中所不可缺之事。然立宪政体之成立，与国会同其纪元者也。执此以与改革官制比，则豫备立宪之所尤最宜亟亟而不可缺者，宜奚属乎？谋设国会而同时改革官制，则其官制之改革也，谓为立宪之豫备犹近似也。置国会于不问而唯改革官制之是谋，其果为立宪之豫备乎？抑不必为立宪之豫备，而亦可以改革官制乎？欲改革则竟改革之斯已耳，又何必藉口于立宪之豫备为也。

今日以前，政府之组织及权限纠纷淆乱、运用不灵，一切政务尚不免有欲专制而无道以致之者。官制改革后，行政之运用较为敏活，而又无人民之参政机关以盾乎其后，则今日以前之欲专制而不可得者皆可以实行其私焉。然则吾所谓现政府之主倡立宪盖藉此以巩固其专制之势力者，非过论也。虽然，吾于政府亦无责焉耳，人民不自谋而由政府自动以主倡立宪，固当然有此结果也，无足怪也。呜呼！我国民尚何所于望乎？尚何所于待乎？其曷弗勿望人而望己也，其曷弗勿待人而待己也。

或有为政府解说者曰，彼之亟亟于改革官制者，盖以此为豫备之入手耳，未必其竟无意于人民之参政机关也。况新官制中有资政院之设，其资政院官制草案说帖中，有"豫备立宪，则必采择多数国民之舆论，以宣上德而通下情。若仍用保举征辟之法，与原设政务处无异，即与公诸舆论之意不符"云云，就此以观，则今之改革官制，固不得谓其决不注意于人民之参政机关矣。是说也，盖未详审现今决议设立之资政院其性质为何如耳。

夫新官制中之资政院，或有谓其为他日上议院之基础者，然就《资政院官制草案》观之，不过为政府之一部分而已，其性质与国会一部分之上议院绝不相同（说详后）。议院为人民之参政机关，安有所谓官制名称之可言哉？且即就官制论官制，彼其所改革者，愈足昭示其非为豫备立宪而然也。

夫立宪国政府之编制，所最重要者为责任内阁耳。责任内阁者，出纳政令之处，与国会相须为用，枢纽国政，负国务上之责任者也。今日以前，中国政府之编制，其外形上亦与各立宪国无大差异，唯立宪国政府之编制以责任制度为主义，中国则不过以历史之沿革为本，随时增损之而已。以责任制度为本，则凡国家之一切政务，无巨无细，皆有责任以附随之，政府无得而专制焉。而中国不然，是其所以成为专制国之政府而与立宪政府不同之点也。

今之改革官制，既所以为立宪之豫备，则其不可不采用责任制度，盖无所容其疑矣。前者外间所得见《新官制大纲》有改并军机处于内阁之说，由内阁总理大臣、左右副大臣及各部尚书组织内阁、平章政事，任国政责成云云。就是说以观之，其于中国旧日官制根本上所采用之主义，一若已有变更者然。然据所得见大纲之内容，犹绝对不能贯彻责任制度之主义（总理大臣之外，有左右副大臣同任责成，则施政方针不能统一，始而互相牵掣，终则互相推诿，不至无人任责不止。此与立宪国责任制度最为凿枘，后当详之）。

乃不谓九月二十日所发布之上谕，竟有更甚于此者。军机处与内阁悉仍旧制以外，各部院或增或减、或并或分，仍不过基于历史上之沿革略为变更而已，根本上所采之主义，固持而不肯改。故其所改革者，无非就专制国政府之编制方法上，一换其面目焉耳。其增减分合，无论达如何之程度，终不出专制国政府编制方法之范围也。责任关系之不存，复何有于立宪国官制之可言？所谓豫备立宪入手之改革，乃竟如此。然则官制之改革也，在政府之用意，其果为藉此以豫备立宪乎？否乎？不待智者而后决矣。

夫前此所得见之官制草案，已不能贯彻责任制度之主义矣。而九月二十日上谕发布之结果，犹终至不见采用者，何也？曰：根本上用意之差异也。前此者，不过于责任制度之主义不能贯彻耳，其形式上固犹有所谓责任内阁之名词者存也。政府之主倡改革官制，原不欲适用立宪国政府编制之主义，则责任内阁云者，虽徒具形式，固与其初意相反矣。彼其编制委员中意见冲突、互相反对者，不过各欲藉此为政界角逐竞争之具，因以增殖自己之势力而已。夫岂必以其有合于立宪国政府编制之主义与否而争之哉？

铁良、荣庆等之单纯反对，其不欲立宪，为众所周知，故其对于改革官制之意见，欲利用立宪之说实行中央集权，以巩固专制势力，亦为众所周知。其不愿责任内阁之成立，不待论也。反对党之主张责任内阁也，亦不必果欲责任内阁之成立也，仍不过欲利用立宪之说，附会责任内阁，以抵抗铁良、荣庆等，而伸张自己之势力耳。而又虑责任内阁之果成立，不得遂其巩固专制势力之本意也，乃设为根本之牵掣，致责任制度主义之终不得而贯彻焉。是其所以主张责任内阁之作用也。顾责任内阁虽徒具形式，而终以反乎改革官制初意之故，竟为终局审议之所不容。故九月二十日发布之上谕，并此形式之责任制度亦不复存。旧日之军机、内阁一如其旧，以完全贯彻其改革官制之初意。不惟立宪国政府编制之精神，不使混入于其中，即此立宪国政府编制之形式亦拒之，惟恐其不及此。

现今新官制产出之原因，而所谓豫备立宪入手之成绩也。虽上谕中有此次斟酌损益，原为立宪始基，实行豫备如有未尽合宜之处，仍著体察情形，随时修改，循序渐进，以臻至善等语，似其所改革者即与责任制度不同尚可随时修改，期臻至善于将来。然既云此斟酌损益，原为立宪始基，实行豫备矣，则更改之大，无有逾于是者，而官制之编制，其所采主义仍与从前无殊，曾不肯稍有迁移，根本依然。其所谓未尽合宜者不过枝叶而已。以后虽修改复修改，至再至三，以至于十数，仍无非就本来之主义而略为损益耳，岂复有过于此次之所谓立宪始基，实行豫备者乎哉？

准此旧有之主义以为改革，改革愈完备，专制愈稳固。所实行之豫备乃与其所宣言之宪政适相反。所谓始基者且如此，愈改革则距离愈差矣。故曰，就官制言官制，彼其所改革者，益足昭示其非必为豫备立宪而然。宪政之实施，非由人民自倡之而自谋之，不足恃也，改革官制其一端耳。

夫主义不变而唯是枝叶更迭，则今日以前，中国之官制亦复时有改革矣。远者且不必论，就近十数年言之，外部、商部、警部、学部、政务处、财务处等之递增，通政司、詹事府等之撤废，何尝非改革官制者？不过前此之改革，不若此次之较为铺张扬厉耳，其改革主眼之所在，无以大异也。而今日之改革，顾独可以为立宪之豫备，是何所于征耶？实之不存，名将焉寄？而政府内部之冲突竞争，如临大敌乃若此，则其冲突竞争焦点之所在于彼乎？于此乎？不辩而自明。而官制之改革，无以异于往昔之故事，固为冲突竞争者之所相喻于无言者矣。吾今更就九月二十日之上谕，为之类别而柝言之，则所谓新官制之有无影响于立宪，益至易明也。

此次所改革之官制略分四种。一、仍旧者，二、新增者，三、并合更改者，四、拟设而未设者。今分别摘录其上谕之概要如下。

仍旧者：

内阁军机处一切现制著照旧行；

外务部、吏部均著照旧；

学部仍旧；

宗人府、内阁、翰林院、钦天监、銮仪卫、内务府、太医院、各旗营侍卫处、步军统领衙门、顺天府、仓场衙门，均毋庸更改；

都察院。

新增者：

邮传部：轮船、铁路、电线、邮政，应设专司，著名为邮传部；

资政院、审计院：资政院为博采群言，审计院为核查经费，均著以次设立。

并合更改者：

巡警为民政之一端，著改为民政部；

户部著改为度支部，以财政处并入；

礼部著以太常、光禄、鸿胪三寺并入；

兵部著改为陆军部，以练兵处、太仆寺并入；

刑部著改为法部，责任司法；

大理寺著改为大理院，专掌审判；

工部著并入商部，改为农工商部；

理藩院著改为理藩部。

拟设而未设者：

海军部、军谘府：应行设立之海军部及军谘府，未设立以前均暂归陆军部办理。

各部尚书均著充参预政务大臣，轮班值日，听候召对。

除外务部堂官员缺照旧外，各部堂官均设尚书一员、侍郎二员，不分满汉。

　　就以上所列记者观之，此次新官制其似是而非、最足欺人者略有四事。各部尚书均充参预政务大臣，此有似乎各立宪国之官制，凡各部大臣皆同时为国务大臣也。各部尚书只设一员，则有似乎责任制度也。资政院之设，有似乎为上议院之基础也。审计院之设，有似乎立宪国之会计检查院也。此外之仍旧者、新增者、合并更改以及应设而未设者，尚不过划定职权、区分事务，不若此四者之易餍人望耳。虽然根本上之精神全缺，则此四者徒足博美观虚名而已，其他之仅仅划定职权、区分事务者更勿论也。

　　所谓根本上之精神，何谓乎？即前方所言之责任主义耳。立宪国官制以内阁为负国务责任之主脑，今内阁军机一如旧制，则各部尚书虽只一员、虽均为参预政务大臣，其果能负责任焉？否乎！上议院为国会之一部分，乃监督责任政府之机关。会计检查院乃检查国库实际上之出纳，与政府对立而分任国会之一部财政监督权者。无责任制度之政府，则是二者又将何所用也？矧资政院尚不足语于上议院之基础乎。

今试就前二者说明其与责任内阁之关系，以证军机处之仍旧为不负责任之根本焉，然后分述后二者，以明其无用之点。而新官制之效果如何，昭然著矣。

中国之军机处，其地位与立宪国之内阁近似。立宪国之内阁以国务大臣组织之，所以辅弼元首，负国务之责任者（本节所称元首，专指君主而言，盖新官制藉藉于模范君主立宪制，故对之为批评，不能不以君主立宪国之制度为标准耳）。故大臣责任为立宪国中最重要之问题，而内阁即为全国大政方针所自出之地。中国军机处为行政总汇，诚如九月二十日上谕之所言也。

然组织军机处之军机大臣，是否即负国务责任之国务大臣乎？立宪国之国务大臣，以内阁总理大臣为班首，此外则以各部大臣任之。各部大臣一面为行政各部之最高长官，同时又为内阁之国务大臣，所以然者，盖因国务大臣既须负国务责任，则行政各部不可不准内阁之意旨以为行政之方针，否则内阁既不得行其意旨而顾责之以担负责任，无是理也。换一方面言之，各部大臣为各部行政之最高长官，对于本部主任事务亦不可不负其责，而施政方针又须以内阁意旨为准。夫行他人之意旨而自负责任，仍无是理也。惟其如此，故立宪国制度，凡各部大臣同时为内阁之国务大臣，非如此则无由枢纽其间，即自欲负责无从而负之矣。

唯内阁总理大臣不专掌一部之行政事务，盖内阁总理大臣者，乃所以总理万机，统一全国大政之方针，而组织内阁者耳。全国各部之行政，其方针不可不统一，故须由内阁决定。内阁各大臣既同时为各部大臣，各部之行政往往有利害冲突者（例如欲裕国家财力而课重税，则有妨民业；欲强国家兵力而役丁壮，则有妨教育等），而顾能于内阁中出于同一之方针，则由内阁迭更之际，为总理大臣者先于组织内阁时已豫为决定故耳。故内阁总理大臣以此为唯一重要之责任。

立宪国内阁之迭更，每每有合内阁之全体而变易者，职是故也。前内阁以一定之方针施行政务，准其方针之所向，竟不能得其所期之结果，纠劾纷至，不得已自责而辞职。国之元首乃选择具有其他方针、而能力足以组织内阁者，命之组织新内阁。受命者于正式任命之前，请假期日，谋诸政社中人（或谋之于同党，或谋之于各党，视其国势民情如何而定之）。其所与谋者，如于其所立方针之下，允为各部大臣，则新内阁告成立，始为正式之任命，否则内阁不能成立，不能不再选择抱持他之方针者而再为任命。

内阁成立后，总理大臣常准其方针以指导各部大臣施行政务。是故各部大臣如有违其方针之命令，总理大臣可以中止之，不如是则施政方针不统一，不能达其所向之目的，而失政之责任不能免矣。夫国务大臣之责任，原有违法及失政之两种。顾违法责任率仅及于当事大臣之一身，唯失政责任有不能不全体更易者，此内阁总理大臣所以立于决定全国大政方针之地位，而其他各大臣悉视其进退而为进退也。

内阁总理大臣与各国务大臣之关系既如此，内阁全部国务大臣与各部大臣之关系又如彼，是故责任制度以内阁为主脑，责任大臣又以总理大臣为主脑。

中国之军机大臣向无定额，率多至四五人以上，虽有所谓领班者，其地位权限是否即与总理大臣同耶？各部尚书虽亦有同时为军机大臣者，然非各部尚书皆于法定的、当然得入军机也。今之新官制虽云各部尚书均充参预政务大臣，所谓参预政务大臣者，固与军机处之军机大臣非同一物。观于罢鹿传霖、荣庆、铁良、徐世昌四人之军机大臣职，而使其专管部务也，则军机大臣虽无不得同时为各部尚书之明文，要其不使之同时为各部尚书，固明了易见。是军机处中无所谓参预政务大臣者矣。九月二十三日上谕有云，政务处著改为议政处，议政处不属于军机处，则议政处之会议不能与各国之内阁议同。然则各部尚书与军机处大臣仍无关系，既无关系则各部之行政欲求其能准军机处所决定之方针而行之，不唯理论上绝对不可，即事实上亦有所不能矣。不可、不能而犹冀全国各部之行政可以出于同一之方针，安可得乎？各部本各别之方针以行政，一旦有失政时，所谓全国行政总汇之军机处其有责耶？其无责耶？谓其无责也，则军机处固全国行政之总汇也，何为其无责也。谓其有责也，则各部未尝本军机处所决定之意旨以为其行政之方针也。不行军机处之意旨而顾以失政责军机处，无是理也。然则各部尚书其所以必使之同时为参预政务大臣者，吾诚不知其何谓矣。

吾更细绎其条段而窥其用意，所谓军机大臣、所谓参预政务大臣者，殆皆视之若立宪国之国务大臣耶？彼其官制草案，以内阁总理大臣、副大臣及各部尚书会合而组成内阁，现在之军机处首领大臣，殆即与草案中之总理大臣相当乎？首领大臣以外之军机大臣，殆即与草案中之副大臣相当乎？然草案中之总理大臣、副大臣、各部尚书皆同为内阁阁员，故拟之于国务大臣，尚或近似。若今之各部尚书，则非组织军机处者，是其所以绝对与组织同一内阁之国务大臣不能相同耳。唯其不同，故欲使军机大臣与参预国务大臣枢纽国政，对于同一之方针而活动，此必不可得之数也。

且非特军机大臣与参预政务大臣如是而已也，即军机大臣与军机大臣之间，已绝对无可以取同一方针之道，何则？各军机大臣皆处于平等之地位，有同等之职权者耳。其首领大臣以外之各军机大臣，非首领大臣之补助机关也。是故各部之行政，微论其不能取方针于军机处，即其可也，各军机大臣人人皆有决定方针而指导各部尚书之职权，各部尚书其何以决所从乎？盖各部尚书各各躬亲一部之行政事务，若准以立宪国之制度，其不可不受指导于军机大臣，然后可统一其方针宜也。然首领大臣以外之各军机大臣，未尝躬亲行政，故非受方针之指导于他人者，乃指导他人以方针者。首领大臣岂能令各军机大臣不行使其职权耶？

草案中之副大臣与总理大臣同责任成，夫其责成之所在即其职权之所在，总理大臣尚不得而妨害之，况军机处首领大臣与此外各军机大臣其平等之关系，更甚于总理大臣之于副大臣乎。各有职权，斯各有方针，一国三公，吾谁适从？难乎！其为各部尚书者矣。中国之行政向来以互相掣肘为精神，除各部尚书额定二人为法定的掣肘外，其他如一局、一所、一处咸莫不有督办、有会办、有襄办、有帮办种种名称，多多愈善，少亦二三或三四焉，何也？专制国之政府编制以不负责任为主义，不有掣肘之者，则失政之时无可推诿者矣。即或事实上亦复时有独断独行、为所欲为之人，然事实上可以行专擅之手段，法律上不得责以专负之责任也。唯法律上不得责以专负之责任，而事实上乃不妨愈极端专擅，以独断独行而惟所欲为焉。专制国政府之编制，其妙用固有如此者，此现今新官制之所以斫斫抱持此主义，而莫或动摇也。

草案中之副大臣既同任责成，即非总理大臣之补助机关，与各军机大臣同，然犹有所谓副之名称，固不若各军机大臣间之绝对无所轩轾耳。其首领大臣不过军机大臣之班首而已，微特无服从之关系，更无正副之关系也。首领大臣与各军机大臣之关系其冲突如此，军机大臣与各部尚书之关系其隔绝又如彼。然则新官制之所改革者，为专制的官制乎？抑为立宪的之官制乎？彼军机大臣者，欲如立宪国内阁总理大臣之组织内阁，求抱持同一之方针者，以为行政各部之尚书，此于理论、事实两无可能者。军机大臣非一人，其将准何人之方针而组织之耶？以首领大臣之方针为准，而此外各军机大臣亦宜与行政各部尚书同为立于同一方针之下者乎？各部尚书受首领大臣所指导之方针，将准之以行政也，各军机大臣立于首领大臣方针之下将何所事事乎？得勿徒准其方针以辅佐首领大臣，而指导各部尚书乎？然则是乃首领大臣之补助机关，非平等对立者矣。而今之军机大臣固不若是，即草案中之副大臣亦不若是也，何也？以其草案中有"同任责成"云云故也。

现今各立宪国内阁之组织，皆无有与总理大臣具同一职权、任同一责成之人，而同立于指导各部大臣行政之方针、之地位者，曾见有如中国军机处之组织者乎？曾见有如前此草案中之所谓同任责成之副大臣者乎？就中亦间有于总理大臣及各部大臣之外，由君主临时之任命而得列席于内阁之国务大臣，然此等国务大臣一名之曰无任大臣，不过使其对于议会述政府之意见而已。唯其无任。是以与草案中之副大臣不同，与军机处首领大臣以外之各军机大臣更不同也。彼其地位特有似乎所谓军机处学习行走之大臣，而殆或弗逮耳。

唯普鲁士之内阁则有副总理大臣一人，然其职权非与总理大臣同负责任也，不过以备总理大臣之代理而已。盖普鲁士之内阁总理大臣同时为德意志帝国大宰相，又同时为联邦参事会之议长，以一身当两国万机之冲，不免有临时不能莅职之事，特因此设副总理大臣为其代理之准备，非平日皆与总理大臣有同一职权也。而普鲁士副总理大臣又同时为德意志帝国内部行政长官，故代理执行普鲁士内阁总理大臣之职权时，必须准大宰相之方针以指导各部大臣之行政。苟其所抱持者为其他方针，则其对于德意志帝国内部长官之行政，亦必与大宰相之方针不同而已，先有以调和于其间矣，是其所以能相为枢纽、无行政方针不能统一之患。

而中国现制之军机大臣与前此草案中之副大臣，所以绝对与此不同，而不得以之为借口也。是故军机处之仍旧，实所以使政府于根本上立于不负责任之地位耳。九月二十日之上谕中有专责成云云，吾不知军机处之现制于其所谓专责成者，其相合之点何在也。

然则吾所谓新官制中似是而非、最易欺人之四事，其前两者之内容如何、作用如何，亦既可以了然矣。是两者而如是，则后之两者微论其不足，当于立宪国之上议院及会计检查院也。即或近似焉，而亦无所于用矣，而况乎改革之者之固别有作用乎？吾今更就后两者而说明其所以别有作用之故。

抑此次官制所已宣布而有效力者，唯九月二十日之上谕而已。除一切照现制施行者外，其详细官制由各部院堂官就原拟草案，自行核议，会同军机大臣上奏。夫军机大臣既非一人，而各部院堂官又可自行核议，则将来之详细官制，其分道扬镳、不相照应，复何待言？今吾对于资政、审计两院之官制，欲专说明其别有作用之点，故暂就官制草案发挥之。

夫国会者，乃立于人民之地位而与政府对立者也。现今所欲设立之资政院，不过为政府之一部分，与国会一部分之上议院不同，前方既言之矣。何也？既与政府对立，既立于人民地位，则其组织之法须别以议院法令定之，与官制之性质凿枘不能相入。今日资政院官制尚何有于与政府对立而于人民之地位之可言哉？况就国会而论，所谓上议院制度，不过历史上之产物而已，其组织之法在现今各（立）宪国中亦有种种之不同，而大要可别为民选上院及贵族制上院之两种。贵族制上院多以世袭之贵族勒任之议员组织之，此于立宪之精神至为不合，学者间已不免有非议之者。各立宪国之所以尚存此制度者，盖由其最初设立国会之国，贵族之势甚盛，事实上有不能离脱贵族者，不得已特别设一院以位置之，后此诸国乃相与仿效之耳。

新官制之资政院，本不足以拟于国会一部分之上议院，唯就其形式言之，所谓资政院议员有钦选者、有会推者、有保荐者，是盖模仿贵族制上议院之组织法也。夫中国既非有贵族专横之历史，而现今又未设立国会，则事实上并非不得已，何必无端而模仿此不合于立宪精神之制度为哉？且何为仅亟亟于模仿此不合于宪法精神之制度，而其为立宪之神髓者，则竟置而不问乎？设立国会时采用两院制，而谓事实上有不能不然者，犹可言也，国会并未萌芽，而先设此政府之资政院，不可解也。毋亦小变政府之形式，而曰此即立宪之豫备也云而已。

彼资政院官制草案说帖云："若仍用保举征辟之法，与原设政务处无异。即与谕旨公诸舆论之意不符。"然试问资政院官制之所谓钦选、会推、保荐等法，与保举征辟果有若干之差别乎？用保举征辟之法与政务处无异，与公诸舆论之意不符，用钦选、会推、保荐之法，岂遂有异于政务处而符乎所谓公诸舆论之意耶？选之者非人民，推之者非人民，保荐之者又非人民，则其被选焉、推焉、保荐焉者之所参议，必不出乎选焉、推焉、保荐焉者所持意见之范围，于舆论乎何与？

矧其草案说帖更明言其设立资政院之意旨，乃所以为增加租税而使其替政府当舆论之冲者乎。今先摘录该说帖原文于后，而一一论之如左。

原文有云：

国民义务以纳税为一大宗，现在财政艰难，举行新政，何一不资民力？若无疏通舆论之地，则抗粮闹捐之风，何自而绝？营业税、所得税等法必不能行。日本明治元年岁入银三千三百八万余元，至明治三十年，岁入已二万三千八百七十余万元。三十年中增加七八倍而民不怨。中国岁入银八千余万两，一言加税，阻力横生，对镜参观，其故安在？此不能不采舆论者一也。

现拟内阁官制，设总理大臣一人、左右副大臣各一人。言官交章弹奏，多以政府权重为词，不知东西各国，内阁只总理大臣一人，从无专权之事，因有议院持其后（中略），有互相维持之妙用，安有前明阁臣自作威福之事乎？此不能不采舆论者一也。

近日民智渐开，收回路矿之公电、告讦督抚之公呈，纷纷不绝。若听其漫无归宿，致人人有建言之权，时阅数年，政府将应接不暇。惟专设一舆论总汇之地，非经由资政院者不得上闻，则资政院以百数十人为四万万人之代表，通国之欲言于政府者移而归诸资政院。又限制该院只有建言之权，而无强政府施行之力，使资政院当舆论之冲，政府得安行其政策。而民气疏通，亦不致横决难收，保全甚大。此舆论之不得不归于资政院者又一也。

观右说帖所述三理由，其第一理由，盖出于加税之目的，此为人人所共见。第二理由，一若将藉以纠查政府者。第三理由，一若将藉以代表舆论者。而实则两说之作用，皆适足以为政府宽其责任，一切皆可以卸责于人民，而政府专制之行动，乃因之而愈无阻挠耳。顾欲说明其作用，有宜先注意之一事。盖现今创立之资政院，其参议员乃由钦选、会推、保荐而来者，非由人民所公选者也，故参议员之所参议，适足为政府之后援而已。

彼其第一理由，徒羡慕日本岁入之加增，而欲藉资政院以抑制加税之阻力，是不过一筹款之新法耳。抑知日本岁入之增加，乃经济事业发达进步有以使之然。而议会于租税之关系，不过税法须由议会协赞而止耳。议会之协赞，又不过求税法之有适于租税原则而止耳。岂其所协议之税法，徒唯是增加税率、税目等，以期国家岁入之日进，而不问国民经济事业之如何乎哉？资政院官制草案亦以税法列入应议事项之一，而其说帖中主张之理由既如此，则其所应议之税法事项，不外乎加税事项而已。未有资政院，则一言加税阻力横生，莫得而遂其意；既有资政院以为之后援，则政府固可以得所藉口曰是乃舆论之所主张也，非出于政府之本意也。胡为主张之而又阻挠之乎？横征暴敛无所为而不可矣，是固其第一理由之作用也。

其第二理由所谓"东西各国只总理大臣一人，从无专权之事，因有议院持其后"数语，一若资政院之设，即可以妨大臣专权之弊者然。抑知立宪国之议会，其所以足以持总理大臣之后而妨其专权者，固由其有大臣责任之制度乎？新官制之改革，既绝对不采用责任政度主义，则为大臣者，事实上虽用其极端专制之手段，而法律上由责以一人专任之专成，当其独断独行也，无干涉之可容及乎，纠弹纷来也，有推诿之余地。所谓资政院者，即或其性质、权限，一切皆与国会一部分之上议院无以异，亦安所得而限制政府之作威作福也乎？而况乎资政院之尚不足以语此也。彼编制委员盖自知其改革官制所采用之主义，足以于根本上立于不负责任之地位，故不妨藉此数语以塞言官之口，而并以炫惑一般人之耳目耳。是又其第二理由之作用也。

若第三理由，有此百数十人为四万万人代表之说。夫资政院由钦选、会推、保荐之议员组织而成，于舆论无与也，而顾谓此百数十人足以为四万万人之代表，是何所于征耶？且其说帖中，一则曰近日民智渐开，收回路矿之公电、告讦督抚之公呈纷纷不绝；再则曰时阅数年，政府将应接不暇；三则曰非经由资政院不得上闻；四则曰通国之欲言于政府者，移而归诸资政院；五则曰使资政院当舆论之冲，政府得安行其政策。然则政府之不愿舆论喧嚣于其耳，以妨害其专制之进行也，愈讳无可讳矣。前此收回路矿之公电、告讦督抚之公呈，犹以其漫无归宿之故，不能不有以相应，即或不应，亦不能使其不喧嚣于耳焉。以后则一诿资政院，乃无妨曲护政府之用意，假舆论之名以敷陈于政府矣。即事实上有不能曲护之时，而资政院之所敷陈又不过等于贡献刍荛之例，无强制实行之力，是对于政府之一方面可以为之分其谤，对于人民之一方面又可有以卸其责，而所谓政府得以安行其政策之目的，乃竟可以始终贯彻而毫无阻碍焉。资政院之设立，其利于政府之专制乃如此，是又其第三理由之作用也。

夫其表面之所主张若彼，而实际之作用乃若此，然则改革官制者意中之资政院，是否果视之为国会一部分之基础乎哉？立宪国之国会乃国家直接机关之一，而分司、立法权者。彼资官制草案第一条云："以通达下情，条陈治理，为豫备立宪。"岂通达下情遂足当直接机关之职务？而条陈治理即所以为立法权之活动也欤？

为上议院基础之资政院且若是，则所谓审计院者，欲其能如各立宪国之会计检查院，分任国会一部分之事务，而于实际上监督财政出纳之会计其可得乎？今欲言现将设立之审计院，有合于立宪国之会计检查院与否，则须先问立宪国制度，果何为而必设立会计检查院乎？就表面之职务言之，则会计检查院之设，盖所以监督财政上之会计者，此不待论也。然监督会计本为国会重要职权之一，顾不由国会并此而实行其监督，必分割其一部、别立一院以为之者，是何故耶？无亦以此一部监督权之行使，国会于实际上有不可能者故耳。

夫国家之行政费用莫不由人民负担而来，人民既有负担行政费用之义务，即因之有监督财政会计之权利。故立宪国中无论其为君主国、为民主国，皆以人民有监督会计之权利，为立宪政体之一大要义。国家之支出，苟非用之于国会所已承诺之目的，而财政大臣负其责任，则虽锱铢细数亦不得而浪费之。豫算之协议、决算之承诺，皆所以实行，此财政监督权者也。虽然，协议承诺，不过对于其支出之目的及其支出之程度，足以监察其所要求承诺者之有合于前此之所协议者焉否耳。若国库实际上之金额，则不能知其出入之符合否也。夫使豫算、决算其表面之款目虽相符合，而国库实际之出纳金额与之有出入焉，则财政监督之目的终不能达，而所谓豫算之协议、决算之承诺均归无效，是故国库事务之检查，为财政监督上所断不可缺者。

而准监督之性质以言之，宜为国会职权中当然存在之事务也。顾国库实际之事务至为繁琐，而出纳事务之发生，又复与事实相应而不能一定。非有继续活动之机关，则莫由随时逐事实行检查，而出纳金额之符合于豫算、决算与否，仍莫得而知矣。国会之活动，不过限于其开会期间中耳，开会以前、闭会以后，莫由得而活动之也。而其开会之期间，多不过百日。此活动期间中，除协议全国一年之政务外，微论无一一检查出纳事务之余暇也，即或有之，亦不能应乎事实之发生，以临时监督而防止收支之浮滥。况乎其实际出纳之正确与否，更有因其事务之性质，非临时检查不能发见者耶。故立宪国制度，率皆将检查实际出纳事务之一部财政监督权委诸会计检查院，以补助国会，而供承诺决算之豫备。国会复得准据会计检查院之报告，以行使监查决算之权能。当其在闭会期间中也，有会计检查院，则司实际出纳之会计官吏不能逃免其责任；及乎国会活动，则对于决算之异议，虽不必能及影响于政府内部之会计官吏，而政府与国会间之政治问题由兹起矣。是故无决算之承诺以监督于事后，则豫算之协议徒为具文；

无实际之检查以监督于平日，则决算之确否无由决定。会计检查院于一方纠查执司出纳之官吏于平时，于一方报告审查之成绩于国会，是其所以能枢纽其间，而达财政监督之目的也。

今中国无国会而有审计院，则其所审查者，仅足以代政府稽查其内部之会计官吏而已，非补助国会为对于政府之监督者也。彼其资政院本含有政府之性质，故审计院官制中，唯有具奏入对之规定，而无所可容报告国会之文词，亦自然之结果耳。况其官制草案第十六条所列举之应行检查事项，其第（二）项为财政部汇送之内阁各部院所管报销，此当指豫算中之内容而言。然第云检查报销，则不过如同官制第二十二条所云，检查有无遗漏、重复、谬误及其余可疑情节而已。至于违背豫算与否，该官制全文二十九条中无一语提及者，是审计院徒足为政府之会计核对焉耳，宣复有监督政府财政上违法行动之性质乎哉？矧其第（二）项之所指，虽为豫算之内容，而所谓豫算，固由含有政府性质之资政院所参议而来者也，然则审计院之所审查，即令以有无违背豫算为标准，仍无非为政府核对会计而已。故曰现将设立之审计院，非补助国会而对于政府之监督者也。

今更将资政院之性质暂置不论，假谓其为上议院之基础，然资政院官制所规定之参议事项，只有豫算而无决算，审计院官制中又无报告国会之说，夫资政院无过问政府决算之职权，则豫算之协议有何效力乎？政府即有豫算外或超过豫算之出纳，宁得而纠问之耶？审计院之于资政院又无报告关系，则参议豫算之资政院不过足为政府之筹款处，审查会计之审计院不过足为政府之报销局耳。形式上虽若不隶属于政府，实则立于补助政府之地位，不足以言监督也。彼其审计院说帖云，以豫算之权付之于议院，以决算之权付之于会计检查院，而两院之关系及国会之决算监督权则缺而不言，即其用意之所在。彼主张改革者，固绝对不欲政府立于受监督之地位，不过欲藉此愈使专制运用之灵活。而财政上之会计事务，尤为一切行政所最要者，因专设一院以经理之耳。审计院之设立，其作用固有如此者也。

据右所述，新官制中所最易餍人望之四大端，其结果徒足供政府专制之作用，则此外之改革，更不足语于所谓立宪之豫备者，不待言矣。虽然，尚有一似是而非之事，则所谓谋司法之独立而特设大理院是也。夫司法权独立为宪政所最要之事，吾亦宁得而谓其非。顾司法权之活动，以适用法律为目的。则欲问司法权独立之结果利益于人民与否，须先问其所适用之法律利益于人民与否。而欲法律之利益于人民，则须使制定法律之立法权人民皆得参与而后可。今政府仅亟亟于改革官制，以期专制行政作用之活动，绝不欲人民参与国政，已如前述。则人民之莫获参与立法权，夫何待言？资政院应议事项，虽有所谓新定法律事项者，然资政院既含有政府之性质，则所参议之法律，仍无非出于政府之意思，其利益于人民与否不特非其所周知，抑亦其所不遑过问者矣。然则司法权虽独立，而其所适用之法律仍出于专制政府之所制定，其于人民之利益亦何与乎？

立宪国中司法权独立之作用所以利益于人民者，盖犹有一前提焉，即其所适用之法律，皆由人民于议会中所协议而来者故耳。彼政府者抱定一巩固专制势力之主义，则凡立宪国中之文明制度，其有利于专制之活动而又不妨其根本上之主义者，咸莫不模而仿之，利用此以博人民望之、待之者之欢心，而并得藉此弥前此欲专制而有所不能者之缺憾。司法权之独立，亦其彰明较著者耳。此后我国民之自由，其被侵害于专制政府所制定之法律之下者，愈可危矣。呜呼！我国民其勿为政府之改革论所愚而窃安于心也。

虽然，吾右之所论亦不过就官制言官制，以明乎现在之所改革者，无与乎立宪之豫备而已。实则以专制之政府，当人民望之、待之之时，无所逼迫于其后，无端倡言立宪而豫备之，已为至可骇怪之事，何也？世界各国立宪政体之发生，莫不由人民自谋干与国政之结果而来。故由政治方面以观察之，所谓宪法者，特人民约束政府之具而已，人民不谋约束政府，而谓政府可以出于作茧自缚之策以自受约束，其谬孰甚？即或政府贸然为之，然可以由政府自动主张者，亦即可以由政府自动而破弃。故无论政府仅仅改革官制而已也，即令宪法颁布，一旦觉悟，彼固可自由收回耳。

然则立宪之说，唯人民可以主倡，政府不得而主倡之。立宪之豫备，唯人民可以自谋，政府不得而代谋之。更进而言之，立宪无须乎豫备，所谓豫备者即进行而已。对于政治上实力之所在，从种种之方面着着进行。实力之原在人民者，则扩张之；实力之被攘于政府者，则夺还之；实力之尚无所主者，则亟亟占有之。而又现实活动，勿为徒委却目前进行之责任，而理想乎将来焉。进行一步，实力即巩固一步，而立宪之豫备亦遂增一步，何物政府尚得容其藉口于豫备立宪，以改革官制而巩固其专制之势力为也。彼窃窃自虑程度之不及，而欲倚赖政府以间接希望将来者，抑更慎矣。呜呼！我国民其联袂而起，积极进行，而勿放任须臾也乎。

（原载《中国新报》第 1 号，1917 年 1 月）

2. 立宪国民之精神

18 世纪中叶以降，欧美各邦政体一变，翕然趋于立宪，专制之形迹咸被扫除。至于近年，其尚有留兹余毒者盖寥寥可指数也。然卒以世界趋势进步之故，彼留此专制余毒之国环受排挤，几至不可以图存。故以庞然顽固之俄罗斯，保守专制之力至为强悍，迄于今亦不能不屈服于世界之趋势而决案改图。而今而后，世界殆将无可以容留专制之国家乎？吾国近数年来，立宪之说传播于一般社会中，不知其何自始，相推相衍，激流扬波，几与世界之暗潮同流奔放。觇国者盖将据此立宪政体之能实现与否，以卜吾国能竞生存于今日之世界否焉。

虽然，立宪政体将何道之从而始能实现耶？必其一般国民有以使之实现之活动力，非徒口立宪之字、称立宪之名，遂可以贸然得者。此吾于本报第一号评论新官制中所以谓"立宪国国民之地位，非离乎国民而别有人焉授与之。世界未有人民不自谓立宪，一切任政府之所为，而立宪国家可以成立者"，即谓是耳。顾所谓使宪政实现之活动力，究何所指而言之耶？今吾国一般社会之传播立宪说，彼其口斯字而称斯名者，亦复终日遑遑，一若其活动之无时而或息，此其活动力果足收宪政实现之结果否乎？呜呼！吾言至此，吾有感于心。以吾国今日一般社会活动之状态观察之，吾窃忧活动之结果，适足以阻止宪政之实现，而吾国将终不足与现世各国竞生存于今日之世界焉。此则吾国民今日所急宜研究之问题，而吾之所以亟亟然不能已于言者也。

夫人民之活动力，其所为足以使立宪政体之实现者，非徒为是终日遑遑已也，必其精神上有必欲造成立宪国家者存而后可耳。知立宪国家之必由我造，政府之专制无能，还望政府自为破弃之。所以破弃之而起其责任者，唯吾国民之责，不容有丝毫之倚赖、丝毫之放任存留于吾国民之脑中夫是。故本此精神以运用之于实际，凡活动之所至，莫不有所谓无所倚赖、无所放任者以立乎其后，然后所以发生之活动力乃足以改造此专制政府，促立宪政体之成立而实现之。虽其所以活动之手段各有不同，有急进者、有渐进者、有和平者、有激烈者，而要其精神所贯注之点，则莫不与政府立于对峙之地位，欲有以破其专制而起其责任焉。无所用其倚赖，亦无所容其放任。苟其无此精神也，则无论渐进与和平者之无所于补也。即急进与激烈焉者之活动，亦无意识之扰扰耳。

日日言改革、谋更张，百废旧日之弊政，不惜一旦扫却而别为建设之，急进矣乎？其急进矣。然精神上或不免有假借政府者，则物质之急进，适足为专制政府所利用。所以，假借者之急进愈成功，斯所以谋破弃者之专制愈巩固，是固倚赖精神之结果也。

倡言现政府之不足与有为，宜一切听其所为，非俟吾破坏倾覆之之后，勿与言责任，激烈矣乎？其激烈矣。顾公言放任，而破坏倾覆之事渺不可期。且所谓破坏倾覆者，徒唯是奔腾于口语、煊赫于纸笔，无从得达此目的之实力。迟之又久，偶一动作，辄遭覆败，徒足促政府日愈焦心筹虑，藉之文明之利器以愈厉行其专制为耳。以放任之精神，施之于放任之活动，是固专制政府之所欢迎，馨香祷祝惟恐其不得，而国家之所大不幸者也。则其所谓俟吾破坏倾覆之后，再与言责任者，徒自欺以欺耳，哀哉！国家其安能于今日世界生存竞争之潮流中倒悬岁月，长保此专制之余运，以待此放任政府者之有以救之乎?

故夫倚赖与放任，皆国民对于政府之精神上所不可有丝毫之容留者，必如是，而后国民之活动力足以使立宪政体之实现。吾所云吾国民今日所急宜研究之问题即在是矣。

夫国民对于政府之精神，不可有倚赖与放任固已。然国民对于政府之活动，欲本此精神以使立宪政体为事实上之实现者，将以何为标准耶？曰所谓事实上之实现者，实现其形式耳。而所以使之实现者，则精神也。精神为事实实现之母，凡立宪国民之所同；形式则由于国情之差异、历史之推移，与夫世界大势之变迁，因国而各异。惟其异也，故于形式未实现以前，对于政府之活动，凡所为足以巩固吾国民之权利、增长吾国民之实力者，唯先守定此精神以应付之。换言之，即所谓伸张民权是也。民权伸张，时机既熟，而后活动之结果，乃应乎当日事实之状况，以发生其形式焉。其所发生之形式，虽不必如乎活动当时之所期，而要其为活动焉者之精神所产生之结果，莫能诬也。

夫所谓宪政实现形式之不同，何所据以区别之乎？此盖征之于宪法之所自来，而有以决之者矣。世界各立宪国之宪法，有由人民会议而成者，有由人民与政府相约而成者，有纯由政府所颁布者。其所自来者不同，故发生之形式即异。发生之形式既异，而国体于以分焉。由人民会议者多成为共和立宪国，由政府与人民相约或纯由政府颁布者，必成为君主立宪国。共和与君主，其国体虽不同，而要其为立宪政体则无不同。夫国体之所以不能同者，以其国本有固来之国情、固来之历史，而又有世界大势以推移之。故当其宪政发生时，有不能不因事机之所至而定之者耳。若夫政体者，非专制则立宪，不能立宪必终陷于专制，此各国所同者也。故无论其国之国情如何、历史如何，与夫世界大势之所以推移之者又如何，凡吾国民对于国家之前途，欲求足以战胜于生存之竞争者，非达到破弃专制、造成立宪国家之目的不止，固无所谓因乎事机之如何而迁就之者。此立宪国民之精神之所以足贵也。此精神而稍有缺乏焉，则岂特共和立宪国家之不可得而实现也乎，即君主立宪国又焉所得驯而致之者。此精神而凝结于吾国人之脑中矣，则精神之所至，所欲改造之政体自无不可以成立。唯其成立时，其宪法发生之形式将因之而成为共和乎，抑将因之而成为君主乎，则非必果能如吾人所豫期焉耳。

是故吾人之欲造成立宪政体者，精神也。立宪政体实现时所成之国体，则形式也。精神不可以或易，形式则以吾国国情、历史与夫世界之大势为根据。就吾人主观之观察而立一活动之标准焉可耳，其终局之结果究能如吾人主观之观察所立之标准与否，此当决于终局之事机，而非可以豫断者。不过吾人主观之观察则深信将来之事机之必至于如是，不如是则必非国家之福焉而已。

夫自学理言之，国体者，构成国家之基础之状态，为国家根本上组织之问题；政体者，不过统治权行使之方法形式耳。故国体不可变，若其变也，是国家自身之更新也。至于政体变更，则于国家之存在毫无关系。而吾近乃谓造成立宪政体为吾人之精神。立宪政体实现时所成之国体，乃其形式。形式之如何，须决定于终局之事机。若精神所欲造成之政体，则不可以或易。似适与学理上之说相反，无乃谬甚。虽然，吾人今日之所研究者，乃欲造成立宪国家也。欲造成立宪国家，因从政治方面以区别，何者为造成者所必不可少之精神，何者为须俟终局事机所发现之形式，而非立于说明之地位，依据学理以解释国体、政体之为何物也。若必据学理以为解释，则俟此造焉者之精神与事机相激相荡而发现于事实后，然后就其所造成之国家，以一一说明之斯可矣，固非吾人今日之所有事，且非吾人今日所得从容间暇以从事于此也。

是故吾今之所说，并非与学理相反，特学理上之说以国家之自身为前提，吾之所说以造成国家者之自身为前提，着眼之点不同，则两者之所说自不能不异。且亦曷观欧美各立宪国家之历史乎？彼其于今日所以供学问家之研究而发为有完全系统之学说者，皆其昔日之国民有以造成之者也。顾当其造之之时，其国家之所为翕然趋于立宪者，果何为耶？即最近之俄罗斯所以使其不能不屈服于世界之趋势者，果何物耶？无亦别有其精神焉耳。然其精神之所贯注者，究何在乎？将谓其在国体也，则唯由君主而变为共和，或由共和而变为君主者，始有所谓造焉者之可言。自余诸国，其国民当日之所营营者，殆无谓矣。将谓其在政体而兼在国体耶？则必贯注于政体之精神，为各国之所同；贯注于国体之精神，为各国之所独。此今之论者所以有共通精神、特殊精神之区别也。

然吾谓此区别，仍不过就今日已存在于世界之所谓君主立宪、共和立宪各国家，而观察其各国民一般精神之所以异乎立于其他国体之下之国民焉而已，非所以语于造焉者之精神也。夫语造焉者之国民之精神，则彼当日者盖咸莫不注重于破政府之专制而起其责任，此盖无所容其异议者也。若夫国体问题，则今日所谓君主立宪国、共和立宪国，夫岂必悉如其当日造者焉心目中所拟议之国体也乎？不特此也，即同一君主国中或同一共和国中，其国民当日所拟议之国体，亦固已各各不同也。不能悉同而此所谓君主立宪国、共和立宪国者竟两两存此国体于今日，其国民皆各各相安焉，是何以故？此可以见造者之精神专属于政体，所欲得者立宪，所欲破者专制。

当夫专制与立宪更代递嬗之时，其事机或可以得共和国体焉，或仅可以得君主国体而亦遂无须乎必为共和焉。虽不必如其心目中所拟议，而所欲破之专制则竟破，所欲得之立宪则竟成精神所注之点，不因国体如何而牺牲之，则改造成功勉求发达，无暇舍其大而唯是沾沾于国体之争。唯其如是，则其当日所拟议之国体，固不过其主观之观察，藉以为活动之标准者，而非其造成立宪国家之精神所必不可易者也。吾今欲证吾言，更论述各立宪国其国民造成此立宪国家之历史，以与吾国民商究之。

抑吾今所欲论述者，既为国民造成立宪国家之历史，则彼所谓联邦国者，即不在吾所宜论述之范围内，如德意志、如北米合众国是矣。何也？彼其联邦宪政之成立，皆由联邦间之合意而来，非其国民直接有以造之者故耳。虽然，于各联邦国外，将悉举今世之君主立宪国、共和立宪国一一而论之，抑亦有所不必要者焉。吾因于两种国体中，就其历史之尤重要者，各论述其一以为之例，曰英、曰法。

英国之宪政为自然发达者，无成文宪法之可寻。彼一千二百十五年之《大宪章》、一千六百二十八年之《权利请愿》、一千六百七十九年之《人身保护律》、一千六百八十九年之《权利宣言》等，固非其宪法之全部，且亦不过就其已有权利一为表章之而已耳，非因是始有权利之发生也。顾唯其有此表章也，而其所已有之权利乃因是愈益确定。夫是故谓此四者为其宪政确定之渊源，亦无不可。虽然彼其国民所以能藉此四者以确定其宪政者，果何在哉？其自宪政渐次确定以至于今日，终成为君主立宪国者又何在哉？今请略述此四者发布之颠末，然后比而论之。

英国自来习惯，凡国家多事、财政拮据之时，率由国王召集诸侯，使其承诺担负政治费以为常。一千二百年，约翰即位以来，失政尤多，外交覆败，凡在佛兰西之英国领土，率被夺于佛王。又因与罗马法王争权屈服之故，岁纳贡献，赋敛繁苛。豪族有资产者，咸被其设种种之手段罗掘之。于是贵族首先反抗，结合僧侣，斥国王横征非法，而主张国民自由，提出要求，以胁国王之承认。约翰始犹抗拒，及贵族等手兵器而临伦敦，市民启关相迎。约翰孤立，不得已，乃假双方协议之形式，一一如其所要求，于千二百十五年六月发布《大宪章》。《大宪章》之内容有两要点：一为非经纳税者之同意，不得征收租税；一为关于审问犯罪人之规定。此后英国之政治上有反动时，人民所持以相争之根据，莫不发生于此。

《权利请愿》发布于查尔斯一世时。千六百二十五年以来，查尔斯一世续其父遮姆斯一世即王位。遮姆斯一世主张王权神圣，肆行专制，其将殁也，军民冲突之端绪已兆。查尔斯一世嗣立后，愈蹈袭其策，抑压国会，屡解散之，课不法之租税，迫人民贷以金钱，拒之者悉下诸狱，物论愈沸腾。及千六百二十八年，复开国会。国会乃提出权利请愿以要求国王，若国王不承认此请愿者，国会即不议决赋课供给之事。查尔斯一世欲拒绝之，而仓卒之际，又别无可以使国会承诺供给之途，遂强为批准，其心中固不必欲遵守之也，故不旋踵而即背约束，十一年间不开国会。然以后人民之冲突益烈者，固莫不藉此为口实以责斥之矣。

查尔斯一世违反《权利请愿》，致起人民之反动，其结果不惟政治上生一大变更，并国体亦生一大变更，即所谓武断之共和政治是也。千六百二十八年，英王批准《权利请愿》后，次年解散国会，禁锢民党首领，行独裁政治者，凡十一年。及苏格兰兵事败衄，军需缺乏，不得已召集国会以要求之。国会不承认，反弹劾大臣、排击王秕政。王欲压以兵力，民党执戈相抗，内乱遂起。国会当与王军相战，前后殆亘七年。克林威尔卒败王军，幽之狱中，千六百四十九年，竟处死刑。同时由下议院发布新条例，谓今后不立国王，寻废上议院，英国遂成为共和政治。设国务委员四十一名，克林威尔为军队都督，以军事威望，故大权多出其手，其初心欲乘此建设完全之共和。嗣国内激烈之徒，主张财产平分，至欲杀克林威尔，以贯彻平权之说。克林威尔以为共和之困难，乃一以专制行之，始得无事。然此后国民之反对者愈甚，克林威尔之专制亦因之而愈强，更定宪法，以己为护国卿，王党非之尤甚。幸以克林威尔之力，足以镇服国内，终其身无他大乱。

千六百五十八年，克林威尔死，其子继之，不能当此难局，旋即辞职。国人恶军人之跋扈，主张王政复古，竟迎查尔斯二世即王位，而共和政治忽焉遂亡。彼《人身保护律》，即查尔斯二世在位时所发布。元来英国旧例，凡被处禁锢之人，得请受人身保护状，使法廷判其当禁锢与否，此权为英人古来所享有者。及是时，凡致求得保护状者，每有种种之障碍。千六百七十九年，国会乃议决此案，使判事不能不为之裁判。查尔斯二世即王位以来，注重一身之娱乐，故对于此案无激烈之相争，遂至发布。及其末年，虽亦擅行专制，而保护律已确立矣。

查尔斯二世殁。其弟遮姆斯二世立，欲恢复王权，保护旧教。国民大怨恨，迎威廉三世及其妃于和兰，立为英王，遮姆斯二世逃窜于佛兰西，史称为"名誉革命"。国会之迎立威廉三世夫妇也，先作成《权利宣言》，以表示国宪之大主义。千六百八十九年二月，由贵族院议长朗读宣言书后，然复捧王冠以与之。由是而国王之非常权被其制限，国会之权力愈加确定。自《大宪章》以来所有之断章及习惯，渐次有整理之观矣。

就以上所述观之，然则所谓《大宪章》、《权利请愿》、《人身保护律》、《权利宣言》之四者，就中惟《人身保护律》之发布出于和平，自余三者莫不由君民剧烈之相争而来。夫以英民当时之强力，足以使国王或降或窜，唯命之是从，则推其力之所至，何所为而不可。彼《大宪章》及《权利请愿》形式上虽由君主发布，实则君主乞降，人民诺之之条件耳。以君主专制不法之故，用强力以摧之，至于可以为所欲为之时，而犹必爱惜此一人者，使之立乎众民之上。人民所以允其乞降之条件，且必依此一人以发布之，是何故也耶？若《权利宣言》，则直君主逃亡后，纯由国会议定者。此时正可弃却君位，议定共和宪法，以一更新国体矣，而犹必迎立新王于他国，朗诵此宣言，使之闻之而后奉王冠以加之者，果何谓也？

或者曰，英国人重保守，其不去此君位者，实出于保守之思想而已。彼其以强力抗君主时，不过欲去其专制，其心目中所欲成立之国体，则固君主国体也。虽然，是何解于武断共和政治改造之时耶？幽查尔斯一世于狱，犹以为未足，必处以死刑而后已。路易十六之上断头台，亦不过如是耳。此其处置暴君之手段，固不亚于法人也。共和政治新成立，国中主张政治平权，除耶稣而外，无论何人均不愿为其被治者。克林威尔本欲建立完全共和国者，而犹虑其过激，反而用专制以镇服之。斯其激烈之民气，固不得以保守诬之矣。然而共和政治行之仅十二年，复迎立君主以耸乎其上，其所迎立者且即为前此斥为暴君而处以死刑者之子。呜呼！何前后之不相若也。无亦因其所争者不在此而在彼，不在国体之为君主、为共和，惟在政体之为专制、为立宪焉而已。

当约翰谢罪军前时，贵族、僧侣去此王位，举手之劳耳。即在国民，亦既启关相迎投于同盟军中矣，亦何所于惜者。得勿以精神之所在，惟求租税、逮捕两事有确立之保障，而其他皆非所急也耶？且贵族、僧侣、国民各有团体，安之当日者不有事实上之困难，若必去却君主，反生枝节，致不能达其精神所在之点也乎？彼克林威尔之厉行武断，亦后来之一证也。共和政治之新条例虽已发布，犹以为不足，迫克林威尔一变其方针，始则以腕力抑制，次则更制宪法以己为护国卿矣，再进则解散国会，惟以附于己者组织之，且欲受王冠、复上院矣。

夫自大宪章发布以来，英国之宪政基础已立，加以克林威尔为欲建设共和者，乃因人民昧乎事机，不乘此力求巩固国民之权利，唯凭盛气以主张其理想，至此已有基础之宪政反退而入于武断专制焉。试观英国革命历史，革命一次则国民权利巩固一次，宪政亦确立一次。唯此次之革命，不唯不进化，反若退化，是何以故？则以此次有国体改革问题夹杂其间，斫斫于此点之争，而当日所以革命之精神反消灭于不觉故耳。是故当时之共和政治，历史上称为武断共和，不称为立宪共和者，良以此也，国体为共和，而政体非立宪。直至迎立查尔斯二世后，国会渐有权力，及《人身保护律》出，而前此宪政之基础始确有回复之状况。然则谋改造国家者，其精神之所专注于政体、国体之间，宜何择耶？

法兰西在今日为共和立宪国，然溯自大革命以来，百年之间国体累变，共和帝政颠仆相踵，宪法之改更凡以十数。千七百八十九年，国民议会议定《人权宣言》，胁国王批准，是为法国宪法最初之萌芽。千七百九十一年，国民议会复以《人权宣言》为根据议定新宪法，以自由平等之平民主义制为共和的王政政体，废爵位，夺僧侣、贵族之特权，停止门阀官职之附随权利，以削除上下之区别，官吏、僧侣均由人民公选，公认言论、出版、宗教之自由，是为第一次宪法。

千七百九十二年，革命风潮愈恶，为恐怖时代之始期。共和党解散前此宪法上之立法议会，召集国民公会，宣言废止王政，议定共和宪法，由国民投票批准，翌年发布，是为第二次宪法。彼路易十六之受断头刑，即由此次之国民公会所多数议决者也。然因是时为革命恐怖时代，此宪法虽发布，竟未实行。千七百九十五年，国中激烈各党均已败灭，恐怖时代告终。国民公会乃制定新宪法，组织指挥官政府，以指挥官五人居政府之最高位，总揽行政，有进退文武百官之权，是为第三次宪法。前此两次之宪法，行政权最轻。此次宪法，则行政权稍足与立法权对立。而拿破仑适于此时出现，受信任于国民公会及指挥官政府，是其帝政自为之始基也。

千七百九十九年，英、俄、墺、土、兰诸国同盟军将犯法境，指挥官政府大失民望。拿破仑时在埃及军中，乘此机会突归巴里，与指挥官二人共谋覆指挥官政府。下议员反对其谋，拿破仑以兵解散之。于是再改宪法，废指挥官政府，置统领三人，或名之曰执政政府，拿破仑为第一统领，是为第四次宪法。此后法国政治外形虽为共和，实权专在拿破仑之手。元老院仅得评议政府之提案，无取舍之权。护民院亦仅得讨论，无决定可否之权。立法议会虽得决定可否，又无讨论之权。法国以十年流血所得之共和遂于此仆，而专制政治复其初矣。千八百二年，复改宪法，扩张统领之权限，行大选举，以三百五十万之大多数，举拿破仑为终身大统领。及千八百四年，则宪法更生一大变更，废共和之外形，为纯然之君主政治。此第五次之宪法也。

及千八百十四年，拿破仑既败，国民迎路易十八，立为国王，新制定钦定宪法，采英国宪法之模范，以宪法为君主所钦定者，与前此各宪法为根本之差异，是其第六次之宪法。路易十八殁，沙尔十世继其位，欲恢复王权，于千八百三十年在国会中演说国王之特权。于是七月革命起，废沙尔十世，迎立路易腓里布为国王，复制定新宪法，去钦定宪法之主义，以宪法为国王与国民所合议而成者，是为第七次之宪法。路易腓里布在位日久，变其最初改革政治之方针，采用平和主义，致失民望。千八百四十八年，禁止政治改革之恳亲会，遂酿大乱，史称为二月革命。乱定后，废王政，制共和宪法，举拿破仑三世为大统领，共和复现，是为第八次宪法。

　　拿破仑三世欲再兴帝政，擅行专制，诛戮反对党，解散议会。千八百五十二年，竟颁布新宪法，树立大统领专制政治，寻由元老院提议重建帝国，以拿破仑三世为皇帝。是年十二月，帝政成立，是为第九次宪法。千八百七十年，拿破仑三世败于普。国民议永废帝政，依普通选举组织国会，由国会制定共和宪法，千八百七十五年发布，即今之所行者，是其最终之宪法。盖至是而法国宪法之变更，已为第十次矣。

　　右为法兰西政治改革之历史。吾叙述既毕，吾反而证之于英，不能不叹其锐进之勇。惜乎其于政治改革上之精神，比于英人实远有所不逮耳。夫国民之所必谋改革政治者，以专制为其原动力，此一般政治革命之所同。法之与英，初无以相异也。顾英国之改革也，专制既破，国民权利之保障必同时发生，唯武断共和时代之改革为比较的之弱点而已。法国则不然，彼其历史上有名之革命，凡经三期。试一一寻其结果，则大革命之后，路易十六之专制去，而国民公会之专制来矣；二月革命之后，路易腓里布之王政去，而拿破仑三世之大统领专制来矣；唯七月革命，由钦定宪法变而为国王与国民合议之宪法，是为政治上之良结果。

　　若是者何也？自第一次宪法公布以来，《人权宣言》成为法典，循此而递求发达，此后当无复有专制之发生可也。徒以一般国民尚营营于王位存废问题，于是改革政体之精神移而专注于国体，王政共和之争执冲突愈剧。及路易十六之头断，党互相杀，而恐怖之祸烈矣。天下事祸愈烈者，其所留之纪念愈深。尔后王政共和之问题，遂深入乎法国人之心中脑中，固结而不可解。凡有政治改革时，莫不加入此观念掺杂其间，故每每以颠覆专制之原因，仅得国体更新之结果。王政、帝政、共和迭相起伏，而其以暴易暴者殆居大多数。

　　呜呼！以法国人锐进之勇，流血浮尸无所于惧，而其所以赢得者率为以暴易暴之国体。兹其政治改革上之精神所以远逊英人，而宪法虽数数改更，卒无当于宪政发达之效果也，不重可惜哉！观于拿破仑为大统领时，共和之名义虽存，立法、行政、司法各大权咸由彼一人专制，乃其后竟以三百五十七万二千三百二十九人之投票，认此专制大统领，进为世袭之皇帝，吾不知此时法国人改革之精神竟何在矣。英国人之进行改革也，必以确定国会及人民之权利为第一要事，不因君主、共和之形式阻障其精神。法国之改革历史，殆唯《人权宣言》及第一次之共和宪法、第六次之钦定宪法、第十次之共和宪法有似乎此。其所以能至此者，则以改革之事非因国体问题而发生，改革进行时又不以国体问题没却其初志故耳。

今世论者或疑法兰西人民长于破坏而短于建设，夫使其破坏之精神唯注重于政体，不为国体问题所灭没，亦安见建设之非其所长者？千七百九十一年之第一次宪法，为当时欧洲民主主义诸国宪法之模范。千八百十四年之第六次宪法，为独逸君主诸邦宪法之模范。而现今之共和宪法且行之三十余年而无前次之波澜者，非其明著大验者耶？前数次之宪法，徒因国体纷争阻其进步，幸以俒丹之败，偿款丧师，法人惩于外忧，转图内治。现行之宪法，实迫于国家存亡而制定之者。虽国体变为共和，特以当时国君被虏，事机所至，又可以致此者，固非因共和而始制定宪法耳。是以精神所注，得以维持其宪政以至于今日。然则观于其宪政兴弛之间，亦当世得失之林矣。

今世言宪政者，莫不首推英国，非特君主国之宪政宜以英为称最也，即共和国亦无有能及之者。法则革命风云，为专制之民贼所寒心。十九世纪以来，专制仆灭相接踵，虽谓为食法人之赐，亦靡不可。

顾综观其历史，彼改革之精神专注重于政体者，其结果良；兼注重于国体者，则不没却政体上之精神者，其结果良；没却政体上之精神者，其结果恶。至于专因国体而言改革，则政治上殆无所谓良结果之可言矣。何也？既以改革政体为唯一之精神，即须唯以能达此改革之目的与否之是视，若有可以达此目的之事机，犹必斫斫于国体之争，致吾所改革之政体之可以确定者而竟归消灭焉，此法兰西于第一次共和的王政公布后，必斫斫于处置路易十六，所以反召民权之专制，酿成恐怖之祸。而英国人每以君民约束，确定人民权利，竟收改革之功也。

前车之覆，后车之鉴。我国民不欲改造一立宪国家则已矣，若其不愿长此生息于今日专制政体之下，危乎吾国家之前途而有所不能已也，其勿以国体之纷争而没却吾改造立宪政体之精神也。虽然，吾国民今日之对于此问题，其精神顾何如乎？吾默而察焉，而有不能为吾国民讳者。夫所谓以国体之纷争没却改造立宪政体之精神者，其最初固犹有此改造之精神者存焉耳。而吾国一般社会中，除是之外，尚有一种并此精神而无之，而惟是终日遑遑者，此其与精神之有所蔽而没却之者，固同为无裨于国家前途耳。吾一考其所以然之故，而知其所以至是者，有两原因。

一、知有政府而不知有国民。吾国人数千年来均无参政思想，平居论事涉及政治问题，莫不曰是乃政府之责，于人民无与。且人民不惟无与其责也，并无可以与之之权利，故乡绅学士以不干与公事为高。政之良也，惟政府之功是颂；政之敝也，惟政府之恶是仇。而人民殆若无政界上之地位者。夫颂其功与仇其恶，盖皆以为政府乃苍生所托命焉而已。是实为今日倚赖政府之病根，而中国专制政体所以尚能维持以存于今之世界而无所于动也。病根深固，不自知国民于政界上地位之何如。微特勉以改革政治之责任，彼将襄足而不前；并勉以改革政治之权利，彼亦将骇然而却走。即或有不却走而前焉者，彼其脑中、心中，仍以为是非政府之大力不为功，吾侪小民不过委蛇从事，聊尽吾国民之责任以补助之，即可以告无罪焉耳。

及于近年，立宪之名词聒耳而至。彼政府者复悬以为饵而钓之，于是前之以政府为苍生所托命者，今更以政府为立宪所托命。前之倚赖政府者，不过为消极的之病根。今之倚赖政府者，更由此病根发而为积极的之狂热矣。甲辰、乙巳之交，有所谓运动立宪者，此狂热发生之肇端也。彼所谓运动，运动政府云尔，于政治上而欲有所运动，则比于前此消极的之倚赖，抑亦有所进步矣。然其所以运动之也，亦以为立宪之事非倚赖政府无从而得之，而后有以出此，昌言公论，以是为吾国民唯一之责任，而走相劝勉。今之赫赫然所称为烈士者，在当日亦有所不免焉。迩者运动之名词，稍稍为一般社会所不乐道者矣。顾其代之而兴者，虽有种种，率莫不出于倚赖之精神，而自以为政府之补助。

呜呼！吾人所为欲改革政治、造成立宪国家者，第一步之进行即为破弃政府之专制耳。是固为今日政府之所不乐闻、而吾国民所责无旁贷者也。今乃以倚赖之精神，委立宪事业以属望于专制之政府，得勿虽欲立宪而不必破弃专制耶？抑立宪政体中，不妨有专制政府之存在，故为是以倚赖之耶？是真世界之奇闻矣。夫吾国民之于改造政体事业也，果其有此独立不易之精神矣，则于事实上之进行时，临机因应，种种作用，尤当向其宣而运用之，唯求不没却吾最初之精神，而又足以达吾所欲改革之目的而止。运动云云，又岂必为事实上之所绝对排斥，而不许偶一用之者。特其时精神上毫无假藉，是不过临时之作用，非以是为唯一之精神，而有所谓倚赖者存，兹其所以异耳。

各国宪政成立之时，有出于人民之所要求者矣，使不察其精神之如何，唯是就外形以为衡论，得勿亦谓其有所倚赖。徒用是区区者，亦可以造成立宪国家也乎？他且勿论，即就英国千六百二十八年之《权利请愿》观之，明明由国会提出要求之文书，而英国之宪政竟能因是而愈确立者，何也？夫固有其独立不易之精神盾乎其后，而实力上之进行又先有使其不能不屈服于人民者，然后为此。脱其不屈服，必将有不利于政府而致生革命者。然则由政府一方面言之，即谓其承诺人民之要求，盖藉以是要求人民之勿革命，亦无不可。吾尝谓各立宪国宪政发生时，只有政府要求人民者，断无人民要求政府者，即谓是耳。何也？其要求而无盾乎其后之精神，则宪政必不成立。而有此精神之要求，又不过使宪政发生之一作用而已。

前途茫茫，事机万变，稍一不慎，则依违迁就，而最初之本志将有日即灭没而不自知者。故必其有独立不易之精神，而进行上之实力又足以巩固之，然后可以为运动、可以为要求。吾见夫今日吾国人终日遑遑者之日以渐多也，吾深危乎其精神上之有所倚赖，而专制政府之愈无惧惮也。

二、知有君主而不知有国家。中国自有史以来，皆为君主专制国，国体、政体均无变更。人民生息其间，不知有君主与国家之区别。盖"朕即国家"之观念深入乎吾中国人之脑筋者，已数千年于兹矣。近以世界交通，欧洲学说辗转输入，始晓然于君主之外，尚有所谓无形之国家者。然持此以语宿学老儒与夫一般中流以下之社会，彼犹将嗤以为怪。其晓然焉者，盖居最少数也。而是最少数者，又复局于学理的之方面，徒能为解释之说明。试与谈国家事，则数千年来之旧脑筋自然感触流露于不觉。更进而及于改革问题，则其所汲汲欲解决者首为国体，由是而国家改革之前途遂生出种种障碍矣。

夫其必欲汲汲解决国体者，何为也耶？数千年来君主之见，未能遽断其根株。彼其视君主也，虽不必显然有"朕即国家"之观念，徒以根株未断之故，一言政治，而君主之问题即横亘其前。是不必宿学老儒拘守君臣大义者之为然也，即与是立于极端反对之地位而主张共和者，语及君主，深恶痛绝。其所为如是者，仍不免重视君主，以君主之有无为国家之兴废故也。不知君主所以能使人至于深恶痛绝之者，以其为独裁专制政体而已。政体改革，虽有君主，亦必受限制于宪法之下，将有欲使人深恶痛绝而有所不能者。君主之有无，固于国家政治之废兴无甚关系，只视其政体如何耳。而顾谓国家政治之改良，但弃却此高乎在上者之一人，遂可有济，是亦可谓轻重倒置者矣。

夫吾亦非谓政治问题中，绝无所谓君主有无之问题者存也。虽然，君主之有无是乃国体之争耳，吾人之谋改革政治，为政体也，非为国体也。故夫吾人心目中所拟议之国体，不过就主观之观察，藉以为活动之标准者。所欲改造之政体可以实现时，其国体竟将如何，固不必斫斫而争，反因是以没却改造政体之精神，此吾前方所已反复言之者也。何也？政体之良否，为国家存亡问题；君主之有无，非国家存亡问题故也。

而今之主张共和者，惟汲汲于国体之争，一若无君主则政体可以良，有君主则政体必至于恶者然。且一若无君主则国家可以存，有君主则国家必至于亡者然。因观念颠倒之结果，则目前有可以为改造政体之进行者，亦因汲汲于准备改革国体之故而不顾；将来有可以使所欲改造之政体实现之事机者，亦必将因国体之争而不顾。然则虽谓之为"知有君主而不知有国家"，不为过也。

或曰，子既云国体问题，不过主观之观察，藉以为活动之标准者矣，则无论所主张者为君主、为共和，固亦各有其主观之观察也。今之主张共和者，亦岂必不出于是，而子顾谓其只争国体而不争政体，知有君主而不知有国家，是乌足以服其心而起人之信也耶？

曰，凡谋政治之改革，必有其政治上之进行，而无可容其放任者也。使其所主张之共和，不过主观观察点之不同，则必其对于现今一切政治上之问题，仍有汲汲焉不肯放任者。不肯放任，着着进行，与政府相接触。时机既迫，政府而屈服也，则为平和的成功；政府而顽固抵抗也，则竭吾国民之力之所能及以扑之。而所谓君主、共和，均必俟有此现象之一，而后可以决定。若夫平日于政治上问题，一切放任而不过问，无由以政治上之进行与政府相接触，所恃以与政府相接触者惟他日之兵器。放任如此，而犹谓其所主张者为置重政体问题，共和之云仅仅主观观察之不同，其可得乎？

况乎言改革政治而有假乎兵器者，盖以之为后援耳，必平日有政治上之进行，至不得已而后用之。用之而胜，其成功固无待言也。即或败焉，而平日进行所得之实力已操诸人民之手。人民因政治进行而遭覆败，则其所以覆败之由，与夫所以改良进行方法之道，在人民之心中、脑中，无日而忘之。尚可再接再厉，以图进取。使其平日一味放任，专恃有兵器而后动，则一度覆败政治上之实力，仍无所得。所有兵器消归乌有，除兵器以外又无可改良之进行方法，将何以继其后耶？故必唯国体之是争者，而后可以出此策。不然，则世界固未有平日一味放任而可以谋政体之革新者，而今之主张共和者适如此。欲不谓其重视国体而轻视政体，不可得已。且欲不谓其知有君主而不知有国家，亦不可得已。

吾知共和诸公骤闻此语，必有愤然不服者。然试平心默计其平日所为，尽力于国家存亡所系之政体问题者，果何在耶？无亦君主国家之辨，仅明于学理而昧于事实也乎？不然，何忍置吾国家存亡所系之政体于不问，至于如此其极也。（或有倡中国已亡说，冀图解免此诘难者。夫中国未亡，此于学理上、事实上皆无可诬。惟彼若不固持此说，则将无解于吾右之所诘难焉耳。今以不在本论范围，故不论之。）

且是说也，徒足为懦怯无气力者辟一遁逃渊薮而已。夫平日于政治上问题有所进行，则种种方面皆与政府接触，即种种方面皆与政府有直接之利害冲突，其为政府所深忌而指为目中钉者，所在而是。一日在进行中，即一日在身命危险中。而事实上之活动又复昭昭在人耳目，非可张冠李戴以自藏其身者，无所能逃于虎狼之捕缚也。自有主张共和者一切放任之说出，斯亟亟赴之，既可保身命之危险，而又蒙志士之美称。此身一遁入放任之说中，遂可百事不闻，逍遥世外，自计之善，无有逾于此者，奚为是赌此身命以终岁劳劳为哉？

今天下薄志弱行之人所在而有，此等现象，夫岂能免。吾恐影响所及，有非主持诸公之所能意料者。回顾国家，则因放任之故，国民对于国家冷落愈甚，政府对于国民专制愈安。偶有语及对付政府之方法者，犹将应之曰："吾方筹备军备，期达吾共和之目的，遑暇及此。"再问以如何筹备之法，则曰："此须秘密，难以语人。"更问以国家危在旦夕，何能久待，则曰："指日可兴师耳。"然而迟之又久，竟阒其无闻者，抑又何也。吾知责吾者必又将愤然怒曰："我方将持兵器以与政府相见，士之敢死，孰如我者！"虽然，当夫兵事未起前，其可以保身命而获美称如彼，安知夫竟无是人者？故吾不怪其主张共和也，特怪其主张共和而平日一切任政府之所为，不欲为事实上之进行而放任之。斯则其精神不属于改造政体，而恝置国家。彼薄志弱行者乃得趋而遁之，而政体之改革愈无可望，是真至为可悲者耳。

余固主张君主立宪者也。顾余之主张君主也，不过就余主观之观察所立之标准，且深信将来之事机必至于如是。不如是则必非国家之福焉而已。若夫立宪云者，则固吾改革精神之所注，不因事机之如何而或为迁就，且不问事机之如何而偶为放任者也。彼主张共和者，如能于平日有所致力于政治之进行也乎，则所主张之国体虽异，而精神所注之政体实同。唯其同也，中锋之所向，皆以今日之专制政府为之的。联吾民党相将以敌之，随时随事，着着进行，以促专制之覆可耳。若终不于平日而致力于政治之进行也，是于消极的方面扶持今日专制之政府以危吾国家，徒足使吾辈之欲破专制者劳苦益加而已。然而精神所在，固将竭吾辈能力所可及而引为己责也。呜呼！狼吞狐媚交集神州，国家前途至为可虑。所望吾国民蹈万死以致身于存亡所系之政体，庶可有徐图自强之道。逡巡以嬉，如国家何？国家亡而吾身随之矣。吾愿吾国民奋吾勇气，勿为须臾之放任，相将以除彼专制之妖氛也。

夫知有政府而不知有国民，此依赖政府之心所由生也；知有君主而不知有国家，此放任政府之心所由生也。依赖与放任，皆立宪国民之精神上所绝对排斥而不能相容者。吾虑吾国今日一般社会，其精神上将或有中于是，而所谓立宪政体因之终不可得也，故为是论，以与吾国民相为勉励焉。

至夫实行上之方法，则当别为论之。

（原载《中国新报》第 4 号，1907 年 4 月）

3. 日本国民之国会运动

吾国人称日本之强者，动曰日本维新四十年。夫维新云者，不过对于锁国时代而言之耳。非维新之足以强日本，所以能强之者固别有在。试观吾国十数年来，未尝不言维新，而国势反日以弱，是何故耶？可以知维新之与国强殆无若何之直接关系矣。然则日本所以成为今日之强者何在哉？吾请断言之曰，由政体改革故耳。变词言之则曰，有国会故耳。何也？国之所以强者，以对于外能巩固国权，对于内能发达民生也。而是二者，皆不能求之于无国会之国。日本之开设国会在明治二十四年，故明治二十四年以前之历史，无一事足以当此者，是其所以与今日之强，直渺不相涉而已也。

虽然，国家之开设国会，必以国民之活动为其原因者也。日本国民当其于未有国会之先，所以使国会开设之活动，固何如乎？呜呼！是固吾国民今日之所宜资以为鉴者矣。端居有感，叙述兹编，凡分四期，曰舆论胚胎时代，曰民权滋养时代，曰运动勃兴时代，曰期限确定时代。

（附识）前见《新民丛报》载有《日本预备立宪时代之人民》论文一首，彼特泛述日本开国会以前之社会现象。本编所叙述，乃专着眼于国会运动之方法者。观察之方面各有不同，阅者幸勿混同视之。

第一，舆论胚胎时代。

今日皇即位初年，以五誓与民相约。其第一即为广兴会议，万机决于公论。顾尔时全国上下、在朝在野，皆唯尊王攘夷、复古维新之是争。誓文所云云，无人起而过问者，非必其忘之也，直不知国民公论为何物耳。

明治六年，征韩问题决裂后，西乡隆盛辞职，副岛种臣、江藤新平、板垣退助等继之，咸愤慨不平。适小室信夫、古泽迂郎等由欧洲留学归来，盛赞泰西议院政治之美，以游说于板垣诸人。明治七年一月，副岛种臣、后藤象次郎、板垣退助、江藤新平、由利公正，小室信夫、冈本健三郎、古泽迂郎等，乃连署而提出设立民选议院之建言书于左院。左院者，明治初年所设置，专掌立法者也。

此建言书发表后声动一时，以民选议院为题目，为前此历史所未有。是等行动不特出乎政府之意外，即一般社会亦如春雷警耳、突如其来，故世论惊骇，仍不过以其文字之新奇而附和之。唯加藤弘之氏主张人民程度说，草一论文痛诋设立民选议院之不可，以为当时日本人民尚不足胜议员之任，累数千言，因此反动。设立民选议院问题，遂为世论争执之中心，甲辩乙驳，莫不注重于此。

彼其两造议论之是非如何，今姑不论，惟因此争执喧嚣于世，民选议院之说乃入乎人民之脑筋，成为一政治新问题。旧日政界之失意者，新得一攻击政府之利器。一般人民，前此对于政权与夺问题毫无所感者，亦渐倡个人权利而批评政治之得失。日本国民之有舆论，盖萌芽乎此。

按副岛板垣等之建言书，上奏于明治七年一月。同月十四日，有武市熊吉辈狙击右大臣岩仓具视。二月，江藤新平作乱于佐贺，事败伏诛。或谓建言书之无功，盖受此两事之影响，否则，民选议院之设立，早见于明治七八年间。

余谓不然。夫民选议院之设立，非有国民之活动足以胁迫政府，必不可得。副岛、板垣等之建言，连署者虽有多人，不过足为个人之活动而已，非有国民的之意味也。且书中所言，非以国民资格对于政府争参政之权力也，特痛言政府立宪尚早说之非，而谓设立民选议院为救国之上策。是殆与中国之所谓上条陈者同，故称之曰建言，而非请愿；非请愿则非国民之活动，无国民之活动，则政府无所迫。如此而望民选议院可以因此成立，直无舟而求渡耳，安可得耶？故吾谓此次建言，其功效不过使一般世论赞否交争，以胚胎舆论而已。使无后此实地之活动，恐日本至今尚无民选议院之存在也。

抑吾犹有说者，国民之活动亦产生于舆论者也。舆论中所未出现之问题，无从使一般国民有准此进行之动机。明治七年以前，民选议院非国民脑中所有者，副岛、板垣等区区数人，乌足以语于国民活动也乎。其不过仅仅建言，亦势所不得已者。彼其用意，或逆知此事足以惊世而骇闻，故为是以造舆论，未可知也。

吾中国今日人民对于国会之观念，比于明治七年以前之日本，程度若何？以吾观之，直不啻我霄而彼壤矣。何也？国会问题不惟已宣传于舆论，国民动机之发，且已将勃勃不可以已也。然则吾辈无取乎建言为也？奋袂而兴，以吾国民资格，直接与政府谈判可耳。

第二，民权滋养时代。

征韩论公裂后，反对政府者率欲诉以兵力。江藤新平、西乡隆盛相继起兵，皆为此也。然彼等之实力既不足以抗政府，所藉以号召众人者，复与国民权利无相关，兹其所以无能为耳。

独板垣退助言国民之言、行国民之行，一面为设立民选议院之建言，一面着手国民运动之准备。当建言之同时，即与同志组织一政社，名曰爱国公党。公党云者，所以自别于争权夺势之私党，以警起国民之政治责任心者也。旋因岩仓具视被刺事件，为政府所嫌疑，不得已解散爱国公党，以同年三月赴高知县，别设一立志社，鼓吹民权自由论。一年之间，社员达一千余人，相与讲习洋学，研究法政，民权思想愈益普及。

明治十年，西南之乱起。立志社欲乘内乱之机会，达改革政府之目的，乃举片冈健吉为代表，上书请速开国会，政府却下，不为代奏。时因林有造等与元老院干事陆奥宗光谋乘内乱颠覆政府，及片冈归京都，政府遂兴大狱，志士多被捕，片冈与焉。板垣乃抚慰青年，戒勿轻举，谋对于将来开国民运动之端绪。组织《土阳杂志》，旋改为《日刊新闻》，藉为鼓吹自由主义之机关。于是志士云集土佐，改革健儿咸投身板垣旗下矣。

自副岛、板垣等提出建言书后，至于西乡作乱，凡越四年。此四年中，内乱相寻。板垣既欲以国民抗政府，不乘此实行国民运动，徒惟是率领青年，自为民权自由之传道者，此何以故？诚以当日日本人民尚未识民权自由为何物，贸然兴举，附和者必寥寥。观于明治八年，彼发起爱国社于大阪，应檄而至者不过四十余人，即其明证。板垣盖有鉴乎此，乃愈迟迟不发，专肆力于研究讨论焉耳。彼之自由民权论，以吾人今日之眼光观之，盖不免于幼稚之识。然其所以使民权思想之发达，终以国民之行动胁迫政府，收开设国会之功者，实由于此。故吾谓此时为民权滋养时代。

吾中国今日国民权利之说，虽不必通全国而尽知之，中流社会之多数，固已盛为流传矣。加以当时东洋无一立宪国，俾日本国民受接近之观感。吾国今日则以东邻立宪小邦一胜于我，再胜于俄，激刺最烈。迩年以来，海内外无形之党派，言论著述殆莫不以国民权利为说者。然则立志社之所为，固已为吾国过去之事，吾国幸勿一再迟迟而忧附和者之不至矣。

片冈健吉之上书乃代表立志社者，此其非个人之活动，比于前此副岛等之建言已进一步矣。然而仍无成功者，何耶？则以立志社云者，仅足以代表一党派，不足以代表国民故耳。党派无可与政府争权利之理，故亦只能为上书。上书而不报，党派无如之何，甚而被渠解散焉，将不能谋再举也。不如以国民之名直接进行，而党派则为之鼓吹维持，以尽其实际运动之作用。所谓国民者，虽即为党派中人，然以国民为名，不以党派为名，则政府无从而解散之。又况国民云云，有地域之分，甲地域兴而乙地域响应矣，丙地域败而丁地域继起矣。唯此中前仆后继之运动，则全恃党派为之。所谓实际之作用即存乎此。立志社不出此，是其所以无成功也。当时高知疑狱累及多人，幸而板垣无可指为谋叛之事迹，立志社因得保全耳。不然吾恐立志社者，又将为爱国公党之续也。我国民而将从事于此乎，其不可不知所择矣。

第三，运动勃兴时代。

明治十一年，板垣察舆论已盛，活动机会既经到来，乃组织一爱国社，为实地活动之机关。以同年四月，发表意趣书，号召全国，期以九月开第一次大会于大阪。先期使杉田定一、安冈雄吉、植木枝盛、栗原亮一四人为游说员，分赴各地方，结合同志，约临期派员赴会。时因岛田一郎等暗杀大久保利通，人心疑惧，加以大疑狱以来，土佐之举动为政府所指目，甚有拘引板垣之风说，立志社员等劝彼为国自重，暂改会期。板垣谓各地方志士均已应檄，群集大阪，势不可以中止，卒乃排众议，率大石正己、寺内宽赴阪开会。爱国社之第一次大会竟得应期进行。

健全经过：临会者，为松山之高木明辉、内藤正格，高松之细谷多门，冈山之小林樟雄，鸟取之坪内元兴、冈岛清洁，福冈之进藏喜平太，久留米之川崎澄之助，佐贺之锅岛克一、武富阳春藤，和歌山之儿玉仲儿、千田军之助，爱知之宫本千真，熊本之佐野范太，筑前之头山满等，皆代表各地方志士应檄而来。立志社亦派西山志澄、森胁直树为社员代表相与临会。初，明治八年板垣即发起爱国社于大阪，到会者仅四十余人，未几解散。至是重兴旗鼓，四方景从，爱国社之势力披靡各地，是固数年鼓吹民权自由论所结之果也。

翌十二年三月，开第二次大会。同年十月，更开第三次大会。会期中，福冈共爱会代表平冈浩太郎提议，请政府改正条约。立志社代表片冈健吉承板垣意旨发言曰，"改正条约固为当今急务，然非先开国会，使人民得参政权，以舆论之力为政府后援，则改正条约之成功终不可望。不如先聚天下人心，全力一致为开设国会之请愿"云云。众议赞同，议遂决。同时定议以爱国社之名飞檄全国，并派人游说，务期得多数赞同者，即提出开设国会请愿书。

开会月余，至同年十二月，冈山之志士遂先著祖鞭，要求开设国会于政府，是实为国会请愿之国民第一军。翌年一月，福冈县又以改正条约及开设国会二条件建言于元老院。

冈山、福冈两县先后月余相继请愿后，全国感动，将接踵而起。冈山志士又同时檄告全国，其文云：

呜呼！仰望芙蓉山之高，俯瞰琵琶湖之深，岂非美山川乎？我同胞三千五百有余万之兄弟，居住于此，栖息于此，历年更岁，以至于今。今之时何时也？可贵之民权既伸畅耶？可重之国权既扩张耶？思之思之，月虽明不足以愉我等之心，花虽美不足以慰我等之情。忧郁填胸臆，悲愤贯心肝。言念及兹，不觉奋然崛兴，潸然泪下也。呜呼！我同胞兄弟其何以为情也欤？

今者外人逞鸱枭之欲，视我人民如雀鸦，如儿童，如奴隶。条约改正为期已迫，而未得彼之许诺，独立之体面何在乎？夫国家者，活机也，非可以少数人左之右之者也。非我同胞兄弟，各自振起，奋发自任之精神与国家相终始，决不能运转之也。然则当今之时，开设国会以集众智、会群力而运转国家，亦势所不可已者矣。国会既开，则民权伸畅。民权既伸畅，尚何国权不张之足忧乎？尚何外人陆梁之足惧乎？呜呼！开设国会之期，亦既至矣，置今不图，俟之何年？时不可失，机不可错，弃此时机，智者无所施其技，勇者无所用其力，生命财产悉受制于他人之手而莫可若何。我等热心渴望国会之开设，兹其所以不能已也。

抑明治初年之誓文、明治八年之圣诏，皆出于我天皇之美德，勿待吾辈人民之赞颂者也。吾辈当日拜诵诏书，鼓舞欢欣，以为国会之开设为期不远，延首跂足，待之久矣。然至于今日，尚不见此美举之实行者也，何耶？呜呼！我同胞兄弟，吾辈今乃得知之矣。国会之事，固我国民痛痒休戚所攸关者也，吾辈不自为之，徒惟是侥幸政府之为我代谋，殆如梯浮云而欲登九霄耳。

是我冈山县下两备作三国三十一郡一区一千七百七十一村一百六町之有志，所以自反、自罪、自悔，奋发兴起热心，渴望国会之开设，而终以本日哀诉而恳愿也。闻福冈县下之有志者，近顷开共爱公众会，以纠合县下人民，不日将为开设国会之建议。呜呼！人情趣向已可察知，自任之诚，实与吾辈有同感同情者矣。此感此情岂止以福冈县下之有志者而已乎？五畿八道三区三十五县三千五百有余万之同胞兄弟，非皆有此感情者耶？呜呼！我同胞兄弟此感此情，已与吾辈相同矣，何不进而恳望国会之开设乎？何不奋而欣慕民权之伸畅乎？何不誓谋国权之扩张乎？仰望芙蓉山之高，俯瞰琵琶湖之深，何其可爱也耶！我同胞兄弟其起爱国之精神、奋独立之气象，勿将此绝美之山川、可爱之邦土坐付他人也。

此檄文传布全国，读者奋慨，民气愈激昂。适爱国社之游说员分赴四方，遂相与表赞同，署名于国会请愿者达八万余人。各地举代表陆续抵东京，更改爱国社为国会期成同盟会。开会时署名者复骤增，凡二府二十二县十三万人，为代表者六十四。会中设常务委员二名，分全国为八区，每区各置游说员，运动方法秩然不紊。而片冈健吉、河野广中二人被举为请愿书捧呈委员，以明治十三年四月，代表二府二十二县十三万人，捧呈国会开设请愿书于太政官。

太政官以日本向无受理人民政治上请愿之例，却不受理。片冈、河野奔走各当道，卒不得要领，乃归而报告国民。同时各地方之为请愿者尚十数起，皆无结果。于是全国激昂，同盟会愈专力于游说运动，国会请愿之声所在而闻，且将有谋要挟政府者，而统率此等请愿者之人物即板垣一人而已。当时板垣所至，人尽欢迎。板垣复以其庄严愤慨之口辩鼓吹民情。政府虽颁布集会条例，禁政社间之联络，然人心一致，草木皆兵，固已无如之何矣。

呜呼！冈山志士其为国会请愿，距爱国社第三大会仅月余耳，彼既知福冈将有事于此，乃急驱猛进，争为请愿先锋，一若恐落福冈之后者，何其勇而速也。

冈山、福冈以及其他各地方请愿者凡十数起，而皆为板垣所统率，诚以其所以能先后相踵者，均由党派有以为之枢焉而已。具名要求者为地方代表，实际指挥者为党派团体，党派与政府无直接交涉，彼莫得而扑灭之。地方代表则至一至再以至于十数，或分或合、或先分而后合、或此分而彼合，一度要求后归而即散，政府无从一一指捕之。实则归而即散之人民，仍统属于党派之中，斯其所以能继续进行，而政府几无宁日也。爱国社之成立，在明治十一年九月，活动仅及年余，请愿者纷纷而起。以一爱国社而可以分为多数请愿团体，苟非用地方人民之名义，又乌从而得此哉？此其活动方法之妙，固鉴于立志社之失败，经阅历而得之者，非偶然也。

且党派为人为团体，地方为天然团体。以党派之名请愿，则自然排斥党外之人。以地方之名请愿，则凡属于该地方之人皆在其范围之中，政府不能悉一地方之人而全体驱逐之，斯其所以无如我何耳。彼国会期成同盟会者，虽显然标题此名目，而片冈、河野两氏所以必藉名于二府二十二县十三万人之代表者，即为是也。

吾国今日政治上之团结已渐次发生矣，实地活动直接与政府谈判之期，当不在远。然吾窃有所以为进者，即实地进行之方法不可不资镜于此也。夫今日各省之言地方自治者所在而有，然彼竟未有谋及用地方名义为国会请愿之说者，亦以无中坚之党派为之鼓吹维持，以指导其进行方法焉耳。前事之法，后事之师，我国民其奚可有所多让也欤。

冈山志士之檄文最足以唤起人民者，以"自任"二字为最有力。读其檄文，可知前此日本之人民满心期望，坐待政府之开设国会。人情如此，宜乎副岛、板垣等之最初建议只能为个人活动，立志社之上奏亦无影响。冈山人之所以自反、自罪、自悔者，正所以促全国人民之醒觉也。吾国民今日其尚有学冈山人之延首跂足者否乎？吾请以冈山志士自反、自罪、自悔之檄文相与一商榷之。

第四，期限确定时代。

国会期成同盟会成立之年，集会例条相继颁布。至同年十二月，更限制人民之建议须经由府县而转达于元老院。于是要挟政府之说虽不能遽然实现，而民气益激烈，开设国会之呼声不为稍减。适政府中之一派有窃表同情于民党者，内外相应，内阁遂至分裂，终不能不屈于民党，而国民之活动遂见成功。

所谓政府中之表同情于民党者，即大隈重信是也。先是，西南乱定后，武人愈跋扈。大隈等文治派窃抱不平，谋有以打破藩阀政府，顾无胜之之道。会板垣之国民运动披靡全国，大隈乃乘此机会，在政府中主张国会开设之不可已。据彼之意，欲以明治十五年招集议员，十六年开国会。又值北海道官有物卖出事件，当道与商民狼狈，仅收贱值，物议沸然，归咎于专制政体之所致。舆论之攻击政府者，咸利用此事。各地演说，以为非开设国会不足救专横之弊，先后赴东京者不可悉数。于是官有物卖出事件与开设国会事件，遂成为彼此联锁之关系。

明治十四年七月，天皇巡幸东北，命与此两事有关系者扈从以往，大隈与焉。天皇出京后，东京舆论汹汹益甚，政府为之骇然。十月天皇还东京，即日开御前会议，讨论彻夜，次日遂发布明治二十三年开国会之诏勅。自冈山志士首先请愿以来，至是年余而已。惟政府约期远至十年，此于国民之运动不可谓为遂达目的。然开设国会之事既已确定，则亦无结果之结果矣。

按官有物卖出事件发生时，苟政府中无大隈之运动，则民间物议虽盛，开设国会之诏未必即可得见也。虽然，是确定年限之诏，为大隈所致耶？抑为国民运动之所致耶？吾敢断言曰，是决为国民运动之所致。彼大隈者，不过投时而起者耳。使民党之气焰不张于下，虽有十百大隈，其乌能为力也欤？

且当时民间演说，听众常满，政府虽设种种限制，竟莫能为民怨之腾，至斯为极。政府若再顽迷，吾恐革命之祸亦将不免矣。前此者，国民之活动未臻极盛，林有造等已欲以颠覆为手段，幸板垣以正当之活动抚慰国民，率之以出于平和之进行。脱令大隈之策不行，是政府真欲与国民宣战矣，吾又安知板垣之终于不起也耶？彼时板垣一言，全国所重平和之进行，既终无效，举三千五百余万民众悉醉心于民权自由说，徒手而兴，何所为御，其又焉能长此不改乎？

观于国会期成同盟会之规约有云，我全国人民果能结合以表示此希望乎，政府必无词以靳我。若犹靳焉，是政府之负国家，非吾辈之罪也。夫彼所谓非吾辈之罪者，非谓国会之不能开设，罪在政府已也；殆谓国会期于必开，至于不得已而用破裂手段以开设之，亦政府有以使之然，非我之罪云尔。夫唯其有此气焰精神，是以大隈得投时而行其术，而国民之运动乃得终以平和而成功耳。

吾国民勿徒以大隈望吾国今日之政界中人也，亦自问吾辈之国民的运动，其气焰精神如何而已。殷鉴不远，吾为吾国民运动之前途祝之！

（原载《中国新报》第 6 号，1907 年 7 月）

4. 无国会之害

其一

江南民饥，至于人相食，海内外人士咸筹有以赈之，政府则不过问，匪特不过问而已，请拨镑亏镑余之款以工代赈，而不许请息借之，而约以尽先归还，仍不许。饿殍相望，枕藉于途，政府视之漠然焉。若在立宪国，则此赈灾问题必为国会劈头重要之件，此等弃置饥民之政府，必为国会上奏弹劾之的，而今日中国之饥民，仍惟恃人民自谋赈救，不能不听政府之恝置而无如彼何。若是者，何也？曰无国会之故。

其二

中历二月八日，上海《时报》论度支部拒绝息借赈款事云："各省之路矿，与他国立借款代办之公司者，仅私人之合同耳，而无一不由政府出面，以致酿国际之交涉，独于此次筹赈，度支部凛然拒之，岂害国病民之债则乐预闻，稍有惠民之债即不愿预闻乎？"夫政府乐闻害国病民之债，我国民无从拒之；政府不乐闻惠民之债，我国民无从迫之。若是者，何也？曰无国会之故。

其三

光绪二十四年，法使要索广西铁路权，以"同登之龙州"合同为根据，仅云"由北海至西江，让给法公司修造"而止。政府即指实以允之云"由北海进至南宁"，更为额外之允许曰"将来若由南宁展接铁路，亦由两国商允酌办"。法使复据此照会政府，云："将来若另造铁路，由北海起，不至南宁而至他处为止，均应与法国公司或华法公司承办。"政府复允之曰："届时商令中法公司承办可也。"自此以后，广西全省铁路权已尽归法，吾国人民尚无从得知。及光绪三十二年九月，法使有照会，抗议广西自修铁路之事。此中始末，殆由该省人调查而得。呜呼！政府之馈赠法人可谓厚矣。然其为馈赠也，不以自己之私财，而阴窃国家之路权以为之礼，秘密其事而不使人知，此在立宪国中早经国会之诘问，有以破其谋而救其失矣。今吾国人必待外人抗议始渐知其事，利权已丧，诘问无益，且亦无从而诘问焉。若是者，何也？曰无国会之故。

其四

近日传闻伊犁将军拟息借汇丰银行外债若干，以办新政。阳历四月六日，日本东京《朝日新闻》又云："清国政府将募外债一千万两，传言为藉此以充新政施行之费用者。"今日我中国受外债之害不堪言矣，仅就今日所已有计之，已不知偿还之款出之于何地，还清之日尚须若干年，然款之所自出，无论直接、间接，皆必为吾国民所负担。此负担之年限不仅累及吾身，又将及吾子孙者也。乃当局者犹以吾国民今日所已负担者为不足，再借外债，且不以用于生利之途，而藉口于施行新政焉。近日以来，此等消息时有所闻，右之所及特一例耳。

夫各文明国，其政府与他国结私法上之契约，若其结果归人民负担者，必由国会承认。今日中国之政府竟可任意为之，无所顾虑，徒使吾国民之债台日筑日高，终吾身以及吾子孙永无可以下此债台之一日，而吾国亦竟莫若之何。若是者，何也？曰无国会之故。

其五

阳历三月二十二日，东京《朝日新闻》载："英公使与外务部交涉之结果，已承认前年上海骚动之赔偿金，由度支部命上海道台与英国官宪商定金额，道台愤然辞任。"中历二月初八日，《时报》载："探闻上海道瑞观察，因内政外交均为困难，外部一味放弃，毫不主持，颇萌退志，已于初六日因病呈请开缺。"同初九日，《时报》载："德文报得北京电云，近数日来，外务部与英使叠次会议上海闹公堂案之赔款，中政府意见已大略认赔，当经谕令上海道再与英国官员查核损失之数及一切详细情形，以致上海道呈请开缺。"据以上各报所载观之，闹公堂案之认赔殆已确矣，本国人所受之损失不惟全不过问，又将削本国人之脂膏以赔外人。此等失败外交，若在立宪国中，必招国会之纠弹，当局者不能不任其咎。而在吾国，则为人民者莫若之何。区区一上海道，即以去就相争，尔复何益？当局者之地位仍安然无恙，无由有过而责之者。若是者，何也？曰无国会之故。

其六

东三省设置督抚，内定徐世昌为总督，哄传已逾两月。近忽有廷寄，饬三省将军整顿更治，哄传之事全部取消。闻因某尚书惧袁、徐一气，故阻其事议之起也。三省当局者准备行装，不遑他事，现又另起炉灶，百废仓皇。夫改置行省，此为国家行政上最重大之事，若在立宪国，则最初之建议必由国会协议而后决，既已决议，之后即不能因私人之意见寝阻其事。中国则不然，出尔反尔，一听政府及一、二人私意之所为，致令行政来无端之废弛，人民莫由过问。若是者，何也？曰无国会之故。

其七

吉林行政腐败不堪言，自振徐视察后，将军达桂之玩愒扬播国内，人人决其位之不保矣。乃以钜金运动之结果，至于今日竟安坐如初。若在立宪国，则振肃官纪问题、整理行政问题必沸腾于议院，当局者不能辞其责矣。而今日我国之政府竟可坦然为之，毫无顾惧。若是者，何也？曰无国会之故。

其八

上海某报载有滇人痛泪一节,略云:"滇省向来办公费用略分五种。一为盐斤加价,年约得六十余万两;一为田户粮票三项,年约四十余万两;一为积谷;一为团款;一为夫马。近年积谷、团款一律停止,夫马亦无事需用,而盐价、粮票一例加收、征纳如故,所纳各款尽数提省,皆称用以办学。而省垣所办学堂,开支薪水、学生火食及一切书器杂费,暨分送中外各地留学生之所需,每年至多不过二十余万两,其余作何开销,滇人无知之者。"夫征收租税,必由国会承诺,此立宪国所最要者。且其所消费之目的如何、其开支之数与收入之数如何,人民得而监督之。今滇省盐价、粮票合计百余万两,而十分之八竟不知消费于何地,人民莫从过问。若是者,何也?曰无国会之故。

（原载《中国新报》第 4 号,1907 年 4 月）

5. 民选议院请愿书

为外忧内患、时局日艰,恳请开设民选议院,以固国本而挽阽危,联名呈请代奏事。

职等窃维国家不可以孤立,政治不可以独裁,孤立者国必亡,独裁者民必乱,东西列国往迹昭然,治乱兴亡罔不由此。今地球之上,以大国计者十数,虽国体互异、历史各殊,然无不设立民选议会者,岂必其政府之不欲专制欤?良以世局日新,国家生存之竞争益归激烈,非上下同负责任,则国力不厚,无以御外侮而图自存;非人民参预政权,则国本不立,无以靖内讧而孚舆望。此近世以来,代议制度所以竞行于各国也。

中国数千年来,政体素为专制,故封豕长蛇之患常起于外,揭竿斩木之忧常兴于内。然当闭关自守之时,国际尚未交通,民智尚未发达,故犹可以补苴掇拾,苟且偷安。今则国际之势力与人民之思想均非昔比,苟非上下一心、君民一德,则内讧外患必愈相乘而至。职等恭读去年七月十三日上谕有曰,"大权统于朝廷,庶政公诸舆论",今年五月二十八日上谕有曰,"上下一心,内外一气",又曰"官民各负责任",仰见我皇太后、皇上圣明独照,洞悉孤立之国家与独裁之政体,不足以图存于内外交迫之日。

庙谟所运，烛见本源，然内外臣工不能将顺圣意，仰体纶音，俾民选议院及早开设，以固国本而挽阽危，此天下臣民所为抚心泣血，而为中国前途长太息者也。

夫今日之中国，本千钧一发之际、存亡危急之秋。以言乎外，则机会均等之政策并起于列强；以言乎内，则革命排满之风潮流行于薄海。祸机已兆，后患难言，及今不图，恐三数年后，燎原莫救，即欲行今日之计亦不可得。职等目击时难，不胜悲愤，窃以为非即开设民选议院，则孤立之患不除，外忧终不能弭，独裁之弊不去，内患终不能平。谨就下忧所及，为我皇太后、皇上上陈之。

中国地大民众，凌驾列邦。顾自海禁大开以后，外交失败不可胜言。累岁以来，两宫圣人宵旰于上，枢臣疆吏奔走于下，而外侮愈迫、国势愈危者，则以民选议院未立，而国家成为孤立之势故也。夫天下大事、国家大业，非数人所得自私，亦非数人所能独任。专制国中，人民无参政之权，国家对于人民，既以干预政务为越权；人民对于国家，亦以不闻国事为本分。是故政府孤立于上，人民漠视于下。此等政体在于昔日，藉以镇压国内则有余；在于今日，用以抵御他人则不足。方今世界大通，列强之间因迫于国际团体之竞争，愈促其内部团结之巩固。处此时势，犹欲以孤立之国家与列国相抗衡，其可得乎？今之言对外者，动曰外交、曰军备，不知上下之隔阂不通、人民之后援不起，则他人以君民一体相逼而来，我惟以政府数人支持应付，即令外交强硬、军备扩充，亦安有能操胜算之理？观于日俄之往事，日以全国一心而胜，俄以上下分离而败，得失利害已可了然。今中国孤立之势，与前日之俄罗斯等，而外患之急迫，则百什倍之。非即行开设民选议院，使国家内部无上无下、同心协力、共济艰难，则国家终无自强之机，外患终无杜绝之日。所谓民选议院不立，外忧即不能弭者此也。

中国近数年来，人心思乱，祸变迭兴，万里神州，几成乱数。虽朝廷累施恤民之政，而不能收拾人心，官吏横加杀戮之威，而反使效尤愈众者，则以民选议院未立，而独裁之政体有以酿成之也。自中、东战后，忧时之士知外祸之频仍，由于内治之不整，于是政治改革之思想流行于内外。

然因国家无代议之机关，人民无参政之权利，故舆论不能成为国是，下情不能达于朝廷。海内人民始而发愤，继而失望，终而怨望，乃不惜铤而走险，泄其不平，以身试法，无所顾虑。曾未数年，蔓延日众。上自监司大员，下迄无知会党，连为一气，互相声援，沿海沿江，时闻警报。政府方以人民为不法，而诛戮备至；人民复以政府为专断，而愤慨愈深。上下睽离，互相疑忌，而受其祸者，独在国家。推原祸本，非皆由专制政体阶之厉乎？今非开设民选议院，使万机决于公论，政权普及齐民，则独裁之弊不除、内乱之源不清。阻碍民权之发达，违背世界之公理，土崩瓦解，岌岌可危，即无外忧，而天下前途已不堪设想矣。所谓民选议院不立，内患终不能平者此也。

虽然，中国孤立独裁之政治，传之已数千年矣。今欲以数百人代制之机关，革数千年遗留之积弊，知必有致疑于言之太易，而收效之难期者。不知治纲必提其纲，振裘必挈其领。中国国家之所以成为孤立，政体之所以成为独裁者，皆由于无民选议院之所致耳。民选议院成立，则纲领既得，国家一切政务自有可以解决之道。谨再就其中利害得失之关系，及中国现在之情形，敬一一为我皇太后、皇上缕晰陈之。

责任政府，为立宪制度之精神。故政府职权之所在，亦即责任之所在。政之理也，政府原无可诩之功；政之弛也，政府亦无可逃之咎。专制国则不然，大小臣工互相推诿，及乎事败，责无所归，怨谤所集，皆在君主，而彼反得置身于责任之外。是以专制国之政治，无不腐败放任者，以无责任政府故也。然而政府之责任，必与民选议院相待而生，民选议院一日不立，则责任政府一日不成。今中国艰难日亟，百务待兴，我皇太后、皇上励精图治，厪念时艰，督饬臣工，不遗余力。然而政府诸臣，不能上体宸衷，振兴庶务，旅进旅退，不痛不痒，使天下万事隳废于冥冥之中。虽朝廷累下督责之诏，人民时闻怨谤之声，而廷臣竟无一人引为己责者，此岂中国之政府独不贤欤？无民选议院故耳。无民选议院，故一方无人民以为之监督，则精神易懈；一方无舆论以为之声援，则阻碍易生。惟设立民选议院，则国会与政府立于对待之地位。一人失职，弹劾之书立上；一事失宜，质问之声立起。夫而后官无尸位，责任专归，一切放弃因循之弊，乃可以悉免矣。此民选议院之不可不开者一也。

国家政务，百度殷烦，非有统一之方针，必召无端之丛脞。立宪国中，凡新内阁成立，必宣示其大政之方向者，盖非是无以统一全国之行政故也。今政府诸臣，大政之方针若何，统一之政策安在？各行其是，不相统属，自改革官制以来，几及一年。扰乱纷歧，毫无定见，惟时闻军机各部互多牵制，廷臣疆吏彼此争执，往往因私人意见之参差，生政务濡迟之弊害。如此而欲求行政之统一，安可得耶？然而职等不敢以此为诸臣咎者，则以中国之政府无民选议院以盾乎其后。故盈廷之上，人人可以主张；临事之时，在在可以掣肘。纪纲紊乱，事事废弛。惟开设民选议院，则政府宣示方针之后，议院即准此以为监督之具。故大臣不得以个人之意思自为行动，致令政策矛盾、彼此纷争，而一切官吏又不能不遵由一定法规，执行政务亦不至自由出入、任意变更。立宪国家所以能收行政统一之效者，皆由有民选议院之故也。此民选议院之不可不开者二也。

世运进步，则政务之范围日见扩张，即财政之支出日益加剧，此各国之公例也。中国当此庶政不振之秋，欲图生存竞争之道，则整理内务、充实军备、筹偿国债、振兴实业，在在皆为急切之措施，即在在皆需莫大之经费。此后度支大政若不使人民与闻，诚恐财政当局者左绌右支，非退缩不前以阻碍国家之发展，即横征暴敛以断绝赋税之渊源。此等危险之情形，今日已兆其端绪，况大兴改革之日乎？惟有开设民选议院，使国民代表参预财政，则国家当行之政务既经国会所赞同，国民经济之盈虚复为国会所深悉，是故对于行政之费用，必不至惟求减缩，以贻误于国家；对于收入之来源，亦必能斟酌事情，以调和乎民力。东西各国，国富而民不穷，政修而财不困，其国民每岁之负担，常十数倍于我国，而全国无怨、税源不竭者，有民选议院以为之枢纽故耳。且豫算先于下院，故人不疑其私；协赞出于事前，故民不议其后。所以，人民怨谤抗拒之事可以绝于下，官吏肥私中饱之弊可以清于上。此民选议院之不可不开者三也。

国家之成立，端赖法律以维持。世界之列强，均有一成之法典。中国疆域辽远，风俗各殊，朝廷既无一定之法文，民间亦无共通之习惯，纷杂混乱，为世界所仅有。非使立法机关及早成立，必不能保国家之画一，而促社会之进步。且不仅此也，数载以来，内患频兴，讹言四起，官吏日以防乱为事，人民日以避祸为忧，恐慌纷扰，势将激成大乱。惟有召集民选议院，使制定民、刑各法，以为司法独立之地步，则人民之生命财产有所保护，社会之安全秩序或可维持。夫而后民情乃可以即时静镇，法权亦可以设法收回，此尤国家莫大之幸也。夫三权分立为各国通行之制度，即为将来立宪之本源。今行政各部方始更革，若开设国会以为立法机关，则司法旋可完全独立，是亦豫备立宪之缓急先后也。此民选议院之不可不开者四也。

国家之强弱，常以国民之国家思想与政治能力为标准。列国兴亡，已成公例，东西学说，早有定评。中国国民数千年来生息于专制政体之下，无与闻国政之事，故无从发启其忧乐与共之心；无参议国政之途，故无从增益其发展国家之力。是以至于今日，除少数优秀者之外，其国家思想与政治能力尚不能充分发达者，非其先天之缺乏，实由专制政体有以致之也。然今之计，惟有即行开设民选议院，以发启人民之国家思想，增益人民之政治能力。庶几国家全局之大势如何，列强对我之隐谋如何，为人民者既身当参预国政之冲，自必有休戚相关之感，而后国家大计始有可图。此民选议院之不可不开者五也。

中国种族复杂，自古为然，然既居于同一政府之下，自无此畛彼域之殊。我朝定鼎以来，因袭历令政策，无以异也。至于近岁，人民迫于外忧，返图内治，徒以政治不平之故，致启种族猜贰之嫌。八旗防兵制度，自一方面观之，不必为农、不必为工、不必为商，而惟是坐食饷糈，是为特别之权利；又自一方面观之，无营业自由、无居住自由、无移转自由，而惟是世充兵役，又为特别之义务。因此政治上权利、义务不平等之故，遂涉及种族问题。平民以为旗人之权利独优，旗人又以为旗人之义务独重，互相离忌，强立异同。始仅流行于细民之口，继乃出之于政界之中。今不早为之所，则将有不可收拾之势。惟有开设民选议院，使满、汉、蒙、回、藏各族之人民处于同一之地位，担负同一之职务，权利、义务一切平均，种族猜疑自然融化。且人民既可以参政，则无论何种何族，皆必活动于同一政见之下，利害得失与同政见者共之。如此则虽有党派异同之分，自无种族狭隘之见，感情、主义相习相摩，行动已既共同，精神自归统一。此民选议会之不可不开者六也。

凡此数端，皆就时势所急，略陈一二，其余书生迂执之见，与法家破碎之言，皆不敢以上渎天聪。然而职等窃恐廷臣中不免有以胶执之说，上蔽圣听，致令我皇太后、皇上仿行代议政治之美意不能立刻见诸实行者，请再就见闻所及，略筹利害，以间执异议者之口。愚者一得，或亦圣明所不弃也。

今议者动谓宪法尚未颁布，议会不能先开。不知宪法虽为国家之根本，而运用之妙与保障之法，则恃夫议会。故英吉利，世所谓宪政之母国也，然至今尚无成文之宪法。普鲁士，所谓钦定宪法之模范国也，然宪法颁布以前已先召集议会。日本则议会开设之日期虽在宪法成立之后，而议会开设之决定，实在宪法制定之先。况日本当时外无列强一致之侵凌，内无革命称兵之祸乱，故得从容间暇，假以岁月，俟宪法成立，始与人民以实际参政之权。今中国惟人民无参政机关之故，故外忧之迫如此，内患之亟如此。若必迟之又久，待宪法发布始开设议会，窃恐宪法尚未成立，而外忧内患之交迫已将有不忍言之危险矣。

议者又谓人民程度尚有未及，即令开设民选议院亦无实效。此则最普通之说，而尤为谬误者也。夫人民程度有自然发达者，有助长而使之增高者。东西各立宪国，惟英吉利之国会由人民程度之自然发达而来。除此以外，无论何国，其初开国会时，人民之程度皆非即如今日之优，特因有国会以助长之，乃得至于今日耳。故以我国今日之人民程度比较欧美，彼以有国会之故，训练既熟，经验既久，两者相形，自不免有高下之殊。然比于其国会开设之初，则固未见其远逊。设以为今日之人民程度有所未逮，即不开国会，然迟之十年、数十年，人民以无参政机关助长其发达之故，则其程度仍无以异于今日，不几永无可以开设国会之期乎？且以人民程度而论，则今日尤有一奇怪之现状，不可不为熟思审虑者。内地之农民与谫陋之学究，未知国家为何物、政治为何事，而其受外界之潮流者，见时局之不可为、而己志之不能发抒也，又每欲破除国界、均一财产，其言论思想往往逸出现世之外。故非开设民选议院，不能使不及者仰而进于公民之域，好高者驯而入于常轨之中。盖人民程度之不齐，非为不可开设民选议院之原因，实为不可不开设民选议院之原因也。

议者又谓地方自治尚未举行、国民教育尚未普及，一旦开设民选议院，未免全无预备。不知议会者，一方为立法机关，一方又为整理行政之根本。中国言变法者久矣，何以地方自治至今尚未举行，国民教育至今尚未普及？即由于无民选议院以为整理行政之根本故耳。今惟有开设民选议院，则根本既立，枝叶自茂，一切行政庶可振作，决不可藉口于整理庶政以阻挠民选议院之开设，致使本末颠倒，缓急不分，以误大局而祸国家也。

议者又谓中国自有史以来，君臣之义素严，天泽之分久定。若开设民选议院，则朝廷之行动势必须议会之赞同，恐于至尊之威严不无冒渎。不知帝王不可侵犯，各国宪典皆有明文。责任负诸大臣，弹劾止于政府，其安富尊荣，比于专制国之君主实又过之。且君主之继承有一定，摄政之顺序有一定，成法所在，规定綦严。我皇太后、皇上聪明仁圣，四海同钦，凡在臣民，咸深爱戴。乘此时开设民选议院，则上足以永宗社万年之业，下足以贻本支百世之安，岂不懿欤？

以上诸端均无足虑，伏乞速颁诏旨，晓示天下，督饬廷臣遵去年七月十三日上谕，发布选举制度，确定召集日期，于一二年内即行开设民选议院，俾全国人民得以勉参国政，协赞鸿图，同德一心，合力御外，庶列强知中国之不可以侮，人民知国家之尚有可图，外无相逼而来之忧，内无铤而走险之患。天下幸甚！中国幸甚！

职等顾念时局，实深危惧，谨遵人民请愿之义，沥陈草茅哀诉之忱，仰恳皇太后、皇上下体舆情，早定大计，俯赐采纳，降旨施行。天下臣民，不胜企幸欢忭之至。谨联名呈请代奏。

再，此呈由湖南即用知县熊范舆、法部主事沈钧儒、花翎应封宗室恒钧、附生雷光宇呈递。合并声明。谨呈。

光绪三十三年八月十八日。

代表四人外，联名者百余人，不及备录。

（原载《中国新报》第 8 号，1908 年 1 月。

正文中黑体字在原文中为加粗字体。）

6.《国法学》凡例、目次

《国法学》，法政讲义第 1 集第 2 册，光绪三十三年九月初九日、明治四十年十月十五日发行，226 页。

编辑者：熊范舆

印刷者：东京市神田区锦町三丁目一番地 长谷川辰二郎。

印刷所：东京市神田区锦町三丁目一番地 小川印刷所。

发行所：中国天津河北公园 丙午社。

发卖所：中国各省各书肆，日本东京各书肆。

凡例

一、本讲义为日本法学博士笕克彦氏所讲授，编者基于笔记，参以各大学同博士之讲义，间亦附以己意，略为解释，别之为附录，不使与本文相混。

一、本讲义因同博士之所授者，为他氏所未曾有之义，故无可参考，亦无待于参考，故于博士以外，不复参他氏之著书及讲义，俾成一家言。

一、本讲义之范围，于宪法、行政法二部分皆被包含，故于同博士所述之比较宪法、行政法等，间亦参照，务期于博士之学说意义无所背驰。

一、本讲义因时间仓促，文字不无失检之虞，海内识者幸赐匡益。

编者识

目　次

第一款　人格

第二款　权利义务

第一项　总说

第一目　意义

第二目　权利

第三目　义务

第二项　公法上之权利义务

第一目　意义

第二目　个人公法上之权利义务

第三目　国家公法上之权利义务

第二编　国家有形的要素

第一章　君主

第一节　君主之地位

第二节　君位之继承

第三节　摄政

第二章　国土

第三章　国民

第一节　意义

第二节　团体

第三节　阶级

第三编　国家无形的要素（统治权）

第一部　统治权

第一章　统治权之性质

第二章　统治权之主体

第三章　统治权之范围

第四章　最高主权问题

主要参考文献

说明：

本书搜集利用了多种途径的文献资料，这些资料按其形成背景，大体可以分为基本史料和研究论著两大类。

奏折、档案及其汇编，日记、书信、诗词、文集、家谱，口述、访谈，熊范舆本人著述，以及事件进程当中各类报纸杂志的报道，均归入基本史料类别。

本书征引了大量亲历者事后的撰述，特别是刊载于地方文史资料选辑中的许多回忆文章。对于这些文献，本书根据撰述目的和性质的不同，将其归入不同的类别：（1）凡属为官方或者公共流通目的而作，尤其是民国时期过来人应各级政协号召而撰述的大量回忆文字，无论是否得到正式出版，均归入研究论著类别，这类文献本书使用较多；（2）属于私家性质的撰述，非为公共流通目的而作，比如家集、行述，无论后来是否得到公开发表，仍然归入基本史料类别。

亲历者事后的撰述，由于种种原因或有细节失实、评论不确之处。因此，本书征引这些文献时并非简单引用，而是将其所述内容与其他相关资料比对，采用其中相对可靠的部分史实，措辞和表述方面也有所修改。

一 基本史料

（一）熊范舆个人著述

1. 熊范舆：《新官制评论》，《中国新报》第 1 号，1907 年 1 月。
2. 熊范舆：《立宪国民之精神》，《中国新报》第 4 号，1907 年 4 月。

3. 熊范舆：《论前明时满洲与中国之关系》，《中国新报》第 4 号，1907 年 4 月。

4. 熊范舆：《国会与地方自治》，《中国新报》第 5 号，1907 年 5 月。

5. 熊范舆：《日本国民之国会运动》，《中国新报》第 6 号，1907 年 7 月。

6. 熊范舆：《再论国会与地方自治》，《中国新报》第 6 号，1907 年 7 月。

7. ［日］笕克彦述，熊范舆编译：《国法学》，丙午社 1907 年版。

8. ［日］美浓部达吉述，熊范舆编译：《行政法总论》，丙午社 1907 年版。

（二）熊氏家族资料

1.《贵阳熊氏家谱系表》，熊让礼编制，1993 年。熊氏家族资料。

2.《熊母黄太夫人行述》，1946 年。熊氏家族资料。

3.《熊伟口述》，熊治礼记录，1993 年。熊氏家族资料。

4.《熊温礼、熊易水访谈记录》，2011 年 1 月 13—15 日，台北熊温礼家，李恭忠记录、整理。

（三）未刊档案

1.《贵阳关于蚕桑人员任免桑区调查及蚕桑管理情况的来往文书（一）》，贵州省档案馆藏，贵州省蚕桑总局全宗，全宗号 M67，案卷号 1。

2.《贵阳关于蚕桑人员任免桑区调查及蚕桑管理情况的来往文书（二）》，贵州省档案馆藏，贵州省蚕桑总局全宗，全宗号 M67，案卷号 2。

3.《贵阳关于蚕桑人员任免桑区调查及蚕桑管理情况的来往文书（三）》，贵州省档案馆藏，贵州省蚕桑总局全宗，全宗号 M67，案卷号 3。

（四）已刊档案

1.《查验大臣奏查验第一期报到荐举各员折》，《政治官报》第 276 号，光绪三十四年七月初七。

2.《筹办贵州全省蚕桑总局文件汇编》第 1—8 期，贵阳文通书局印行，1917—1918 年，贵州省图书馆古籍部藏。

3.《贵州巡抚庞鸿书奏遵旨保荐人才陶保廉等五员折》，《政治官报》第 136 号，光绪三十四年二月十四日。

4.《荐举各员著那桐带领引见上谕》，《政书·吏部事类》戊申第 7 期，光绪三十四年七月。

5.《刘显世接管贵州中国银行有关史料选》,《历史档案》1984 年第 2 期。

6.《派熊范舆调查财政令》, 载周秋光编:《熊希龄集》第 2 册, 湖南人民出版社 2008 年版。

7.《又奏请将熊范舆留滇补用片》,《政治官报》第 901 号, 宣统二年三月二十五日。

8.《云贵总督李经羲奏请以熊范舆补广西直牧折》,《政治官报》第 1208 号, 宣统三年二月十四日。

9.〔日〕法政大学史料委员会编:《法政大学史资料集·法政大学清国留学生法政速成科特集》, 东京都法政大学史资料委员会, 1988 年。

10. 故宫博物院明清档案馆编:《清末筹备立宪档案史料》上册, 中华书局 1979 年版。

11. 秦国经主编:《中国第一历史档案馆藏清代官员履历档案全编》第 8 册, 华东师范大学出版社 1997 年版。

12. 中国第二历史档案馆、云南省档案馆编:《中华民国史档案资料丛刊·护国运动》, 江苏古籍出版社 1988 年版。

13. 中国第一历史档案馆:《光绪三十一年留日学生风潮史料》,《历史档案》2001 年第 3 期。

14. 中国第一历史档案馆:《有关宪政公会的几件史料》,《历史档案》1992 年第 3 期。

15. 中国银行总行、中国第二历史档案馆合编:《中国银行行史资料汇编 上编:1912—1949》第 1 册, 档案出版社 1991 年版。

16.(清)朱寿朋编:《光绪朝东华录》, 中华书局 1958 年版。

（五）报刊资料

1.《朝考等第单》,《申报》1904 年 7 月 21 日。

2.《维持学界同志会公启并会章》,《申报》1906 年 1 月 5 日。

3.《都察院代递湘绅议院条陈》,《申报》1907 年 10 月 7 日。

4.《熊范舆请立民选议院之要旨》,《申报》1907 年 10 月 10 日。

5.《论庆邸世续反对民选议院》,《申报》1907 年 10 月 25 日。

6.《论国会请愿之不可缓》,《申报》1908 年 4 月 16 日。

7.《湘汴士绅国会请愿之行动》,《申报》1908 年 6 月 6 日。

8.《宪政公会之设置北京》,《申报》1908 年 7 月 8 日。

9.《追纪国会请愿之历史》,《申报》1908 年 9 月 14 日。

10.《新滇督奏调办事人员》,《申报》1909 年 5 月 24 日。

11.《与闻外官制之专员》,《申报》1911 年 8 月 25 日。

12.《滇督商议官制之意见》,《申报》1911 年 8 月 26 日。

13.《云南之新人物》,《申报》1911 年 12 月 25 日。

14.《滇议员吁恳撤销熊范舆》,《申报》1913 年 4 月 26 日。

15.《熊范舆免官原因》,《申报》1913 年 6 月 11 日。

16.《贵州各公团通电》,《申报》1920 年 11 月 27 日。

17.《贵州内乱纪闻》,《申报》1920 年 12 月 3 日。

18.《殿试策题》,《大公报》1904 年 7 月 8 日。

19.《新贡朝考等第名册》,《大公报》1904 年 7 月 16 日。

20.《东京宪政讲习会意见书》,《神州日报》1907 年 7 月 18—19 日。

21.《论立宪党人与中国国民道德前途之关系》,《民报》第 18 期, 1907 年 12 月。

22.《民选议院请愿书》,《中国新报》第 8 号, 1908 年 1 月。

23.《汴人议立国会之运动》,《盛京时报》1908 年 4 月 17 日。

24.《批准设立宪政公会》,《盛京时报》1908 年 7 月 5 日。

25.《日本法政速成科规则》,《东方杂志》第 1 年第 5 期。

26.伧父:《十年以来中国政治通览·立宪运动之进行》,《东方杂志》第 9 卷第 7 号（1913 年 1 月）。

27.《行员进退汇录》（1915 年 6 月 16 日至 1915 年 7 月 15 日）,《中国银行业务会计通信录》第 7 期, 1915 年。

28.《宪政讲习会总章》,《时报》1907 年 8 月 11 日。

29.《宪政公会宣言书》,《盛京时报》1908 年 7 月 12 日。

（六）文献资料

1. 陈学恂、田正平编:《中国近代教育史资料汇编·留学教育》,上海世纪出版有限公司、上海教育出版社 2007 年版。

2. 邓见宽选注：《姚华诗选》，贵州人民出版社 2000 年版。

3. 李希泌、曾业英、徐辉琪编：《护国运动资料选编》，中华书局 1984 年版。

4. 刘晴波主编：《杨度集》，湖南人民出版社 1986 年版。

5. 刘泳唐选辑：《蟫香馆使黔日记选辑》，贵州省地方志编纂委员会 1986 年版。

6. 毛注青、李鳌、陈新宪编：《蔡锷集》，湖南人民出版社 1983 年版。

7.《民国贵阳经济》，贵阳市志办《金筑丛书》编辑室编，贵州教育出版社 1993 年版。

8. 璩鑫珪、唐良炎编：《中国近代教育史资料汇编：学制演变》，上海教育出版社 1991 年版。

9. 曾业英编：《蔡锷集》，湖南人民出版社 2008 年版。

10. 曾业英编：《蔡松坡集》，上海人民出版社 1984 年版。

11.（清）张之洞：《张文襄公全集》第 4 册，中国书店 1990 年版。

12. 中华书局编辑部编：《梁启超未刊书信手迹》，中华书局 1994 年版。

13. 周素园：《为唐慰慈致姚重光、熊铁岩、陈敬民、蹇季常、毛子龙函》（1907 年），载《周素园文集》，贵州人民出版社 1994 年版。

14. 朱有瓛：《中国近代学制史料》第 2 辑，上册，华东师范大学出版社 1987 年版。

15. 遵义市地方志编纂委员会办公室编：《黎氏家集续编》，贵州人民出版社 2005 年版。

二　研究论著

（一）著作

1. 陈志让：《军绅政权：近代中国的军阀时期》，广西师范大学出版社 2008 年版。

2. 戴逸、林言椒主编：《清代人物传稿》下编，第 1 卷，中华书局 1984 年版。

3. 丁文江、赵丰田编：《梁启超年谱长编》，上海人民出版社 1983 年版。

4. 丁文江、赵丰田编：《梁任公先生年谱长编（初稿）》，中华书局2010年版。

5. 杜竹松编著：《贵阳英杰：熊毅与熊伟》，贵州人民出版社2000年版。

6. 冯祖贻、顾大全：《贵州辛亥革命》，贵州人民出版社1981年版。

7. 贵阳市政协文史资料研究委员会编：《贵阳文史资料选辑》，第18辑，1986年。

8. 贵阳市志编纂委员会办公室编：《贵阳百年》，贵州人民出版社2000年版。

9. 贵州军阀史研究会、贵州省社会科学院历史研究所：《贵州军阀史》，贵州人民出版社1987年版。

10.贵州省地方志编纂委员会编：《贵州省志·财政志》，贵州人民出版社1993年版。

11.贵州省地方志编纂委员会编：《贵州省志·大事记》，贵州人民出版社2007年版。

12.贵州省地方志编纂委员会编：《贵州省志·教育志》，贵州人民出版社1990年版。

13.贵州省地方志编纂委员会编：《贵州省志·金融志》，方志出版社1998年版。

14.贵州省史学学会、贵州省社会科学院历史研究所、贵州省政协文史资料研究委员会等合编：《纪念辛亥革命七十周年学术讨论会文集》，贵州人民出版社1982年版。

15.贵州省政协文史与学习委员会编：《贵州省政协文史资料存稿选编》第1—4卷，2006年。

16.贵州省政协文史资料研究委员会、黔西南州政协文史资料研究委员会编：《兴义刘、王、何三大家族》，中国文史出版社1990年版。

17.何仁仲编：《贵州通史》第3卷，当代中国出版社2003年版。

18.侯宜杰：《二十世纪初中国政治改革风潮——清末立宪运动史》，中国人民大学出版社2011年版。

19.黄福庆：《清末留日学生》，台北"中央研究院"近代史研究所专刊

（34），1975年。

20.李文海、孔祥吉主编：《清代人物传稿》下编，第5卷，辽宁人民出版社1989年版。

21.李喜所、元青：《梁启超传》，人民出版社1993年版。

22.刘海峰、李兵：《中国科举史》，东方出版中心2006年版。

23.刘莘园：《辛亥革命老人刘莘园遗稿》，刘一鸣、龙先绪整理，贵州人民出版社2003年版。

24.刘毅翔编著：《贵州辛亥人物传稿》，贵州人民出版社2003年版。

25.［美］齐锡生著，杨云若、萧延中译：《中国的军阀政治（1916—1928）》，中国人民大学出版社2010年版。

26.桑兵：《清末知识界的社团与活动》，生活·读书·新知三联书店1995年版。

27.商衍鎏：《清代科举考试述录及有关著作》，百花文艺出版社2004年版。

28.沈潜、沈人骅编：《沈钧儒年谱》，中国文史出版社1992年版。

29.［日］实藤惠秀著，谭汝谦、林启彦译：《中国人留学日本史》，生活·读书·新知三联书店1983年版。

30.舒新城：《近代中国留学史》，上海文化出版社1989年版。

31.王德昭：《清代科举制度研究》，中华书局1984年版。

32.王奇生：《中国留学生的历史轨迹：1872—1949》，湖北教育出版社1992年版。

33.［美］萧邦齐著，周武彪译：《血路——革命中国中的沈定一（玄庐）传奇》，江苏人民出版社1999年版。

34.谢本书、冯祖贻、顾大全、孙代兴、高光汉：《护国运动史》，贵州人民出版社1984年版。

35.谢本书、冯祖贻主编：《西南军阀史》第1卷，贵州人民出版社1991年版。

36.谢本书：《讨袁名将——蔡锷》，兰州大学出版社1997年版。

37.谢本书主编：《西南十军阀》，上海人民出版社1993年版。

38. 熊宗仁:《何应钦传》,贵州人民出版社 1991 年版。

39. 熊宗仁:《五四运动在贵州》,贵州人民出版社 1986 年版。

40. 熊宗仁:《严修视学贵州》,贵州人民出版社 1986 年版。

41. 严修:《严修年谱》,高凌雯补、严仁曾增编,齐鲁书社 1990 年版。

42. 杨维真:《唐继尧与西南政局》,台北学生书局 1994 年版。

43. 张仲礼著,李荣昌译:《中国绅士:关于其在 19 世纪中国社会中作用的研究》,上海社会科学院出版社 1991 年版。

44. 章伯锋主编:《北洋军阀(1912—1928)》第 6 卷,武汉出版社 1990 年版。

45. 章开沅、林增平主编:《辛亥革命史》下册,人民出版社 1981 年版。

46. 章开沅、林增平主编:《辛亥革命史》中册,人民出版社 1980 年版。

47. 中国银行行史编辑委员会编著:《中国银行行史》,中国金融出版社 1995 年版。

48. 周春元主编:《贵州近代史》,贵州人民出版社 1987 年版。

49. 周天度、孙彩霞:《沈钧儒传》,人民出版社 2006 年版。

50. 朱崇演:《黔故札记》,贵州省史学会近现代史专业委员会,2004 年。

(二)论文(文章)

1.《贵州军阀刘显世发家史》,《贵州文史资料选辑》第 3 辑,1979 年。

2.《贵州兴义笔山书院历届山长姓名录》,《贵州文史资料选辑》第 18 辑,1986 年。

3.《贵州之血腥录》,《贵州文史丛刊》1981 年第 3 期。

4. 陈宝泉:《严范孙先生事略》,载蔡振生、刘立德编《陈宝泉教育论著选》,人民教育出版社 1996 年版。

5. 陈廷缜:《严修与贵州经世学堂》,《贵阳文史资料选辑》第 8 辑,1983 年。

6. 迟云飞:《陈天华、宋教仁留日史事新探》,《近代史研究》2005 年第 6 期。

7. 邓汉祥:《川滇黔军阀争夺四川的片段回忆》,《贵州文史天地》1996 年第 3 期。

8. 邓汉祥：《对"戴戡驻川始末记"的补正》，载四川省政协、四川省省志编辑委员会编《四川文史资料选辑》第 11 辑，1979 年。

9. 邓汉祥：《对任可澄的点滴回忆》，《贵州文史天地》1996 年第 4 期。

10. 邓汉祥：《护国讨袁前后的蔡锷》，载全国政协等编《护国讨袁亲历记》，文史资料出版社 1985 年版。

11. 邓庆棠：《郭重光与贵阳耆老会》，《贵阳文史资料选辑》第 8 辑，1983 年。

12. 丁位松、黄先本：《1917 年中英会勘贵州禁烟见闻》，《贵州文史资料选辑》第 3 辑，1979 年。

13. 范沛濂：《清末癸卯甲辰科会试述论》，《历史档案》1993 年第 3 期。

14. 范同寿：《民国前期的贵州军事与黔军之兴衰》，《贵州大学学报》1987 年第 2 期。

15. 冯祖贻：《护国战争爆发前的天津密会》，《贵州文史丛刊》1985 年第 4 期。

16. 冯祖贻：《兴义刘氏家族与近代贵州政治》，《贵州文史丛刊》1984 年第 4 期。

17. 关晓红：《科举停废与清末政情》，《中国社会科学》2004 年第 3 期。

18. 桂百铸：《刘显世集团内部斗争散记》，载《贵州文史资料选辑》第 1 辑，1979 年。

19. 桂百铸：《清末民初几个政治事件的见闻》，《贵州文史资料选辑》第 17 辑，1984 年。

20. 韩义义：《民国初年贵州省的国会议员略述》，《贵州档案》1991 年第 4 期。

21. 何静梧：《民国时期的贵阳电厂》，《贵州水利志通讯》1986 年第 1 期。

22. 何克勤：《何氏家族与贵州"民九"政变》，《文史天地》2006 年第 12 期。

23. 贺跃夫：《清末士大夫留学日本热透视——论法政大学中国留学生速成科》，《近代史研究》1993 年第 1 期。

24. 贺梓侪：《北洋政府时期的贵州政局》，《贵州文史资料选辑》第 6

辑，1980年。

25. 胡端楷：《戴戡先生事略》，《贵州省政协文史资料存稿选编》第2卷，2006年。

26. 胡刚：《贵州辛亥革命的亲历和见闻》，《贵州文史资料选辑》第10辑，1981年。

27. 黄席群：《追忆先父黄远生》，载江西省九江县政协文史委员会编《九江县文史资料选辑》第5辑，2004年。

28. 简锦堂：《贵州新学的萌芽——经世学堂》，《贵阳志资料研究》1986年第10期。

29. 金方隆：《略述解放前后股份公司在贵阳的兴起》，载贵阳市南明区政协文史资料委员会编《南明文史资料选辑》第11辑，1993年。

30. 孔繁岭、申在文：《简论中国近代留日学生的特点》，《徐州师范大学学报》2007年第5期。

31. 李振武：《李经羲与国会请愿运动》，《学术研究》2003年第3期。

32. 李中：《戴戡试评》，《贵州文史丛刊》2011年第3期。

33. 林子贤：《贵州"民九事变"亲历记》，《贵州文史资料选辑》第1辑，1979年。

34. 林子贤：《贵州护法之役亲历及见闻录》，《贵州文史资料选辑》第25辑，1987年。

35. 刘海峰：《中国科举史上的最后一榜进士》，《厦门大学学报》2004年第4期。

36. 刘星楠：《辛亥各省代表会议日志》，载全国政协文史资料研究委员会编《辛亥革命回忆录》第6集，中华书局1963年版。

37. 刘学洙：《清末贵州巡抚林绍年》，《贵阳文史》2005年第4期。

38. 刘毅翔：《略论贵州自治学社与同盟会贵州分会》，载《辛亥革命史丛刊》第6辑，中华书局1986年版。

39. 刘毅翔：《略论贵州自治学社与宪政预备会》，载《辛亥革命与近代中国——纪念辛亥革命八十周年国际学术讨论会论文集》，中华书局1994年版。

40. 刘毅翔：《贵州经世学堂名实考》，《贵州文史丛刊》1996 年第 1 期。

41. 罗志田：《清季科举制改革的社会影响》，《中国社会科学》1998 年第 4 期。

42. 孟森：《记载·宪政篇》，《东方杂志》第 5 年第 7 期（1908 年 7 月）。

43. 欧阳恩良：《辛亥光复后的西南政局与袍哥兴衰》，《史学月刊》2011 年第 7 期。

44. 齐植璐：《北洋法政学堂及其沿革》，《天津文史资料选辑》第 44 辑，1988 年。

45. 钱存浩：《贵州的几种历史货币（上）》，《贵州地方志通讯》1984 年第 3 期。

46. 钱存浩：《贵州都督府接管中国银行贵州分行》，《贵阳文史》1996 年第 1 期。

47. 钱存浩：《民国时期贵州（省）银行的经营管理》，《贵州文史资料选辑》第 31 辑，1992 年。

48. 商衍鎏：《清末科举考试亲历记》，《岭南文史》1983 年第 1 期。

49. 石体元：《戴戡驻川始末记》，《四川文史资料选辑》第 8 辑，1963 年。

50. 孙德灏：《军阀统治时期贵州财政发展概述》，《贵州大学学报》1993 年第 1 期。

51. 孙种因：《重九战记》，载中国史学会编《中国近代史资料丛刊·辛亥革命》（六），上海人民出版社 1957 年版。

52. 万大章：《辛亥革命时期贵州人事之歌泣杂感》，载贵州省独山县政协文史研究组编：《独山文史资料》第 3—4 辑，1985 年。

53. 王笛：《清末新政与近代学堂的兴起》，《近代史研究》1987 年第 3 期。

54. 王宏斌：《清末新政时期的禁烟运动》，《历史研究》1990 年第 4 期。

55. 吴崇津：《清代及民国时期的兴义县教育》，《贵州文史丛刊》1998 年第 3 期。

56. 吴敦俊：《为军事扩张服务的贵州财政——1912 至 1935 年贵州财政史之一页》，载西南军阀史研究会编《西南军阀史研究丛刊》第 3 辑，云南人民出版社 1985 年版。

57. 吴雪俦、张泪：《贵州辛亥革命先行者张忞事略》，《贵州文史资料选辑》第 10 辑，1981 年。

58. 吴雪俦：《贵州响应护国起义前的内部斗争》，载《护国文集：护国起义七十周年学术讨论会论文选集》，河北教育出版社 1988 年版。

59. 萧子有：《贵州群益社政党组织》，《贵州省政协文史资料存稿选编》第 1 卷，2006 年。

60. 谢彬如：《清代贵州的蚕丝业》，《贵州文史丛刊》1981 年第 4 期。

61. 熊伟：《熊伟自传》，载《自由的真谛：熊伟文选》，中央编译出版社 1997 年版。

62. 熊宗仁：《"五四"时期的少年贵州会》，《贵州文史丛刊》1988 年第 3 期。

63. 熊宗仁：《贵州军阀统治形态走向成熟的三部曲》，《贵州社会科学》2001 年第 3 期。

64. 熊宗仁：《评贵州"民八事变"》，《贵州文史丛刊》1984 年第 4 期。

65. 徐皖秋口述、邓时研整理：《记徐亮臣创办的贵阳实践社》，载贵阳市南明区政协文史资料委员会编《南明文史资料选辑》第 10 辑，1992 年。

66. 曾业英：《护国主将蔡锷》，载朱信泉主编《民国著名人物传》第 1 卷，中国青年出版社 1997 年版。

67. 曾业英：《刘显世与护国战争》，《近代史研究》1988 年第 3 期。

68. 张彭年：《辛亥以来四十年间贵州政局的演变》，《贵州文史资料选辑》第 1—2 辑，1979 年。

69. 张汝弼：《张协陆生平史实纪略》，《贵州省政协文史资料存稿选编》第 2 卷，2006 年。

70. 张汝弼：《张协陆与"民八"事件》，《贵阳文史资料选辑》第 8 辑，1983 年。

71. 张兴智：《兴义笔山书院》，《贵州省政协文史资料存稿选编》第 3 卷，2006 年。

72. 张学继：《论留日学生在立宪运动中的作用》，《近代史研究》1993 年第 2 期。

73.张玉法：《民初国会中的保守派政党》，载"中华民国建国文献编辑委员会"编《中华民国建国文献：民初时期文献》第二辑，史著一，台北国史馆，2001年。

74.赵惠民：《贵州货币流通史话》，《贵州文史资料选辑》第2辑，1979年。

75.赵金钰：《杨度与〈中国新报〉》，《近代史研究》1981年第3期。

76.钟家鼎：《李端棻与梁启超》，《贵阳文史》2007年第5期。

77.周素园：《贵州陆军史述要》，《贵州文史资料选辑》第1辑，1979年。

78.周素园：《贵州民党痛史》，《贵州文史资料选辑》第4辑，1980年。

79.朱梅六：《贵州金融机构与地方政治关系的回忆》，《贵州省政协文史资料存稿选编》第3卷，2006年。

80.祝鸿基：《陆军第十九镇及云南讲武堂》，载全国政协文史资料研究委员会编《辛亥革命回忆录》第3集，文史资料出版社1981年版。

后　记

19 世纪末 20 世纪初的二十几年间，不仅是从晚清到民国的巨变阶段，也是中国数千年制度史上一个关键性的转折点。面对事关生死存亡的全球竞争，痛感于陈旧制度的惰性，一些有识之士为体制改革而奔走呼号、出谋划策乃至流血牺牲。从戊戌维新到立宪运动，背后都有一批兼具旧学新知的知识分子在倡导、推动。他们后来多被概称为"立宪派"。然而，占据政坛要津、把持社会财富的有力人物及其背后的集团力量，虽然明知不变革迟早要"崩盘"，但却千方百计敷衍拖延，甚至运用已经变得外强中干的国家暴力来压制改革的呼声。当不可收拾的时刻终于在意料之外、情理之中到来时，一场剧变所带来的复杂后果和深远影响，包括对原先力主改革与抵制改革者的具体影响，都远远超出了当时人的预期和想象。

这段历史，值得后人反复咀嚼。学界已经有了不少相关研究成果，不过仍有很多内容尚待厘清。特别是所谓"立宪派"这一群体，其内部存在着哪些不同的亚群体或者流派？他们为何以及如何走上了立宪救国的道路？在清末立宪运动中，他们有哪些具体主张和行动，相互间的具体关系如何？辛亥之后他们的出处又有何异同？他们在这场世纪变革舞台上的表现和沉浮，能够为后人提供什么样的启示？这些问题都值得进一步探讨。本书所呈现的熊范舆的曲折人生，只是这场变革大浪中的一滴水珠，却也能够折射那个时代的缤纷色彩和复杂走向。对这段历史的深入理解，则有待于更多研究的展开。

本书研究过程中，南京大学历史系刘迎胜教授帮助联系了熊范舆孙女熊易水女士，随后我们又与熊范舆裔孙熊温礼、熊融礼、熊建礼及曾孙熊蜀吉取得了联系，承蒙他（她）们提供了一些珍贵的文字、照片、族谱和口述资料。特别是熊融礼先生，自始至终为本项研究提供了大力支持。资料搜集过程中，贵州省档案馆、贵州省图书馆古籍部提供了热情的帮助。中国社会科学出版社武云博士为本书的出版做了许多细致的工作。谨此深表谢忱！

李恭忠

2013 年 9 月 26 日

于高丽大学外国教师宿舍